HOW TO BE SAD

就算悲傷
也還是能夠幸福

海倫·羅素
Helen Russell

Everything I've Learned About Getting Happier,
by Being Sad, Better

康學慧 譯

獻給拿起這本書的你。
我是為你寫的（也為我媽）。

目錄

第一部

悲傷時如何照顧自己

第二部

如何談論悲傷

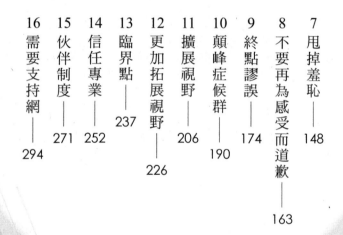

第三部

悲傷的時候可以這樣做

前言

我們在陽光下吃柳橙。這裡是墓園，我們盤腿坐在剛修剪過的草地上。坐在我身邊的女人戴著紅色貝雷帽，她在哭。平常我們是不會在這裡見面的——通常我們會約在有甜點和打奶泡機器的地方。但今天，我和媽媽特地來到這裡，巨大的針葉樹讓我們變成小矮人，我們感受皮膚上的陽光，以及內心深刻的悲傷。一般人或許不會覺得這算是快樂出遊，但這趟旅程很重要——我知道。因為我花了八年的時間研究這個世界是否快樂，過程中不小心讓自己成了悲傷專家。

我察覺到，在我認識的人當中，很多都過度執著於追尋快樂，以致於對感受悲傷產生了恐懼。剛失去心愛親人的人跑來問我，要怎樣才能快樂起來。剛被裁員的人。失去房子的人。分手的人。負責照顧別人卻沒有好好關懷自己的人。遭遇過極度恐怖經歷的人。他們全都問我同樣的問題：「為什麼我不快樂？」我會盡可能解釋，**有時候，人需要悲傷。經歷失落之後，感覺悲傷是理所當然的**；發生難過的事情之後，憂傷是很正常的反應。然而，**太多人習慣性地厭惡「負面情緒」，我們不肯承認這些情緒，更不可能正視這些情緒，並准許自己去感受、消化**。我數不清有多少次聽人說，「我只是想要快樂」，但他們明明處在不可能快樂的狀況下。當我們失去工作、房子、戀情、親人，**任何東西——感覺悲傷沒有什麼不對**。

悲傷的定義是：當人感受到痛苦的情緒，感覺到失落、無助、絕望、失望時的自然反應。無可避免。正如南非的戴斯蒙・屠圖大主教（Desmond Tutu）所言：「我很遺憾必須這麼說，但我們無法選擇要不要苦難。」小說《公主新娘》（*Princess Bride*）中的衛斯理也說：「人生就是苦……會說不是的人，一定是想賣什麼東西給你。」

悲傷難免，所有人都一樣——有時候，甚至會以令人痛不欲生的可怕方式發生。問題是，大部分的世人都不太善於處理悲傷。這樣的狀況會導致經歷悲傷的人遭到孤立，讓想要幫助親人度過艱難時期的人感到困惑。

悲劇總是會發生。人總是會失去些什麼。別忘了還有日常發生的各種考驗——輕則只是枯燥無聊，重則會讓人灰心喪志、失去動力。悲傷比快樂更多層次、更複雜，而且無所不在。我們無法避免悲傷，但是我們可以學習以更好的方式面對，而且我們早就該討論這件事。因為目前處理所謂「負面情緒」的方法效果很差——更別說**其實悲傷可以帶來幫助**。丹麥哲學家齊克果（Søren Aabye Kierkegaard）寫道：「憂愁悲傷中自有喜樂。」澳洲新南威爾斯大學（University of New South Wales）的研究人員發現，接受並允許一時的悲傷，有助於改善對細節的注意力，增強毅力，讓人變得更慷慨，甚至更感謝我們擁有的一切[1]。悲傷是有意義的。悲傷會讓我們知道狀況不對，但我們必須願意傾聽。悲傷是一種暫時性的情緒，所有人都偶爾會感受到，例如當受傷的時候，或是生命中發生了不好的事。悲傷是一種**訊息**。

人類這個物種必須彼此依賴才能存活，而悲傷這種情緒讓我們記住這件事[2]——因為逃避悲傷最常見的方法，就是乾脆不去**感受**。例如，因為害怕受傷而拒絕親近別人（我曾經這樣……）；或是因為害怕失敗而不去追求有意義的目標（我也曾經這樣……）；或是以上癮的方式隔絕痛苦、麻痺感受，藉此「保護」自己（**舉手**）。也可能不停工作，像在輪子裡奔跑的倉鼠一樣在人生中瞎忙；滑手機看社群網站，藉此逃避那些不舒服的感覺。真的只是舉例而已喔……（**我怎麼覺得有點熱？**）。如果我們企圖逃避悲傷，就算只有一點點，也會限制我們的存在，讓自己陷入更大的危機，因為普通的悲傷可能會惡化成更嚴重的問題。

根據多項研究，壓抑負面或憂鬱的念頭到了一定程度時，後果會非常慘烈，如造成憂鬱症狀，但偏偏很多人每天都這麼做。哈佛大學心理學家丹尼爾・偉格納（Daniel Wegner），曾經在一九八七年進行過一項知名思想試驗，他要求受試者**不要**想白熊[3]，這個實驗的靈感來自於俄國作家杜斯妥也夫司基，他曾經寫道：「嘗試一下這個任務：不要想北極熊，然後你就會發現那個可惡的動物每分鐘都出現在腦海中。」[4]

為此，偉格納決定試驗一下。

在五分鐘的時間內，受試者被要求**不要**想白熊，但每次白熊出現在腦海時就要搖鈴。第二組受試者則是想什麼都可以，但同樣地每次白熊浮現時就要搖鈴。相較於壓抑想法的第一組，第二組「表現組」搖鈴的頻率低了很多。第二次的實驗也做出同樣的結果，偉格納之後與心理學家理查・文茲拉夫（Richard Wenzlaff）合作，進一步測試這個理論，確認**當我們刻意不去思考或感受悲傷的事，會讓我們更容易焦慮、產生憂鬱念頭與症狀**[5]。

我的親身經驗絕對是這樣沒錯。

我瞭解「悲傷」的程度，不亞於我對「快樂」的瞭解。對我而言，這本書也不單純是專業上的研究。我最早的記憶是妹妹過世那天，她死於嬰兒猝死症（Sudden Infant Death Syndrome，SIDS）。沒過多久，我的父母離異。我和自己的關係一直不太好，和食物的關係也不好。我經歷過事業低潮，也有過幾段慘烈收場的戀情。不孕症、試管嬰兒、臥床安胎，這些都不是什麼值得慶幸的好事。就連帶來最大喜悅的事也會帶來挑戰。這些挑戰本來就夠難應付了，而我們文化中不愛談論悲傷的毛病，使得困難度又再增加。很多人從小就認定「只要不說，就不會造成傷害」，很長一段時間，「不說」悲傷的事被視為堅毅的象徵。其實恰恰相反。在這個時代，學習如何以更好的方式感受悲傷，是一件刻不容緩的事，甚至比以前更重要。

寫作這本書時，世界正陷入水深火熱之中，受全球大流行疾病所苦。自從新型冠狀病毒

（Covid-19）爆發，許多我們依賴卻習以為常的事物都消失了。因為封城，我們被迫放慢速度，剝除了外界干擾，我們更能清楚聽見自己內心的對話——不能暫緩，也不能以「正常」生活的忙碌作為逃避手段。我們與親愛的人分離。有些人很孤單。有些人很害怕。有些伴侶困在家裡之後才發現，原來和對方的感情之所以能夠維繫，全是因為**不必**朝夕相處。沒有人確切知道未來的世界會怎樣，也沒有人知道是否能恢復疫情開始前的狀況——無論是經濟或情緒層面，因為失業率驚人，經濟蕭條的危機迫在眉睫。許多人將有所失去，所有人都會感覺到**有些**不一樣。因為我們與世界連結更緊密了——以現在的狀況，至少在網路上是這樣——我們更能感知到周遭的狀況。

攻擊跨性別者權利的行為與「黑人的命也是命」運動，提醒我們還是有很多值得悲傷的事。新冠肺炎對黑人族群的衝擊之大，已經到了不成比例的程度，感染率與死亡率都高出許多。根據英國國家統計局（Office for National Statistics）的資料，黑人的新冠肺炎致死率比白人高出四倍。倫敦大學學院（UCL）的新冠肺炎社會研究也發現，黑人、亞裔及其他少數族裔，也就是所謂的BAME（Black, Asian, and Minority Ethnic）族群背景的人（那是他們的用詞，不是我的*），他們在封城期間憂鬱或焦慮的程度比較高[6]。根據最新的蓋洛普年度調查[7]，我們正在經歷前所未有的悲傷、憂慮、憤怒，遍及全球。

世界衛生組織（World Health Organization，WHO）估計，全球有大約兩億六千四百萬人受憂鬱症影響[8]。當然啦，悲傷不等於憂鬱症（我最清楚：劇透警告，兩種我都經歷過）。世界衛生組織將憂鬱症定義為**持續性**的悲傷，並且對原本有獎賞作用，或帶來樂趣的行為失去興趣，或感覺不到喜悅。憂鬱症通常會影響睡眠與食慾，造成注意力難以集中。

憂鬱症有六種常見的類型：第一種是重鬱症，也就是很多人聽到「憂鬱症」這個詞的時候會想到的那種——一種臨床疾病，具備符合世衛組織定義的症狀。此外，還有持續性憂鬱症，或稱「輕鬱症」，即為持續兩年以上的低落情緒，但沒有重鬱症那麼嚴重。除此之外還有躁鬱症、季節性情緒失調、名為「經前不悅症」的嚴重月經前症狀，以及在孕期或生產後一年內發生的妊娠憂鬱症（也稱為產後憂鬱症）[9]。

臨床憂鬱症非同小可，通常需要專業治療[10]。不過，**拒絕正視無法逃避的一般悲傷——並且不知道如何應對——可能導致憂鬱症**（請參考前面文茲拉夫與偉格納的實驗結論）。

因為，悲傷是「正常的」。

我為了本書第5章的內容，而去採訪美國古斯塔夫阿道夫學院（Gustavus Adolphus College）哲學系主任佩格·歐康諾（Peg O'Connor），她說：「現在有很多人認為只要不快樂

---

*譯註：近年在英國開始出現反對BAME這個用法的聲浪，因為認為這個說法涵蓋太廣，而且太「白人」。

就是得了憂鬱症。但生命本來就不是那樣——情緒的種類非常多，很多種狀態都屬於正常範圍。亞里斯多德說過，快樂是一種持續的活動；它的定義不是『永遠不會感到不快樂』，也並非『永遠不會發生難過的事』。人生**本來就很難，本來就會有挑戰**——但不表示我們不能擁有美好的人生。」我訪問丹麥快樂研究中心（The Happiness Research Institute）的執行長麥克・威肯（Meik Wiking），詢問他對這件事的看法，他告訴我：「進行快樂研究的人員必須表明，沒有人是時時刻刻都快樂的，這點非常重要。在我們稱為『人生』的人類經驗裡，悲傷也是其中一部分。」

讓我們悲傷的事，很多無法預料。很少有人能預見二〇二〇年會被新冠肺炎弄得天下大亂。但**有些悲傷是可以預期的——甚至可以排定時間**。研究人員發現，**我們的人生往往呈U形發展**[11]**，也就是說，我們最快樂的階段是在人生剛開始和快結束時，中年時則有明顯的低落**。經濟學家大衛・布蘭福勞（David Blanchflower）與安德魯・歐斯沃（Andrew Oswald），在一九九〇年代開始注意到人生滿意度重複出現的模式。二〇一七年，根據他們公布的統合分析報告顯示，滿足感會在成人期的前二十年逐漸下滑，四十多歲時降到谷底，然後再次慢慢往上爬，到了晚年階段幾乎是開心得不得了。雖然有人會認為，都快死了怎麼可能開心，但這確實是全世界普遍的趨勢。二十五到四十歲之間失去快樂的程度，差不多等同非自願失業的三分之一[12]。

他們原本推測，這樣的凹陷是中年負擔太重所造成——工作壓力、財務煩惱、顧老顧小。

但後來科學家發現，這樣的模式也發生在黑猩猩身上[13]。這表示這樣的模式根植於生物、甚至是演化因素，並非來自背負巨額房貸的壓力。一派的理論認為，人類與其黑猩猩親戚需要在資源較少的階段感受到高度快樂，例如童年或老年。另一派的理論認為，當我們逐漸老去，生命盡頭逐漸逼近，我們會將資源投注在人生中最重要的方面——例如人際關係——因此形成倒吃甘蔗的狀況[14]。換言之，我們不再追逐名聲、法拉利、大香蕉，而是學會享受和家人相處的時光。這個想法很不錯，但沒有人能夠確認。這個U形模式的謎團，目前依然沒有確切的科學解釋[15]（趁早習慣吧：腦科學是一門還在發展的學問）。不過有一件事是確定的：我們全都會經歷人生的痛苦事件，也全都必須度過悲傷的時期。

這樣的時刻，應該最能讓我們深刻感受到與人類同胞的情感連結，然而，我們卻往往感到最孤單——我們躲起來，而不是走出去。我們可能會羞於承認自己很悲傷。其他人也可能會因我們的悲傷而尷尬。我們可能會因為**他們**感到尷尬而尷尬。無論如何，我們感到羞恥（第7章將進一步探討）。

許多人會本能地告訴自己「不應該」感到悲傷，因為其他人比我們更慘。我們擔心自己的悲傷——我們自己的傷痛——相較於其他人會顯得不夠「正當」，甚至沒有「資格」。但痛苦就是痛苦，無論多私人。這句話的意思並非是要小看別人的痛苦，或是不當一回事；而是我們也必須察

覺、關注自己的痛苦。我們必須關心周遭的世界並且幫助他人。但，我們依然會受傷。如果我們感到悲傷，就該讓自己好好感受悲傷，准許那樣的情緒流過內心，因為悲傷可以很有幫助。所有人都會感到不同程度的悲傷。

沒有人可以時時刻刻快樂。低潮有助於讓我們更懂得珍惜顛峰，學會得到真正的滿足，我們也必須和「悲傷」做朋友。過去四十年來我一直在學習，從失去、心痛、友誼與家庭生活學習，經歷過上癮、逆境、憂鬱症。這本書中所舉的「悲傷」例子並非所有人都適用，也或許我們每個人感受到的「悲傷」都不一樣，但步驟都是一樣的，藉由分享我的故事，希望鼓勵大家也能做到。我們各自不同，但是異中存同。

寫作這本書的過程中，我諮詢過各種領域的專家——從心理學到神經藥理學，從悲傷諮詢到基因學，從心理治療到神經科學，從醫生到營養學家。這些專業人士全都在摩拳擦掌，準備幫助我們度過新冠病毒造成的後續影響，他們一致同意，整個社會都需要學會以更好的方式感受悲傷。不妨現在就開始。

其他熱愛悲傷的同道中人也帶給我很多鼓勵：漫畫家、作家、諷刺作家、探險家、偶像、朋友、家人，所有誠實又勇敢的人。還有許多與我生命交會的人：從我在電視上看到的人，到我讀過的作者、聽過的歌手，以及那些分享故事、建議如何好好感受悲傷的人。這本書中經常提到失去，因此我將用「哀痛」這個詞統一表達。悲慟與悼念通常與死亡有關，但哀痛可以用來形容失去活著的人——我們全都經歷過。

這本書將教你如何好好感受悲傷。分享經驗與想法，幫助所有人明白我們並不孤獨。悲傷難免會發生，因此我們不如學會怎樣正確面對。學會如何以更好的方式悲傷，大家就能更快樂。

第一部

悲傷時如何照顧自己

關於第一部

探討失去並學習接受；悲傷的生理表現；完美主義的危害；為什麼有時候發怒是好事。

男孩**也會哭**（大家都該哭）；為什麼遺棄與青春期碰在一起時會讓人痛得要命；心靈受傷的真相；「公正的世界」只是迷思。

焦慮與上癮讓我們學到的東西；哀痛很難光鮮亮麗；失業；不公；為什麼我們需要更常展現人性。

先介紹我爸媽、橘背包男、駕訓班教練凱文、高大男與T。

登場人物：記者約翰・克雷斯（John Crace）、佩格・歐康諾教授、納森尼爾・赫爾教授（Professor Nathaniel Herr）、心理治療師茱莉雅・山謬（Julia Samuel）、「眼淚教授」艾德・芬格霍茲（Ad Vingerhoets）、哈佛大學講師塔爾・班夏哈博士（Dr Tal Ben-Shahar）、丹麥哲學家齊克果與歌手菲爾・柯林斯（Phil Collins）。

1 不要抗拒悲傷

悲傷是很重要的情緒，能讓我們停下來，思考現在身處的位置，然後才能繼續前往人生的下一個階段。

如果每當遇到痛苦時只想麻痺自己，你就會比較難度過風暴。

時間是一九八三年，外面在下雨，收音機播放菲爾．柯林斯的〈You Can't Hurry Love〉（愛情不能急）。至少要再過十五年我才會明白這有多諷刺，但現在已經感覺很殘忍了。因為似乎愛情也不能慢。我在沙發上玩藍色頭髮的娃娃，樓梯傳來熟悉的聲響，那是有人握住扶手移動的聲音。我爸拎著行李箱。雖然現在是一月，但他穿著喇叭褲，襯衫袖子捲到手肘。他的頭髮很長，已經碰到領子了。棕色。這是八〇年代早期，大部分的東西都是棕色——衣服、裝潢、我的頭髮、我父母的頭髮。我三歲，三個月前，我家發生了一件「非常悲傷的事」，事發當天是一九八二年十月三十一日，也就是萬聖節。那天發生的事改變了我們所有人，但接下來很多年，一直都沒有人提起。

以前我爸笑的時候眼睛會皺起來，以前我媽很愛聊天，但現在我爸不笑了，我媽也不聊天了。自從發生了「非常悲傷的事」，一切都不對勁，現在我爸要走了。

幾天之後的週末他回來，但沒有留在家裡睡。我知道那天是週末，因為我吃完早餐之後可以穿著睡衣看電視，不必急著去刷牙、梳頭。真的好奇怪。更奇怪的是，爺爺奶奶來了，但是沒有人提起爸爸不在家裡睡覺的事。

「你還沒告訴他們？」媽媽在廚房裡小聲問爸爸。

告訴他們什麼？

我爸開始每個星期天來接我，開車帶我去最近的酒館或「豐收餐廳」，這是那個年代很熱門的家庭餐廳，那時候，名廚湯姆・克里齊（Tom Kerridge）還只是小孩，也還沒想出美食酒吧（gastropub）這個概念。每次去豐收餐廳，都會有個服務生打扮成兒童節目《快樂稻草人》（*Worzel Gummidge*）裡的莎莉阿姨，她會問：「你們在豐收餐廳消費過嗎？」我大吃沙拉吧的甜玉米，甜點則是大量冰淇淋。如果去酒館，我們會等到開門時間，然後坐在長椅上，頭上的遮陽傘印著卡林黑牌啤酒（Carling Black Label）的商標。我爸點一杯啤酒，再幫我點一份白麵包火腿三明治加一包鹽醋口味洋芋片。我爸開始穿皮夾克，滿滿的「菸味」和「男人味」，車也換成敞篷款的福斯Golf GTI。因為沒有車頂，所以我的頭髮亂飛，蓋住眼睛而看不見，最後暈車嘔吐。如此一來，車上的味道變得太可怕，更是不得不敞開車篷，否則我爸也會跟著吐。很快地，嘔吐就變成常態。

和爸爸出門……還不錯。但沒過多久，原本每週一次的午餐，變成每個月一次去爸爸家過夜。我爸住在倫敦的高樓公寓，同住的還有他的「新女友」、她的姐姐與青少年外甥。房間不夠，所以我只能和那個十四歲的男生共用雙層床。星期天一大早，我就會看到那個青少年把一條腿掛在上層床鋪外面，隔著四角褲抓屁股。我很困惑，而且房間很臭。不過，那時候好像什麼東西都不香了。

我媽帶著我搬去外婆家附近，外婆很有氣勢，感覺像女王和柴契爾夫人的混合體。九月我開始上幼兒園，我媽重新開始上班。沒有人跟學校說過我們家發生了什麼事，直到有一天老師特別喜歡我畫的圖，所以拿給我媽看，真相才終於曝光——畫裡有爸媽、我、妹妹。我媽臉色慘白，告訴老師說我的妹妹已經「不在」了，我爸也不會再回家了。我嚇傻了。

爸爸也走了？

為了緩和這次的不愉快事件，我們決定那天是藍頭髮娃娃的生日，我媽為她烤了一個蛋糕。

雖然我沒什麼胃口，但還是大吃特吃。我發現我很擅長這一招。食物是表現愛的方式——有蛋糕吃，誰還會難過？我發現，餅乾、白吐司、乾吃玉米片，這些都可以抵禦悲傷，至少可以延期。碳水化合物萬歲。

我爸和他的新女友現在有了自己的家，但他們的錢不夠，沒辦法「分擔養育我的費用」，因此我爸覺得壓力很大。他也變得很健忘。

我五歲，綁著小辮子，天真無邪。印象中我經常在等待。在我媽新買的半獨立房子裡，我坐在鋪著米色地毯的樓梯最底層，身邊擺著收拾好的行李。牙刷、睡衣、兩條內褲（以防萬一），我最喜歡的紫色毛衣和棕色燈芯絨長褲（一九八〇年代呀……）小心翼翼摺好放在裡面。藍頭髮娃娃可以出來「透氣」了，所以被緊緊抱在我的懷裡。時鐘的兩隻手臂一起指著最上面，媽媽說爸爸會在這個時間來接我。我一直很「乖」，所以他會來。他一定要來。所以我等，等了又等。時間滴答滴答一分一秒過去了，長的手臂指向地板。媽媽和我一起畫了很多張時鐘「練習」，但現在指針的形狀完全不一樣了。媽媽一次又一次安慰我「沒事啦！」，但她的語調越來越尖銳。她察看外面的路上有沒有人出現，然後打電話，重複一次又一次，甚至難得問我要不要看卡通。但我沒有離開那個位子。我坐著，眼睛注視地板，整整三個小時。

他沒有來。

以前妹妹還在的時候，爸爸從來不會忘記事情，生活很不錯。現在只剩下我了，爸爸越來越健忘，生活變得很**不好**。我心中逐漸冒出一個糾纏不休的恐懼，而現在得到證實了：應該換成我不在才對，都是我不好，爸爸才會離家。

我不是特例，幼兒園的孩子通常會認為爸媽離婚都是自己不好。「兒童會自以為是世界中心，這是很典型的表現。」三十年後，美國心理學家阿芙蘿狄蒂・馬薩基斯（Aphrodite Matsakis）告訴我。這種現象有很多人研究過，一些兒童（一些大人也是）會認為世界圍著他們轉，世上發生的所有事都由他控制。「有些幼童會無法從別人的角度想事情，他們傾向於認為自己是一切事物的中心──也是所有事的**起因**。他們通常認為，只要他們想要，心願就會成真。這種過度誇大的責任感源自於一個信念：『當所愛的人陷入危機，我，只有我一個人，有義務和能力拯救他們。』」

沒有人告訴我事情不是那樣的。他們什麼都不告訴我，於是我只能自己編。「如果不告訴兒童真相，他們就會自己編造。」珍恩・埃爾佛（Jane Elfer）如是說，她是兒童與青少年心理治療師，在倫敦一家很大的醫院工作。「他們會發明出自己的版本──他們自己的現實與錯誤想法。兒童的想像往往比真正發生的狀況更嚴重，」她說，「因此，從年紀很小的時候開始，我們就需要清晰、確切、詳盡的溝通，以避免誤解。整個社會都必須以更好的方式面對不快樂──當發生了悲傷的事，我們必須允許並接受。」

但我們拒絕接受。我們反抗，甚至忽視。

行政程序跑完，我父母正式離婚。儘管很多人認為孩子死亡後大部分的夫妻都會分手，但其實在孩子死亡當時已經結婚的伴侶當中，高達七成二的人會繼續和對方在一起[1]。毫無疑問，喪子之痛非常劇烈，在那樣的壓力下，婚姻關係中的小裂縫也會變成無底深淵。儘管如此，並不代表我們或彼此的關係有問題（雖然或許會有這種感覺）。根據英國國家統計局調查出的最新數據，英格蘭與威爾斯的夫妻當中，大約有四成二最後會離婚[2]。如此看來，喪子的夫妻繼續在一起的機率確實比較高，一次的失去不見得會造成另一次。哀痛是我們為愛必須付出的代價，不過，**如果我們沒有做好準備，如果我們從小到大只學過要追求快樂，如果每當遇到痛苦時只想麻痺自己，就會比較難度過風暴。**經歷失去之後，如果對自己和關係期待太多，那麼注定會失望。我完全能夠理解，遇到悲傷與痛苦時會有股衝動，想要跑去很遠的地方「逃避」。大部分的人從小就學會逃避。有些人一生中最長久的關係，就是離不開「逃避」，我無意批評他們。真的，我懂（**我愛逃避……**）。是人都會做出瘋狂的事，我的父母不是聖人，離婚往往是對雙方最好的選擇。但也不要忘記還有別的可能。當我們經歷失去，從初級的悲傷到讓人生天翻地覆的大災難，我們**一定會**覺得難過——這是正常的。**如果我們學會接受人生難免會出現難關，或許就能有更充足的準備，可以承受極度悲傷的事件。**有時候，我真希望在一九八〇年代有人告訴我的家人這件事。但是沒有。因為大家都不會告訴別人任何事。

於是乎，我加入世上無數男男女女組成的榮耀陣營：「父愛情結」。我在單親家庭長大，媽媽身兼父職——我很幸運，我媽擁有超強的精神力與韌性。身為單親媽媽的孩子有許多好處：我從小就免於感受到家務的性別偏頗，因為家裡所有該做的事**她**都會做。我像我媽一樣，善於應付危機。我重視獨立，雖然稍嫌太過度，以致於我無法放下獨立，因此對承諾感到懷疑，也不會徹底投入一段關係（可想而知會有什麼結果）。每次談戀愛，我都會堅持要有「呼吸的空間」。我不善於談判——因為在我家沒有必要，媽媽一個人決定所有事。我會看到，不停忙碌是件好事，可以讓人生繼續走下去，可以對抗痛苦。算是啦。對我而言世界已經失去了道理，於是我自己製造道理。別人經常叫我不要傷心、不要哭。所以我不做這些事。沒有人做這些事。直到最後想哭的感覺或「悲傷」變得異常陌生。甚至**怪異**。

已故心理學家海穆・吉諾特（Haim Ginott）的著作《父母怎樣跟孩子說話》（*Between Parent and Child*）[3]中寫道：「許多人因為從小所受的教育而不明白自己的感受。當他們感覺到恨，大人卻說只是不喜歡。當他們感覺到恐懼，大人卻說沒什麼好怕的。當他們感覺到痛苦，大人叫他們要勇敢、要微笑。孩子要依賴父母調節情緒，因為他們自己不知道該怎麼做。然而，若是照顧者也不懂，或者也沒有人教過他們，因為大家都認為『不好的感覺』只要麻痺掉就好，那是真的會出大事的。很多人從一出生就被教育要抗拒『悲傷』。」

二〇一九年《衛報》的一篇報導[4]中指出，從我們出生的第一天，社會就教育我們「不要悲傷」。在英國，大部分的嬰兒除了奶之外，第一個嘗到的東西就是Calpol——甜滋滋的紫色止痛糖漿，附贈方便的餵藥器，讓許多家長覺得自己有如西部牛仔。國民保健署建議在嬰兒八週大、第一次接種疫苗之後，餵他們服用液態乙醯胺酚（Paracetamol）以預防可能的不適症狀，八成四的嬰兒會在出生六個月內服用Calpol[5]。小時候我看過一篇Calpol的廣告，上面寫著：「全家歡樂出遊去，別讓痛痛來攪局。」

這個廣告傳達的意思很明顯：無論有多好的理由，總之，好的父母就不該讓孩子吃苦。我們身處的文化要求所有憂愁都必須立刻消除，悲傷則應該「解決」，而不是體會——因此比起上一代的人，我們的容忍度更差。BBC（英國國家廣播公司）在二〇一八年製作的一部紀錄片中指出，現在的英國兒童用藥量比四十年前增加三倍[6]。「因為現在的生活大多都科技化了，因此當我們發生問題時，也會期待科技或藥物把我們『修理』好。」心理治療師兼哀痛專家茱莉雅・山謬女爵表示。「然而，悲傷不是這樣的。從很小的時候，父母就盡可能讓我們對悲傷免疫。我們受到過分保護。我們往往沒有學到，**經歷少量痛苦，能讓我們懂得如何面對巨大的痛苦。**」

「我們企圖抵抗悲傷：整個社會幾乎自動化地想要減輕不適。問題是，這樣做反而更糟。」[7]

華盛頓特區美利堅大學（American University）的納森尼爾・赫爾教授是情緒調節專家，我透過Skype訪問時，他表示：「『悲傷』**真的**很重要。大家必須體認悲傷，並且瞭解悲傷能帶給我們什麼。經常有人對我說：『我只是不想再感到焦慮——我不想感到悲傷。』我只能對他們說：『我幫不了你！』因為你不該『**不想感到悲傷**』。」就連赫爾的心理系學生也很難理解這個道理。「如果我問：『人為什麼會悲傷？』他們會說：『呃，因為沒有悲傷就沒有快樂！就像光與影一樣。』但不是這樣的，他們忽視了悲傷在社會上的功能。**悲傷會釋放出訊號，類似：『喂！快來幫我！』**讓其他人團結起來幫忙。」赫爾也認為，當我們陷入困境，不知如何脫離時，也會感到悲傷。「這種時候悲傷非常有用。」

「悲傷屬於解決問題的情緒類型，」他說，「悲傷會製造出反省。我認為反省是悲傷情緒的認知表現——就像擔憂是『焦慮』這種情緒的認知表現。**因此悲傷是很重要的情緒，能讓我們停下來，思考現在身處的位置，然後才能繼續前往人生的下一個階段。**」

最早提出這個想法的人，是丹麥哲學家齊克果。他認為，悲傷與絕望不只能誘發「喜悅」，也是不可避免的感情，更重要的是：要讓改變發生，這兩種情緒不可或缺。我訪問了丹麥阿爾路斯大學（Aarhus University）的齊克果專家兼心理學教授亨利克・胡奧歐森（Henrik Høgh-Olsen）。他六十多歲，穿著白長褲。胡奧歐森告訴我：「齊克果非常重視絕望——我們需要絕望。當人感覺到悲傷、空虛、焦慮——這種存在性的感受會讓我們停下腳步思考——這是很好的機會，可以讓我們在人生中做出改變，『逆游』而上。」

「逆流」而上吧？

「**逆游**。」他堅持。他可是堂堂的心理學家、大學講師，及專門研究以深奧艱澀出名的十九世紀哲學家，這種組合自有一種獨特權威，所以我放棄爭辯。

「這些沉重的感情有助於讓人在生命中航行。」他黝黑的手腕用力往桌面上一放。室內有輕鋼架天花板加上四周的盆栽，坐在這裡，讓我恍惚感覺彷彿回到學生時代，一九九八年左右，因為遲交報告所以來教授辦公室挨罵。「悲傷與絕望會帶來使命感。我們應該讓這些感受帶領我們去思考：我對自己的人生做了什麼？」

我覺得很渺小，不禁自問，真的，我究竟對自己的人生做了什麼？

呃，要是我們不肯接受絕望的帶領，又會發生什麼事？

「這還用問嗎？」他提高音量。「我們會變成機器人！會吃喝拉撒睡的機器人！」

嗯。好。也就是說，想要有所改變，「絕望」不可或缺，人生不能沒有悲傷，否則我們只是會拉屎的機器人。懂了。所以，我們必須停止抗拒這些「負面情緒」，並且開始感受。因為要是我們不去感受這些情緒，後果不堪設想。

「要是不肯接受、消化悲傷，最後會以生理方式表現出來。」兒童與青少年心理治療師珍恩・埃爾佛警告。她說明，疾病——真正的疾病，需要服用Calpol的那種——可能變成兒童表達情緒的唯一方式。「例如說，他們會沒有原因地腹痛、頭痛——當然，還有心理上的衝擊，」她說，「尤其是當他們失去重要的人時。」

小時候，我的腸胃變成情緒氣壓計，我會覺得肚子不舒服，但是無法分辨是因為飢餓、疲倦、壓力或悲傷。比起克服壓力、悲傷或補眠，吃東西是速度最快的解藥，所以當我感覺肚子怪怪的，就會先吃東西作為急救，以防萬一。這是很常見的現象。已故心理分析師喬依絲・麥度高（Joyce McDougall）曾經寫道，哀痛可能以失去食慾表現，但也可能會增加食慾，因為企圖用食物「填補空虛」。「幼童有時會不知道身體到底哪裡痛，至少要到十歲左右才能清楚分辨。」羅斯・寇麥克（Ross Cormack）如此表示，他是心理治療師，也是英國兒童失親慈善組織「溫斯頓的心願」（Winston's Wish）的治療主任。「悲傷通常會變成腹部的問題。」悲傷的兒童也會比較容易恐慌，過度依賴皮質醇（Cortisol）——壓力荷爾蒙——以及腎上腺素，使得他們經常處於反擊或逃跑狀態。吃東西的效果還算不錯，可以降低這種反應，並且讓我們平靜。不過，這種解決方式非常短暫（這是我的親身體驗，我曾經一口氣吃掉整條白吐司——只是順便提一下）。這只是暫時的「緩解」，當下一波「感覺」來的時候，還是需要處理的。

哀痛引起的其他常見生理症狀[8][9]還包括：胸口或喉嚨緊繃，對噪音過度敏感，呼吸困難，感覺極度疲憊或虛弱，口乾舌燥，食慾增加或降低，失眠或害怕入睡，以及各種疼痛[10]。二〇一四年的一項研究甚至發現，經歷哀痛的成人，一些種類的白血球製造量會降低，導致他們比較容易受感染[11]。茱莉雅・山謬在她的著作《悲傷練習》（*Grief Works*）[12]中表示，所有的生理障礙當中，一成五來自於沒有解決的哀痛。山謬也發現到，失親的兒童若是沒有妥善處理情緒，長大之後更容易有上癮或精神健康問題。

赫爾表示，我們這些情緒調節有困難的人，通常會出現下列三種狀況：一、對刺激信號過度敏感（比別人更快感受到情緒）。二、反應太過強烈（比別人的情緒更強烈）。三、要花更長的時間才能回到基準或「正常狀態」。赫爾說：「成年人必須給兒童適當的回應，才能讓他們在童年時就學到如何正確處理情緒。如果小孩說『我很難過』，但父母卻告訴他『你沒事啦！』，這樣對孩子毫無幫助。**父母必須接受孩子的情緒，並且告訴孩子那是什麼情緒，讓孩子學會如何辨別、處理，也要學會不必因為情緒而感到羞恥或混亂。**」他說，因為每種情緒都有各自的用處。「如果我們從一開始就學會接受並容忍各式各樣的情緒——尤其是『負面』的那些——或許對我們所有人都有好處。」赫爾來自美國，所以他很懂。因為研究人員發現，從文化上來看，美國人更急於消除負面情緒，這種傾向非常明顯。

服務於史丹佛大學（Stanford University）文化與情緒實驗室的心理學家吉妮・蔡（Jeanne Tsai）發現，追求快樂的執著導致許多美國人將悲傷視為「失敗」，並且認為悲傷是個人的責任[13]。蔡博士的父母是來自臺灣的移民，她從小住在美國。她發現美國人看待悲傷的態度，與東亞文化圈有許多不同，讓她感到非常有意思。我和她聯絡，她表示：「我發現美國非常強調要快樂，不計代價避免悲傷——比其他文化嚴重很多。」相較之下，東亞社會對負面情緒的概念根植於佛教、道教與儒家思想的傳統之中，將其視為一種「無常」或依情勢而定的現象[14]。「在東亞文化，負面感受或經驗有時甚至能夠**強化**社交紐帶。」蔡博士說。在東亞，人們將負面情緒視為「自然循環中無法避免但不會長久的元素」——是人生的一部分。

很多研究都說「快樂」的人比較健康——西方人為了得到快樂，也確實投入了大量時間與金錢。我自己也曾經對此深信不疑。多年來，我狼吞虎嚥了許多相關研究，全部「證實」了快樂的人比較健康，因此我們必須不計代價追求快樂。我乖乖聽從、努力實踐。然而，事情沒有那麼簡單。因為在那些認為悲傷沒什麼不好的文化中，悲傷對健康的影響相對較低。蔡博士說：「研究人員分析了日本與美國處理負面情緒的方式與健康狀況——非常好的選擇，因為兩者都是現代化、民主化、工業化的社會，並且具有發展完善的醫療制度。」不過，這兩個社會對於負面情緒的看法卻截然不同。一位日本精神科醫師曾經對美國心理學會表示：「憂傷、易感、脆弱——日本人不會將這些視為負面情緒。我們從來沒想過要消除這些感覺，因為我們不認為有什麼不好。」[15]而在美國，普遍將「悲傷」視為「不好」。對悲傷的這種觀點才是致使我們生病的原因。

在美國，低正面情緒往往脫離不了高BMI值，與不健康的血脂指數（判斷健康的重要指標）。然而，研究顯示，低正面情緒的日本人通常都……沒事。也就是說，文化不同，情緒對健康造成的影響也不同。**只有當我們害怕悲傷的時候，悲傷才會讓我們生病。**

加州大學柏克萊分校（University of California, Berkeley）所做的另一項研究發現，能夠接受心理經驗而非加以批判的人，通常健康狀況都比較好[16]。逃避負面感受，或是因為感到悲傷而嚴厲批判自己的人，更容易發生情緒障礙與困擾。**因為，若我們將「悲傷」視為「不好」，甚至「不正常」，我們就容易將其視為一種病。**

在《悲傷不見了：精神醫學如何將普通的憂傷變成憂鬱疾患》（*The Loss of Sadness: How Psychiatry Transformed Normal Sorrow into Depressive Disorder*）[17]（光是書名就說得夠清楚了吧），社會學教授艾倫・V・霍維茲（Allen V. Horwitz）與傑洛米・C・威克菲爾（Jerome C. Wakefield）在本書中提出，近年來憂鬱症病患大量增加，其實與現代生活的壓力沒那麼相關，較大的因素其實是「過度診斷」。醫療歷史學家艾德華・修特（Edward Shorter）提出，精神科對憂鬱診斷的「熱愛」已經變成一種執念。他主張，被診斷出憂鬱症的病患大多也感到焦慮、疲憊、無法入睡，並且有各種生理症狀[18]。霍維茲、威克菲爾、修特與其他專家懷疑，許多被診斷出憂鬱症的人，其實只是「悲傷」——這個問題，全都是一本書中的一條模糊定義所造成，這本書雖然非常重要，但也只是「一本」書而已。

美國精神醫學會（The American Psychiatric Association）所出版的《精神疾病診斷準則手冊》（*Diagnostic and Statistical Manual of Mental Disorders*，*DSM*）是一本非常厚的書，在美國普遍用這本書作為所有心理相關疾病的診斷根據。第一版於一九五二年出版，原本的用意是為了統一美國精神醫療的診斷方式，然而，在「重鬱症」這個疾病上，手冊偏重於症狀而非整體脈絡。如此一來，「真正的醫學問題」與「普通的憂傷」之間的差異，變得無從分辨。任何人出現五項以上[19]症狀，並持續超過兩週，便可能被診斷為憂鬱症——即使這些人之所以會感到情緒低落、食慾不振、睡眠障礙等等問題，其實有完全合理的解釋，例如失戀、財務問題。之前的版本中有納入「哀痛條款」，申明失親未滿兩個月的人，不得診斷為憂鬱症。然而，二〇一三年的最新第五版中刪除了這一條，以致於難以分辨這些症狀究竟來自於可以理解的悲傷，還是真正的疾病。支持第五版手冊的人指出，哀痛是憂鬱症常見的先兆，為了避免未能盡早診斷出重鬱症的風險，移除失親條款非常合理。然而，**這也表示現在哀痛可能被貼上疾病的標籤，而不是視為人類的正常經驗。**

英國與歐洲的心理學家診斷時，應該要參考世界衛生組織的國際疾病分類（International Classification of Diseases，ICD）；但是美國的精神診斷手冊影響力太大，以致於許多歐洲的醫生也用作診斷參考[20]。於是，現在所有人都照著美國的標準進行診斷。結果就出問題了，因為美國人真的很不喜歡「悲傷」——吉妮．蔡將這種傾向歸因於「開拓先鋒的價值觀」。

「第一批從歐洲來的人具有自告奮勇、勇敢無謂的特質。」蔡博士說。「這群人凡事都預期樂觀結果，願意冒險犯難，發生負面情緒或狀況時，他們的解決辦法是**放著不管**，希望事情能自己好轉。」對於早期開拓先鋒而言，克服困難是一種品德，因為遭遇逆境而灰心喪志不值得鼓勵。後果就是，現代美國人看待精神健康問題的態度太過正向積極。精神科最愛用的治療方式中，認知行為療法（Cognitive Behavioural Therapy，CBT）絕對名列前茅，這是一種「往前看」

的干預，鼓勵病患「重新站起來」，並改變負面思考模式。許多認知行為療法的先鋒來自於美國[21]，而歐洲心理學家則通常受佛洛伊德影響，採取「全都怪你爸」的「往後看」態度。美國偏好明天就跟憂傷說掰掰的承諾，只將悲傷視為一種錯誤——需要用藥物治療的「問題」——下次悲傷來襲，我們依然沒有做好準備。將悲傷變成疾病，傳達出一個訊息：「不舒服」的感覺不能容忍，也不該容忍。

黛安娜王妃過世之後，英國人或許「正式」開始接受公然展現情緒（第11章將進一步討論），各種實境秀節目的大結局，也一定要來個感動落淚蒙太奇*，搭配喬許·葛洛班（Josh Groban）的勵志歌曲。不過，要是在現實生活中真正地大哭一場，不覺得丟臉、也不怕被笑，真的可能嗎？恐怕很難。這真的很瘋狂，因為**悲傷是正常的，眼淚也一樣。人類一直都會哭。我們應該要哭。**

「在痛苦的時候，哭泣是向他人尋求支持的方法。」艾德·芬格霍茲表示，人稱「眼淚教授」的他，任教於荷蘭蒂爾堡大學（Tilburg University）。人類是唯一會因為情緒而落淚的動物，嬰兒哭泣可以得到父母關注，大人哭泣則可能得到朋友或親人的憐惜。

科學家曾經認為，我們藉由流淚排掉「毒素」與壓力荷爾蒙[22]，哭泣這個行為本身也會製造腦內啡（Endorphins），與讓人感覺愉快的化學物質催產素（Oxytocin）[23]。「不過，哭過之後我們的痛苦並沒有降低，照理來說，分泌腦內啡與催產素之後應該會降低才對。」[24]芬格霍茲說。「而且口水也含有壓力荷爾蒙。不過，有誰會因為狂流口水而心情變好？」他問我。

「沒有人？」我放膽說。

「沒錯！」芬格霍茲與研究同仁發現，哭泣的人皮質醇確實會提高，不過，與母猴分開的小猴焦急呼喊的時候，也能觀察到這種現象[25]。因此，我們之所以覺得心情變好，並非因為排出毒素；**我們心情變好，是因為表達悲傷有安撫作用**。德國卡賽爾大學（University of Kassel）的心理學家寇德・貝內克（Cord Benecke）研究哭的人與不哭的人，結果發現比起不哭的人，會哭的人比較少有「負面侵略性感受」，例如憤怒或厭惡[26]。

「現在我們知道，哭泣是人類全體都被設定要做的事，眼淚是有作用的。」芬格霍茲說。「達爾文的眼淚無用論非常出名，因此，我將我的研究視為個人對他的挑戰，我要證明他錯了！」算你厲害。

*編註：蒙太奇（Montage），為一種電影剪輯技術，透過銜接個別片段的鏡頭組成電影情節。

那麼——我猶豫了一下，擔心會被女性姐妹視為叛徒——女人真的比較常哭嗎？

「稍微。」他承認。科學證實睪酮素（Testosterone）會抑制哭泣，而泌乳素（Prolactin）——這種荷爾蒙最為人所知的功能是促使乳汁分泌——也會降低我們感動落淚的門檻。「不過，同儕對哭泣的看法，也會對我們產生極大的影響。」他補充。「例如，研究發現，十到十三歲的男生，外界給他們非常大的壓力禁止他們哭，而十到十三歲的女生沒有這種壓力。社會比較能接受女生哭。」成年男女遇到大事時——例如死亡或離婚——哭泣的量差不多。「但女性比較會因為其他事情哭泣。」在我的強力逼問之下，他告訴我，**逼出眼淚的核心感受並非悲傷，而是「無助」**。

「因此，我們發現女性比較可能因為沮喪而哭泣，或是在即將發生衝突時哭泣，因為她們感到無助，又難以表達憤怒。即使因為恐懼而哭泣，也和無助脫離不了關係。」他告訴我。「例如說，遇到劍齒虎的時候，就算很害怕，但只要知道怎麼逃脫，就可以展現反擊或逃跑本能。然而，如果被困住，就比較可能因為無能為力而哭泣。」我告訴他，這個理論似乎對女性不太友善。他提醒我，男人也不見得有多好。「男生最小從十歲開始就『學到』哭泣是不被接受的行為，」芬格霍茲說，「因此，這些男孩長大成人之後，會不願意被人看到哭泣的樣子，一點也不奇怪。」

不過，有一個特別的領域，傳統上「准許」男性哭泣。

從一九九〇年世界盃決賽中英國球員迦薩（Gazza）淚灑球場、麥可・喬丹（Michael Jordan）在棒球名人堂演說中啜泣，到二〇一九年一月，蘇格蘭網球選手安迪・莫瑞（Andy Murray）宣布退休時痛哭失聲，我們得知運動相關的哭泣，一直以來都被視為「可以接受」。

「在球場上哭泣幾乎有種英雄氣慨，」基斯說，他是職業足球選手，也是我的朋友。一個週末，在我家花園裡，我們喝著紅酒，我問他的看法。他告訴我，他的球隊有一次在布拉格輸了一場重要比賽，結果所有隊員都哭了。「在足球場上，因為輸球而哭是可以接受的，」他說明，「那是被允許的。而且本來就自然會哭。我們苦練整個星期只為了九十分鐘的比賽。所以說，一旦出狀況——」他抓住胸口，「真的很心痛。」

我抱持質疑的態度（我對足球一無所知）。「好吧，不過還是不能和失去家人或朋友相比……」

是啦……「但是很接近。」

儘管准許「英雄式」哭泣，但是足球圈依然不鼓勵討論情緒與精神健康，這種風氣直到最近才改變。「現在教練要我們多談，」基斯說，「希望我們表露自己軟弱的一面，這樣有助於球隊團結。現在大家開始明白，正視情緒，誠實說出感受會讓比賽表現更出色，對球員與整個足球運動也都有幫助。」印第安納州立大學（Indiana University）發表了一篇研究報告，刊登於研究期刊

《男性與男子氣概心理》[27]（*Psychology of Men and Masculinity*）（任何有尊嚴的床頭櫃書堆都少不了，而且絕對是放在最上面的那本），他們發現，相較於不哭的美式足球選手，**會哭泣的選手較重視自我價值，也比較不在意同儕壓力**。哭泣的男性也有一些知名的典範。希臘英雄阿基里斯與奧德修斯都喜歡啜泣一下。耶穌基督（真的是他本人）也會哭。所以，我們所有人需要哭的時候都該哭。

學習如何悲傷的第一課，就是不要抗拒。就這樣。這便是入門的第一步。有時狀況很嚴重，但我們依然必須起床或照顧其他人，即使如此，抗拒悲傷或假裝沒事都**不是**好辦法。我們必須**感受**悲傷。這句話說來簡單得像在騙人，但真的要做卻需要勇氣，因為「悲傷」是日常生活中最少被看見的部分。我們必須重新和自己的情緒搭上線，這樣才能妥善處理。

現在我懂了。但是以前不懂。

回到一九八〇年代，我認識的人都不接受「情緒」這玩意。於是我只好自己背負。

我埋首課業，盡我的一切力量（雖然很有限）努力做個「乖孩子」，讓我媽「快樂」。儘管我盡心盡力，依然躲不過失敗的結局，這讓我很沮喪。我幫她拿東西——主要是皮包和鞋子。我黏著媽媽讓她知道我有多愛她，把臉埋進一九八〇年代Laura Ashley洋裝誇張的蓬裙（用裙子這個詞太不貼切，那根本是降落傘）。我把早餐端去床上給她享用。有一次，我為她準備了一整條家庭號的瑞士捲。另一次則是整組六個十字甜麵包（cross bun），上面塗滿大量奶油。我坐在床尾，滿臉笑容看著她英勇征服麵包。她的嘴角揚起，認同我的努力，但她的眼神卻沒有喜悅。後來她認識了一個能讓她笑的人。真正地笑。

2 降低期望

降低我們的期望，將完美主義換成專家稱為「適應性樂觀」的態度。意思就是走比較有彎曲的人生路，享受過程，而不是一心想走最筆直的那條路，然後卻因為不得不偏離而責罵自己。

我媽媽交了新朋友。他有一個橘色背包，會彈吉他，晚上會留在我們家。我之所以知道，是因為我去睡覺了以後，還聽到他在彈奏史提利・丹樂團（Steely Dan）的歌曲，第二天早上在我媽的臥房門外看到他的橘背包。我沒有像平常一樣跑進房間擁抱她。我下樓，自己弄了早餐，維多麥穀片（Weetabix）加上淡鮮奶油（我要幫小時候的自己說句話，淡鮮奶油的包裝和牛奶太像了，而且我是烹飪新手）。我等著樓梯傳來腳步聲，因為樓梯鋪了地毯，所以我必須趁用力吸著濃稠維多麥黏糊的空檔拉長耳朵聽。第一次見到橘背包的主人時，我整個人僵住。和我爸相比，他比較高、比較年輕。而且沒有穿皮夾克！大家常說我們怕蜘蛛，但蜘蛛更怕我們，現在就是這樣，橘背包匆忙離開，沒有對上我的視線。下一個週末同樣的劇情再次上演，又再下一個週末也是。終於，橘背包男來吃晚餐。這真的很奇怪，因為我們兩個到現在，都沒有正眼看過對方，也沒有正式認識。我想表現出友善——因為我是「好孩子」——但我忍不住嫉妒，因為我無法讓媽媽開心，但橘背包男卻做到了。我不懂為什麼。

我沒有告訴爸爸家裡有新客人，不過，週六和週日上午變成我一個人的時光。我玩遊戲。我畫圖。我著色。我製造出一套很複雜的裝置，用上了滑輪、鞋盒、柳條籃，在家裡運送絨毛娃娃。我很長的時間都在看電視。那是一九八〇年代，所以電視節目總是光鮮亮麗、激勵人心——這時候，我對人生的期望也是這樣。好吧，我媽有正職工作，我常撿別人不要的衣服穿，我最早學會的詞彙包括「透支」。倫敦近郊雅痞社區的其他家庭和我家不一樣，他們的媽媽是全職家庭主婦，愛做有氧體操，開白色保時捷接送孩子，車上的喇叭重低音開到最大聲，播放〈有錢能使鬼推磨〉（Money Talks）*。我班上很多同學的爸媽住在仿督鐸風格的大房子裡，游泳池每隔幾年就翻修得更新更美。很多人去拉皮（但一九八〇年代做出來的效果很假）。大家不只想要「更好」，

* 作者註：〈Dirty Cash/Money Talks〉是一九八九年熱門金曲，由 Melody Washington 演唱，後來由愛爾蘭女子團體 Liberty X 翻唱。以現代的眼光看來，這首歌的歌詞問題很大，儘管如此，依然是首琅琅上口的歌曲。

而是**最好**。我也想要那樣的人生——像班上同學那樣、像電視裡那樣：明亮、耀眼、成功。沒有汙點。我想要永遠有笑容的人生。快樂。**完美**。無論別人對我有什麼期望，我都會自己再加碼。我想要像電視上一樣的完美人生。這種要求應該不算太過分……吧？

橘背包男搬進我們家，之後有一陣子確實變得比較快樂。家裡有音樂、歡笑，我們去倫敦玩，去吃披薩——幾乎令人欣喜若狂的放縱。每個星期天，洗完澡之後，我都可以穿著睡衣坐在電視機前面吃晚餐，一週一次洗完頭之後，散開頭髮讓壁爐的火烘乾。生活變得比較輕快。甚至比較好。然後我爸宣布要和女友結婚。

好吧，我想，我第一次遇到這種狀況……要乖。要聽話。

我問爸爸我可不可以當伴娘。電視上，女兒都可以當伴娘，不然至少可以當花童。剛好不久前，我在電視上看到一個跟我年紀差不多的女生當伴娘，她戴著王冠騎馬，所以我的期望很高。

但我爸說「不行」。

我問是哪個部分不行？王冠還是騎馬？

「全都不行。」他說。

我認定他只是開玩笑，（「玩笑」是這樣嗎？天曉得呢……？）於是我決定要更乖、更用功，慢慢感動他，最後他一定會改變心意答應我。電視上都這樣演的，不是嗎？

我也在想，既然爸爸要再婚，或許媽媽也該比照辦理。我一點也不懷疑我爸的新老婆會不會有「新媽媽」的感覺（我知道不會），但我在電視節目和迪士尼電影中看過，媽媽再婚之後就會出現「新爸爸」。當然啦，我依然有「舊爸爸」，但他最近不太可靠，所以多一個備胎也沒壞處，對吧？電視上，這種再婚的家庭都相處得非常愉快，從此過著幸福快樂的生活。電視上，單身太久的媽媽會變得有點「褪色」，當她遇到一個下巴方正、眼神和善的男人，然後就是一段追求過程蒙太奇，他帶她去野餐、去動物園。他贏得芳心，重新點燃她心中的火花，於是她改頭換面——一九八〇年代，改頭換面少不了搽腮紅、大墊肩、蓬鬆髮型（或許還會燙鬈）。方正下巴男大為驚豔，在他們第一次去野餐的地方單膝下跪求婚，旁邊的鴨子也呱呱叫幫他打氣。媽媽和孩子一起開心拍手，接受求婚。新男人抱起媽媽轉圈，她的腳趾朝向天空。弦樂響起，播放婚禮蒙太奇。女兒當伴娘，而且（很可能）還得到一個新弟弟，和一隻叫做巴比的狗。我看過電視：這些事我知道得一清二楚。橘背包男**不盡然**是電視上那種像肯尼娃娃的帥哥。但他感覺人不錯，而且現在只有這個人選，所以我斷定我媽一定會嫁給他。會有婚禮蒙太奇。

我希望他們能快點結婚，越快越好，因為我家代代虔信天主教（我有個姨婆是修女），而且我已經知道，沒有結婚的大人睡在一起會被人說閒話。我念的學校以前是修道院，除了必修天主教課程，還會有神父偶爾來家庭訪問。神父來的時候，我們就會急忙藏起橘背包男的東西，假裝他不存在。在學校裡，我學到各種「原罪」的知識，也學到離婚的「罪孽」與「罪孽生活」，於是我求媽媽嫁給橘背包男，減輕我們家的罪孽，「以免受到永恆懲罰」。但婚禮蒙太奇沒有出現，叫做巴比的狗狗也沒有出現。

心理學上將「失望」定義為「結果不符合期望時的反應」。兩者相差越大，失望的感覺越強烈。二〇一四年，倫敦大學學院的羅伯・羅列吉博士（Dr. Robb Rutledge）在《美國國家科學院院刊》（*Proceeding of the National Academy of Sciences*）發表一篇研究，裡面有一道快樂數學公式，以我們的期望做為基準。研究發現，**事情的發展好不好並不重要——重要的是有沒有比我們的期望更好**。「大家常說，降低期望就會比較快樂，」羅列吉博士表示，「我發現其實真的是這樣：期望比較低的時候，結果比較容易超出預期，增加我們快樂的感受。」

拚命想符合別人的期望，或是抱持不合現實的期望都很累人。對其他人抱有太高的期望，則會造成失望。感到「被辜負」，或是因為別人無法達成我們設下的標準，而感到憤恨，這些跡象代表你對別人的期望太高了。當然，有些人就是爛，我們不該任由他們欺負。不過，如果我們對自己和別人抱持不可能達成的高標準——永遠不會實現的期望——那麼，可能真的是我們有問題。我也很不願意這麼說，我很愛你們，我自己也一樣……不過，可能真的是**我們**有問題。

當我們感到悲傷——或是盡可能不要感到悲傷——只要降低對自己（和別人）的期望，很多人就可以感到心情改善許多。不過，很多人還是堅持要抱持很高的期望。非常高。我們每天都看到太多光鮮亮麗、激勵人心的畫面，這只會讓我們繼續期望太高。

現在的電視觀眾稍微比較成熟了。我們長智慧了，知道電視上演的不全是真的。不過，Instagram和臉書的崛起，加上其他炫目到難以置信的平臺，提供了另一個期望比天高的領域。社群媒體「不停用別人的好消息轟炸我，大家只會秀出最好的一面。」丹麥快樂研究中心執行長麥克・威肯表示，他指導一項研究計畫，探索社群媒體如何影響快樂——或者該說如何讓人不快樂。他發現，**社群媒體是表演「快樂」的溫床，演出結束後，演出者和觀眾都會更不快樂**。「我們研究了很多數據，發現很多地方都提到，經常與同儕比較會讓人越來越不滿足。」他說。一項研究顯示，停用臉書短短一星期，參加實驗的人壓力便減低了55%[2]。

許多心理問題都與期望過高有關，包括自我價值低下，因為當我們無法達成期望，便證明了那些貶低自己的看法。另外，期望過高也與負面核心信念（Negative Core Beliefs）有關，以及認為「我要變得完美才會有人愛我」，或是「這個世界很危險，我必須掌控一切」的想法；對親密關係的恐懼也是有關連的，因為當我們設下太高的期望，他人勢必無法達成，我們就有理由推開他們。此外還有對失敗的恐懼——那會導致自我破壞——甚至是對改變的恐懼。有些人會落入心理學家稱為「公正世界」（Just World）的理論。「在西方世界大多數的地方，我們相信人會擁有的事物都是生命中應得的。」美國心理學家阿芙蘿狄蒂・馬薩基斯表示。「從另一個角度來看，這表示很多人認為他們必須『配得上』他們得到的一切。」他們相信，只要我們「夠好」、「夠謹慎」、「夠有能力」，就能保護自己和家人。「許多人都有這種想法，但他們必須明白，這一切都不是人能夠控制的。」馬薩基斯說。**「責怪自己會讓人覺得自己對負面狀況有控制力，但其實一切很可能都單純只是隨機事件。」**

我從小就一直有這個問題。在學校裡，老師說，不要因為有人死掉而太過傷心，因為他們「去了更好的地方」，「和天使在一起」，「上帝比我們更需要他們」。學校鼓勵我相信，之所以會發生難過的事，是因為上帝「有計畫」。我身邊的人似乎都很吃這一套，像吸毒一樣深信不疑，儘管那時候的我，已經察覺這個世界一點道理也沒有（厚髮箍？加了水果的沙拉？大家狂愛菲爾・柯林斯，他甚至必須搭協和號超音速飛機通勤，連續出席英國和美國的「拯救生命」（Live Aid）*演唱會？）。人生很詭異，但其他人似乎都能應付。我外婆在世界大戰時照顧生命垂危的士兵；四十多歲時照顧生病垂死的丈夫；然後又「失去」外孫女。但她依然非常堅強，過著雙重甚至三重的人生，同時身兼首相柴契爾夫人和女王！我媽媽很小的時候就看著她父親離世，然後又埋葬了女兒。但現在，她猶如傳說中的布迪卡女王（Boudica）*，穿著印花燈籠袖上衣，容光煥發！她甚至還燙了頭髮！（蓬鬆髮型：打勾）。那麼，為什麼我不快樂？為什麼**我**無法快樂？為什麼我的人生和電視上的人不一樣？

期望過高的最後一項有害副作用，也是最重要的，就是完美主義。一九八〇、九〇年代的中產階級郊區社區裡，沒有人認為完美主義是缺點，他們相信那是優勢——是一種不可或缺的人格特質，可以展現你有多認真、多拚命，是「贏家」（兩個人手牽手高舉形成W字形）。得第一名的時候老師會大力稱讚。家長也很開心。我發現，在某方面成為頂尖人物，似乎有獨特的好處。到處都可以看見學校裡、電視上，周圍的世界，以及讓我去他們家游泳的同學爸媽，完美主義即使

* 譯註：一九八五年七月十三日於英國倫敦和美國費城同時舉行的慈善演唱會，為衣索比亞大饑荒籌集資金。

* 譯註：英格蘭東英吉利亞地區古代愛西尼部落的王后和女王。丈夫普拉蘇塔古斯去世後，羅馬人搶去了土地，布迪卡深愛的女兒慘遭凌辱、國民被迫交重稅，因此她領導不列顛諸部落起義，反抗羅馬帝國占領軍統治。

不是〔小聲偷偷說〕唯一的目標，依然是值得追求的目標。

後來我發現，完美主義除了天生性格，也有後天養成，因為完美主義這種特質既受基因影響，也有環境因素[3]。即使我沒有早年失去親人、沒有天主教養成、沒有過度重視學業、沒有爸媽開保時捷接送的朋友，**或許**我依然會有完美主義傾向。不過，話說回來，我也可能沒有。可以確定的是，我不是唯一有這種毛病的人。

根據西維吉尼亞大學（West Virginia University）所做的一項兒童發展研究[4]發現，現在的兒童與青少年當中，40％有完美主義，而許多研究也顯示，比起一九八〇年代、一九九〇年代、二〇〇〇年早期[5]，現在的大學生更有完美主義傾向。最有意思的則是，即使控制性別與地緣因素[6]，這樣的傾向依然存在——所以不是「女生」才會這樣，是全人類都一樣，因為我們不願意忍受不適與失敗，因而更加嚴重。社群媒體尤其強化了這種傾向。我小的時候沒有社群媒體，但追求成功的壓力依然很大。完美主義有一種威信，我們大家都想要。所以，真的有那麼糟嗎？

哈佛大學講師塔爾・班夏哈博士（請記住他的名字，我們後面會再遇到他），他也是《追求完美》[7]（*The Pursuit of Perfect*）這本書的作者，他表示：「很糟。當然啦，完美主義的一些特質依然能幫助人獲得成功、快樂，」班夏哈博士承認，「例如勤奮、責任感、注重細節。但也有很多不好的部分，例如對失敗有根深蒂固的恐懼，以及不懂得珍惜我們已經擁有的成就，或是排斥痛苦的情緒。」

班夏哈表示，**完美主義者傾向認為，成功是一條不會有失敗與曲折的道路，然而現實並沒有這麼平順。結果就是，完美主義者總是失望——因此嚴厲批評自己與周遭的世界。**這些特質我全都有過。這些特質我也全都不喜歡。不過，這裡還藏著另一個問題。完美主義者往往自我評價低落。我們在自己身上和周遭的世界尋找缺陷，於是我們什麼都不喜歡，然後又感到歉疚、可恥。這不是什麼好事。而越來越多人因此受苦。

西維吉尼亞大學的主任研究員凱蒂・拉斯穆森（Katie Rasmussen）在二〇一八年接受BBC訪問，她表示，越來越升高的完美主義已經「逐漸變成全球性公衛問題」。因為完美主義傾向與許多精神問題有關，諸如：憂鬱症[8]、焦慮症[9]、厭食症[10]、暴食症[11]、過勞[12]、強迫症[13]、創傷後壓力症候群[14]、慢性疲勞[15]、失眠[16]、消化不良[17]……甚至早死[18]。感覺好像很誇張，那是因為真的超誇張。原來完美主義是沉默的殺手。

比較好的作法是降低我們的期望，將完美主義換成專家稱為「適應性樂觀」（Adaptive Optimism）的態度。意思就是走比較有彎曲的人生路，享受過程，而不是一心想走最筆直的那條路，然後卻因為不得不偏離而責罵自己，班夏哈如此表示。樂觀的人依然會經歷悲傷，但是以這種態度，我們可以坦然面對艱難的階段——因為那也是生命的一部分，不要忘記那句老話：「沒有過不去的檻。」

古希臘與羅馬人的想法很正確，哲學家皇帝奧理略每天都會提醒自己：「我會遇到愛管閒事、不知感激、暴力相向、背信忘義、嫉妒成性、孤僻冷漠的人……我不會因為這些人而受到傷害……我不會對身邊的人動怒，也不會懷恨。」[19]

換言之：他學會控制自己的期望。古羅馬斯多葛派哲學家愛比克泰德（Epictetus）對生活的建議中，講得更詳細，他告訴我們：「**開始任何行動之前，先提醒自己那件事的本質是什麼**。如果要去沐浴，先想像一下在澡堂常發生的狀況：有人亂潑水，有人推擠，有人罵髒話，還有人偷東西。那麼，如果想要安然完成這次行動，就要先告訴自己：『現在我要去澡堂了，我會保持適當的心靈狀態，**順應那個地方的本質**。』」[20]

永遠會有人亂潑水。混亂是人生的一部分。不對，重來。**混亂就是人生**。因此，要是我們期望人生沒有混亂，那麼絕對會失望。正如同丹麥憂鬱之王齊克果所寫的：「人生不是需要解決的問題，而是需要體驗的真實。」

但是我想「解決」人生。我想「搞定」人生。成為人生「贏家」。

我生長在柴契爾夫人執政的英國，在那樣的時代，降低期望簡直是異端邪說：我們要鎖定**最高的目標**。大家期望我媽媽放下過去，好好過日子，而她做到了。她展開新戀情、回歸職場，她養育僅存的孩子，讓我吃飽穿暖，給我關愛照顧。她甚至加入學校的家長會，只要有活動，她都會來當志工，還在運動會上勇奪年度媽媽賽跑冠軍。她交新朋友、在職場上順風順水，她燙了頭髮，每天掛起笑容。但每年萬聖節，也就是我妹妹的忌日，我們家不擺南瓜裝飾，也不理會討糖的小朋友，我們只是窩在沙發上看電視。到了十一月一日，媽媽會開門清理蛋殼、蛋黃、快要乾掉的蛋白。因為我們不給糖，來要糖的小朋友很不爽，而我們這個社區小朋友的搗蛋手段通常是砸雞蛋。這不是他們的錯。他們不知道我媽快要因為悲傷而窒息了，他們只覺得她很可惡，不肯像鄰居一樣開門給他們迷你巧克力棒。後來她和鄰居混熟了一點，但也從來沒有告訴他們過去的事。她從來沒有說出，她之所以沒辦法開門迎接他們家那些穿著超醜服裝的小孩，是因為幾年前，她自己的孩子在這一天過世了，而她至今依然在哀悼。她什麼都沒有說。我們都不說。我們好好過日子。我們只想著正面的事，例如：史提利・丹樂團、星期日的艾登乳酪、學校、嘉獎排名表。我們沒有降低期望，而是把目標設得更高。

長大成人的過程中，這樣的現象不斷重複——不只是我自己，我身邊的人也一樣。每次戀情破局之後，就會找很多事情忙，努力讓自己變得更好。我對自己和他人的期望太高，從來無法接受現實中——就像愛比克泰德說的——永遠會有人亂潑水。還會有人跳進水裡激起很大的水花。水深的那一邊會有情侶亂搞，水淺的那一邊會有人偷尿尿。

最近，我有兩個朋友正在辦離婚，對自己的期望、對前任的期望（其中一人的前任是個超級自戀狂，很糟糕的那種），害他們很痛苦。身外局外人，也身為關心他們的人，我看得出來這種自我鞭打、互相責怪的局面對誰都沒有好處。我忍不住希望他們能暫時饒過自己。學習降低期望有時很困難，不過，班夏哈表示，這非常重要。而且，如果我們想好好面對悲傷，這個步驟絕對必要。

小時候，我從來不會降低期望。儘管我非常用功，老師給的星星更是多到排名表貼不下，但我依舊沒有當上伴娘。我甚至沒有去他們的婚禮。我爸後來又生了兩個女兒，雖然我很高興有繼妹，但這件事同樣讓我很難接受，也讓我覺得有點想吐。他和那兩個女兒住在一起，隨時都能見面，他會讀故事書給她們聽，和她們做所有我想和他一起做的事。我希望爸爸願意花時間陪我，我想盡辦法希望能讓他以我為榮。但是每隔幾個月和他見面這件事，變得太痛苦了，我胃裡的結變得更硬，期望落空造成的失望變得太多。

有天我在泡澡的時候，我媽進浴室——那是我最後一次准許她在我進行沐浴儀式的時候進來。隔了很長一段時間沒見面，我爸又要來接我，我媽問我有什麼想法。我死命盯著浴缸的水龍頭。她問我還想不想去，我聽見一個小小的聲音，感覺很不像我自己的聲音，告訴她或許不去比較好。就這樣。他們安排好所有事。在那之後的二十七年，我只見過他一次。

據我所知，我爸對這件事毫無意見。我們很少提起他。但我懷疑，這次我媽應該先和學校溝通過，因為幾個好心的老師偶爾會問起我家的狀況。其中有一位佛斯特老師，她說或許我爸「還沒準備好要當爸爸」。「有些男人永遠沒辦法當爸爸。」我不忍心告訴她，兩個繼妹出生的時候，我爸感覺完全準備充足，甚至迫不及待要迎接她們。雖然她的觀點有點厭世，但佛斯特老師是個好人。我不希望看到她難過。我知道悲傷是壞事，於是我什麼都沒說。更何況，我有很多事要做。我等不及要展開人生，我決定現在就該立刻展開。不能再等，就是現在。我要設法讓這一切變得有意義。為了所有人。我沒時間悲傷。

3 慢慢來、給善意

如果我們可以有時間好好悲傷，而不是一直找事情讓自己「忙碌」，那麼，就可以更妥善應對。人之所以為人，不是因為我們做了什麼。有時候，我們只需要「活著」就夠了。

我等不及快點長大成人。我想要快點「**出發**」。只要不夠忙，我就會覺得那一天浪費了，我非常在意時間，甚至到了可怕的程度。我希望時間過快一點。英國作家瑪麗・沃斯通克拉夫特（Mary Wollstonecraft）在一七九五年寫給好友阿齊博・漢彌爾頓・羅恩（Archibald Hamilton Rowan）的信中寫道：「時間緩慢的腳步令人痛苦無比。我彷彿在計算每一次秒針發出的滴答聲響，而這裡並沒有時鐘。」「我的感覺就像那樣。

也像我一九九二年在日記裡寫的那樣：「我的Flik Flak手錶好像壞掉了。要花超——級——久的時間才能走完一分鐘。」

我十二歲就開始在週六打工，清潔船隻，時薪兩英鎊五十便士。我當保母，接著當服務生，然後在高爾夫球俱樂部上班，負責處理蘇格蘭鮭魚，把罐頭裡的魚骨去掉，做成三明治給那些臉曬成粉紅色、穿長襪的男人吃。我非常討厭這份工作，以致於每次週末上班的路上都會在樹籬嘔吐，屢試不爽。但我不會讓從胃裡跑出來的全麥維穀片（All Bran）阻止我（那是一九九〇年代：大家熱愛纖維），因為我趕著要去……某個地方！

在學校，所有課外活動我全部參加。在家裡，我用功念書、閱讀，一旦年紀夠大了，就開始安排瘋狂的社交行程。

「放輕鬆。」一個朋友的媽媽勸我，那天下午我去他們家玩，結果我竟然開始整理洗碗機。「出去開心玩吧！」

想打動我並沒有這麼簡單。「謝謝，克拉克伯母，不過我想先把瀝水架上的杯子收起來。」老實說，我根本不想「開心玩」也不想放鬆。為什麼要放鬆？我隱約有種感覺，我沒資格放鬆。我也不太清楚該**如何**放鬆。因為要是我停下來，那些悲傷的念頭就會蜂擁而至。

而且「忙碌」有一種像是烈士的感覺——不停忙東忙西、永遠有事要做，這裡面暗藏著一種自我犧牲、拒絕享樂的情操，滿足了我內在的天主教信念。我從出生就不斷被灌輸這樣的想法：「享樂不急於一時。」附帶條款則是：「如果妳夠努力，如果妳有資格。如果妳**配**。」

我不確定我配不配，但——大部分的時候——至少我很開朗。就像動畫電影《腦筋急轉彎》裡的主角萊莉一樣，我很清楚我在人生中的角色是「快樂女孩」，無論發生什麼事。直到我的青春期來臨。

青春期的孩子又怪又棒，對於待人處事的方法一無所知，卻困在一個幾乎是成年人的身體裡，可以做一些以前做不到的事。這個身體能夠感覺到很多東西，毫無預警就突然變化，也沒有操作手冊可以參考。

十四歲的我，一夜之間長出E罩杯海咪咪，我完全不知道該怎麼辦，情緒上不知所措，實際上也不知道該怎麼適應。跑步變成一種折磨。我本來就不太愛運動，但現在，就連加快腳步追公車都變成不可能的任務。海咪咪和我都常被看、被評論。次數非常多。因為那是一九九〇年代，所有媒體都強力放送壞小子文化（Lad Culture），於是我們就盲目跟隨，經常出去喝酒。次數也是非常多。

十七歲，很多人開始學開車。少數人甚至真的獲准控制車輛。可能是父母的車，也可能是自己打工，清潔船隻、去除鮭魚骨，存了很多年的錢，買下一輛老舊的水藍色豐田Starlet小車，付錢的時候還拿出一堆皺巴巴的十英鎊鈔票。雖然有點生鏽，但我的一升三門掀背車非常美，我心中還能運作的部分深愛著它。

現在，當我受夠了一個地方，隨時可以離開，這種感覺嶄新又刺激。但我的耐心降到了新低點。談話有點無聊、尷尬？閃人！派對太無聊？盡快編個藉口，上車打到五檔！對我而言，開車等於自由。對其他人而言，開車代表陽剛、地位、權力與冒險。

青少年的大腦還沒完全發展好，而且青春期是勇於嘗試、衝動行事的階段，一夜胡鬧可能會造成無法收拾的後果。有些朋友開始吸食「真正」的毒品，學校裡有個女生吸毒過量喪命。隔壁學校的三個男生死於車禍，而我班上的一個女同學和其中一人交往。很多人哭得眼睛紅腫，那位女同學更是臉色慘白，深受打擊，且持續好幾天。不過兩週後，她和過世男友的好友開始交往。哀痛就是這麼奇怪。而身為青少年，我們感覺是自己這個世界的中心，甚至是每個人的世界中心。

心理學家發現，青少年在身體與心靈經歷變化的同時，也開始想掙脫父母或照顧者，以爭取自己的主權，在過去的孩子與未來的成人之間拉扯。這個時候內心會變得脆弱、過度敏感。因此，50%的精神問題是在十四歲發生的，二十四歲之前發生的機率更是高達75%[2]——我們知道要到這個年紀，大腦才算真正成熟[3]。整整十年的狂暴荷爾蒙。多謝啦，科學。

在人生起步的階段，有些關鍵時刻會讓我們不能繼續當小孩，稱為「成人」的這個奇怪新階段就這麼開始了。對許多人而言，可能相當順利——只是自然而然地長大成人。對其他人而言，這些時刻可能會造成創傷，甚至悲劇。我和很多同齡的朋友在成長過程中，都聽大人談過「那件事」——告訴我們基本性知識，以及「保護措施」有多重要。多年後我才會發現，原來我身邊的很多黑人青少年在這個階段，父母會告訴他們另一種更恐怖的「那件事」。我三十多歲的時候，和一名男性坐在餐廳裡，他告訴我，英國每個黑人青少年絕對都聽父母告誡過「史蒂芬・羅倫斯（Stephen Lawrence）那件事」。

一九九三年，英國黑人青少年史蒂芬・羅倫斯沒有做出任何挑釁行為，卻遭到一群白人青少年種族攻擊，最後被刺死。初步調查之後，五名嫌犯遭到逮捕卻沒有被起訴。一九九八年政府對倫敦警局進行公開調查，發現警隊長期制度性種族歧視。到了二〇一一年，因為出現新證據，當年的犯人當中才終於有兩個人接受審判。二〇一二年定罪。

我記得這個悲劇的新聞，但是對黑人青少年、快要進入青春期的孩子以及他們的父母而言，這是多年系統性偏見造成的模式。這個模式傳達出一個訊息：青春期與自由也代表危險，這個世界並不友善，種族歧視確實存在，而且越來越興盛。

和我共進晚餐的那個人很清楚，史蒂芬・羅倫斯的遭遇很可能也會發生在他身上。他學習到，因為他的膚色，所以他的處境不安全，必須更加小心，更加約束自己，身處這個結構性種族歧視的社會，很多時候他必須比同年的人加倍努力。從那之後，他和我訪問過的其他很多人，都開始採取一種「雙重意識」（Double-Consciousness），這是作家杜波伊斯（W.E.B Du Bois）所造的詞，出現在他一九〇三年的著作《黑人的靈魂》[4]（*The Souls of Black Folk*）中。「雙重意識」描述有色人種生活在白人占優勢的文化中，內心的衝突與雙重性。看事情時，必須同時使用自己的視角以及掌權人的視角。他們很早就學會如何以白人的方式看待自己，因此和白人在一起時會改變走路的方式、講話的方式、打扮的方式，以免被視為「威脅」而落入偏見的印象。也為了避免被老師找麻煩。甚至被警察盯上。

這樣的處境確實極為不公，**雙重意識的代價，就是會打亂我們對自己身分的認同，以及對自己的評價。當我們對自身抱有兩種以上互相衝突的信念、價值觀、理想，就會發生認知失調——因而造成心理壓力。**「雙重意識」造成的精神負擔與日常消耗，終於在大眾文化中得到重視，許多作家都談到這個現象，例如蕾妮・埃多—洛奇（Reni Eddo-Lodge）[5]、亞芙雅・赫希（Afua Hirsch）[6]、阿卡拉（Akala），以及約米・阿迪高克（Yomi Adegoke）[7]與伊麗莎白・烏維比內內（Elizabeth Uviebinené）[8]（第6章將有更多關於阿迪高克的內容）。

潔德・蘇利文（Jade Sullivan）是位黑人平權運動家、作家、企業家，她寫了一篇文章探討種族歧視、「黑人的命也是命」運動，以及身為多元血統的成長經驗[9]。「我媽是英國白人，我爸是牙買加人，我八歲就搬來這裡，」蘇利文告訴我，「因此，我一直意識到自己的多元身分。我自認是黑人，因為這是我的文化，世人也都這麼看我。我記得很小的時候和媽媽一起走在路上，我問她：『媽咪，為什麼我不能像妳一樣有藍色眼睛和金色頭髮？』我媽一向很開明，她是老師，也熱愛黑人文化，於是她告訴我：『有一天，所有人都會長得像妳一樣。』」（她說得沒錯，多元血統是成長最快的族群）。「『不然為什麼白人會把皮膚曬黑，還跑去燙頭髮？』她說我很漂亮。」但世人卻沒有那麼善良。

蘇利文八歲的時候，有一天去游泳池，有人用一個歧視性詞彙喊她，也就是專欄作家珊德拉・E・賈西亞（Sandra E. Garcia）在《紐約時報》的一篇文章中[10]，所說的那個「發音很像海龜，而且絕不能說出口的詞」*。蘇利文說：「我有一個從五歲就認識的好姐妹。她有一頭紅色鬈髮、滿臉雀斑，樣子很像《清秀佳人》的安妮，我們經常去對方家裡玩，有時候也會過夜。週末也都在一起玩。上高中的時候，她爸媽說：『以後妳不能和潔德做朋友了。』他們擔心要是繼續和我做朋友，最後她會和黑人談戀愛。」蘇利文說。「幸好，」她接著說，「我朋友不理會她爸媽——我們到現在依然是好姐妹。」

我們談到史蒂芬・羅倫斯命案，以及這件案子對蘇利文的影響，案發當時，她十五歲。「我從小每天都會遇到種族歧視的狀況——黑人兒童與男性更是如此。長久如此會很辛苦。黑人很早就會發現生活有多艱難。我們別無選擇。很可惜，他們（黑人）沒有那麼好命，沒辦法糊里糊塗混過一輩子。」我仔細思考這件事。真的很沉重。蘇利文最後說：「我認為，每天發生的歧視對黑人精神健康造成的影響無法真正量化。例如說，英國黑人比白人更可能被診斷出精神疾病，也更容易遭到強制戒護就醫，」她說，接著補上一句，「這些我全都經歷過，多謝啦，種族歧視。精神健康的負擔從很小就開始——令人非常疲憊。」

北卡羅萊納州立大學（University of North Carolina）的米契・普林斯汀（Mitch Prinstein）認為，青春期的經驗不只會影我們成長的狀況，甚至會影響我們的**整個人生**。他在《如何擁有好人緣》（*Popular: The Power of Likability in a Status Obsessed World*）[11]中寫道，我們在青少年時期的經驗會改變「我們大腦的線路」，因而改變「我們看事情的方式、思考的方式、行動的方式」。

＊譯註：也就是黑鬼。

對我而言，學校還算可以。

我承認，我有很多優勢。雖然我是個超級書呆子，但我並沒有因此被排擠。我的年級只有十二個同學，所以要搞小團體真的很難（事實上，那所學校實在太小，很快就要被撤校了）。大部分的時候，我們全都可以互相容忍。此外，一夜之間長出海咪咪這件事，讓我在「少女階級表」裡的地位還不錯。不過，在那間社區中學，有個女同學的青春期非常不順。她長出胸部之後，有人用油性筆在她的置物櫃門上寫「蕩婦」——彷彿她是為了勾引別人而特地長出胸部，因此要被「羞辱」。她用去光水棉片擦掉那些字，但第二天早上又被寫上去，這次還特別用刻的。我的朋友大維在學校被惡霸把頭按進馬桶裡沖水。每、一、天。他發展出宛如瞪羚的反應速度，一察覺狀況不對，總是能在頭被按進去沖水之前摘掉眼鏡。他告訴我：「頭髮被弄得濕答答、髒兮兮已經夠慘了，這樣至少不會因為又弄壞眼鏡而被我爸罵。」那些惡霸從來沒有被懲罰，似乎也不知道他們造成別人多大的痛苦。

我們很多人都聽說過——甚至是本能得知——遭到威脅、騷擾、不當對待與歧視的影響會延續很多年。但後來我才知道，**霸凌與憂鬱症的關係密不可分，遭到言語或肢體霸凌的孩子，發生精神健康問題的機率比較高**[12]。研究顯示，遭到霸凌的陰影不會因為離開學校就消失，受害者甚至到中年依然會受到影響[13]。參與霸凌的青少年——無論是受害者或加害者，也可能兩者都有

——比較可能感到自我價值低落、悲傷、在學校感覺不安全[14]。很久以前我們就知道，種族歧視的經歷與精神健康問題息息相關，越來越多證據顯示，種族歧視會導致精神疾病，尤其是憂鬱症、長期哀痛、無法應付或適應重大事件[15]。對了，**以為假裝看不見就沒事的那些人，狀況會更嚴重**。如同心理學家偉格納的研究所指出，**越是不去想「悲傷」，只會更增加「悲傷」**。研究顯示，有色人種刻意不去想種族問題，可能會導致精神壓力增加。二〇一四年，《美國公共衛生期刊》（*American Journal of Public Health*）上刊登了一篇研究報告，他們以橫切面時間點與縱向研究方式，以一年的時間調查非裔美人遭受種族歧視與精神健康問題之間的關連，結果發現：**拒絕思考種族的那些人狀況最差**[16]。不公正的遭遇會糾纏不去。我們不能裝沒事——而且所造成的傷害，比我們想像中影響更長久。

那個被人在置物櫃上寫字辱罵的女生，再也沒有找回自信。而那個戴眼鏡的男生，一生的每個階段都覺得有必要證明自己的價值。總是覺得自己「不夠好」。「就好像，我每天都努力想讓那些惡霸看見我的人生有怎樣的成就，」他說，「以此證明我不是沒有價值的人。」即使親朋好友一再保證他絕不是沒有價值的人——世界上所有人都有價值——但他依然有這種感覺。真的令人非常心痛。

現在我知道，我算是少數的好命人，能安然度過校園生活。根據英格蘭與威爾斯青年基督徒會的報告[17]，十一歲到十六歲的兒少當中，有超過一半的人曾經因為外型遭到霸凌，40%以上每週至少會遭到欺凌一次。網路興起也讓惡霸找到欺負人的新方法，而且往往會以悲劇收場。一些遭受霸凌的兒童表示，網路霸凌是很大的問題。在BBC二〇一九年所做的報導中，一位十四歲的男學生表示：「我在學校被霸凌。回家上網又被霸凌。我永遠無法逃離。」[18]

我小的時候還沒有網路，同學也對我很不錯，所以我過得很平順。但我不肯放下對自己和其他人的高度期望，很愛找事忙，認為我必須「贏得」在世界上的一席之地。十幾歲那時候，我在不切實際的自我期待上，又加了蒙昧的女性成功標準。我希望男生喜歡我，可想而知，我很渴望男性的認同，就是那種很老套的「失去爸爸的孩子」的情節。我媽很精明，讓我上女校，但是當她認為我年紀夠大的時候，終於允許我搭公車上學，車上有其他學校的**男生**。早上八點到九點的通學路上，我會見到隔壁學校的男生，甚至和他們**講話**。然後下午三點到四點半又有另一次機會。可想而知，我參加了一些課外活動，部分也會有男生參加。我說「一些」，但其實是「全部」。現在學業已經不是我最重視的事了；男生也很重要。我找到一本一九九七年的日記，那時候我十七歲，我在裡面寫下每天最精彩的亮點，例如以下的內容：

一九九七年二月十三日星期死（原文如此）

吉爾德史利夫老師說我很瘦。

噢，老天……

一九九七年二月十九日星期三

理查・屯布斯記得我。

二十五日星期二

李伊約我出去。

二十七日星期死（原文如此）

李伊約我出去。

我的天，李伊會不會太熱情？我跟當年的老同學聊起這件事，她提醒我李伊其實是三十二歲的成年人，是一個同學爸爸的同事。他約一個十七歲的女生出去。噁。滾吧，李伊。

日記繼續下去：

三月六日星期死（原文如此）

賽門跟我講話。

至少賽門跟我同齡。不過那時候的我那麼用功，怎麼會寫星期死？

三月八日星期六

駕訓班教練說我不算太糟，而且頭髮很漂亮。

這個教練叫凱文，他上課的時候，會把手放在我的膝蓋上（#metoo），跟我說他認為女生不該上大學，因為反正她們「只會待在家生小孩」。基本上，我每個小時付十英鎊給凱文，讓他稱讚我的頭髮，聽他發表武器等級的性別歧視言論。

三月二十日星期四

班吉送我回家。

我寫了一部劇本，有個當編劇的男人說寫得很好。

等一下，什麼？「劇本」？而且「**寫得很好**」？

我毫無印象。可是我竟然記得凱文？搞什麼鬼呀，大腦……假使我**真的**寫過劇本，而且**真的**有個編劇看過還給我稱讚，我認為這件事應該在那天的精彩回顧中排在前面才對，而不是說完一個叫班吉的男生送我回家之後，才順便提一下。

這一篇的字跡有點模糊，墨水暈開，好像灑到水。也可能是眼淚。這個階段的記憶，除了凱文之外，我只記得騷動的不滿足催促我向前，而且等不及想長大。我想要各種成就，也想要男生喜歡我。我妹妹死了，我卻活著，我因此感到內疚，於是對自己要求越來越高。

牛津焦慮症與創傷中心（Oxford Centre for Anxiety Disorder and Trauma）的臨床研究心理學家漢娜・穆瑞博士（Dr. Hanna Murray）表示，當生命中有人死去，我們因為「沒有死」而感到罪惡感，發生這種現象的機率高得嚇人。這似乎感覺很不妙，因為在我們閱讀這句話的當下，我們活著，但我們認識、親愛的人死了。這種現象稱為「**倖存者罪惡感**」（Survivor Guilt），是從一九六〇年代就存在的醫學概念。「許多越戰老兵受到創傷後壓力症候群，與倖存者罪惡感所苦，比例非常高。」穆瑞表示。「倖存者罪惡感通常會導致自我傷害、自我破壞，或是有種類似必須『還債』的感覺。」而且不只死亡會造成這種感覺。「倖存者罪惡感的定義當中，有一項是感覺自己占了別人的便宜，」穆瑞說，「可能是只有你躲過大規模裁員，或是你得到一個別人沒有的機會。」美國的一項研究發現，家族中第一個上大學的人會有倖存者罪惡感，一九八〇年代愛滋病驗出陰性的人也有這種感受。穆瑞目前正在做準備，新冠病毒肆虐之後，看著病患、員工、家屬死去的人，肯定會有一波創傷後壓力症候群與倖存者罪惡感的問題。「尤其是當對方死去的時候，他們還無法在場道別。」穆瑞說。

有一段時間，《精神疾病診斷準則手冊》（還記得嗎？）曾經將倖存者罪惡感列入，不過，最新版本完全沒有提到倖存者罪惡感。然而，遲早會受到倖存者罪惡感所苦的人，遠比我們想像中更多——無論有沒有創傷後壓力症候群，穆瑞表示。我們不會感激自己能活下來，而是想著，我擁有這麼多，怎麼可以抱怨悲傷？**但所有人都有悲傷的時候。這很正常，我們必須體認並接受這些感受，而不是時時刻刻想要證明自己。**

我有很嚴重的倖存者罪惡感。「我」要對得起這條命，就必須加倍努力。過度追求成就讓我上癮，一直沒有擺脫，而且我的焦急心情達到新高點。

很多在童年經歷過悲傷事件的人，會在青春期感覺最辛苦。因為事實上，悲傷沒有時間表。而且**藉由不停忙碌逃避「感受」，顯然不是最好的作法。**

「這種反應並不罕見，」心理治療師山謬說，「這種急於『獲得成就』、『勇往直前』的衝動。**忙碌不是壞事——除非是藉著忙碌逃避其他事情。尤其是逃避悲傷。**如果在生活中塞滿各種活動、行程、期限，只是為了讓自己不去感受、經歷情緒，那麼長期下來，一定會付出慘痛代價。」

我們需要給予時間、善意、人性——給自己也給別人，我們需要給悲傷呼吸的時間。

「如果我們不處理悲傷，累積下來就會出問題，」慈善組織「溫斯頓的心願」的寇麥克說。「很多證據顯示，這些問題造成的影響會持續一生，甚至導致憂鬱症。」他說。「這些感受積壓越久，就越難釋放。神經科學告訴我們，經歷造成創傷的生命事件之後，如果沒有得到支持，可能會影響人的腦部發展。」[19]尤其是悲痛。

最近一位朋友的母親剛過世。此時悲傷與失落似乎吞噬了他，將他困在一個沒有答案、沒有道理的地方。但我已經看到他鞭策自己盡快「跨過去」，繼續勇往直前。他寫日程、排時間、做計畫，他等不及想要「前進」到他所謂的「下一個階段」。但這只是迷思。許多人都很熟悉「哀痛五階段」或稱為「庫伯勒模式」，這個概念是一九六〇年代由精神科醫生伊莉莎白・庫伯勒—羅斯（Elizabeth Kübler-Ross）在她的著作《論死亡與臨終》[20]（*On Death and Dying*）中提出。這五個階段包括：否認、憤怒、討價還價、消沉、接受。雖然大眾文化經常引用，認為這是哀悼心愛之人的必須階段，但其實這五個階段是在描述面對死亡的心情。是給即將被哀悼的人看的，而不是即將為別人哀悼的人。這五個階段從來沒有得到經驗證實，而且現在大多認為已經過時了[21]。庫伯勒—羅斯晚年很後悔寫了這麼容易誤解的內容[22]，她也認同哀痛並不是那麼乾淨俐落，可以整整齊齊地分成幾個階段。當我們失去重要的人，很可能永遠無法完全好起來。雖然很痛苦、很艱難，好萊塢電影裡的人到最後一定能放下，但我們不一定做得到。**無論我們有多想放下痛苦，有多努力想「加速」悲傷都沒用。我們必須慢慢來，不可以「急就章」。**

「我們的社會不允許我們慢慢消化哀痛。如果失親的人像沒事一樣繼續過日子，大家會稱讚他『很堅強』——如果無法走出哀痛，就會被認為太軟弱。但哀悼需要的時間很長，遠超過大家的想法與預期。」山謬表示。「我們不能抗拒，我們只能設法在悲傷中支持自己。如果我們封閉悲傷，生理與精神疾病的發生率都會提高。幸好隨著時間過去，痛苦的強度會降低，我們會自然調整，重新投入生活。但有時候，甚至是已經過了幾十年，我們還是會因為紀念日、熟悉的畫面、氣味，或再次失去親愛的人而觸發哀痛，感覺彷彿又回到那個人死去的悲痛瞬間。」寇麥克說這種狀況是「避開」悲痛，而不是「放下」或「超越」。

悲傷不會自己走開。不過，如果我們可以有時間好好悲傷，而不是一直找事情讓自己「忙碌」，那麼，就可以更妥善應對。人之所以為人，不是因為我們做了什麼，即使不是時時刻刻有所成就，我們的價值也不會降低。有時候，我們只需要「活著」就夠了。

為了寫這本書，我訪問了英國廣播主持人兼記者傑瑞米．范恩（Jeremy Vine），我一直覺得他十分風趣坦率。他曾經公開說過，有一年非常辛苦，他描述為「電路燒壞」。那段時間他感覺「悽慘透頂」，因此去尋求專業協助。我很想知道他學到了什麼——除了他自身的經驗，還有他在BBC廣播二臺主持每日叩應節目時觀眾分享的故事。他非常忙碌，每天連續主持兩個節目，一個是廣播、一個是電視；另外還有一個長壽的猜謎節目，有選舉的時候他也要去報導。同時，他也是五十四歲的爸爸，家裡有兩個孩子，他是丈夫，也是不久前才失去父親的兒子。

那麼，他如何面對？我問他。我想知道他如何應付人生拋來的悲傷與艱難時刻。他告訴我：「我必須接受這些事，並且預先準備。」我以為他指的是練習冥想，或去豪華度假村之類的。不過並非如此，他告訴我的意思是，現在他真的會預期悲傷來臨。「大約每隔五年，我就會發生一次大慘劇。我知道一定會發生，」他說，「所以那一年的第一天，我就會告訴自己要撐過這一年：我有兩個孩子，我有多少天必須為這個組織工作，又有多少天必須為另一個組織工作。然後我會做好心理建設，準備迎接可能的慘劇——例如父親過世。然後，我會留一些時間給自己。」**因為他接受這些感覺，給自己時間去感受——甚至預先準備、規畫——所以能以更好的方式面對。**

一開始，我覺得這種作法很誇張，不過後來我訪問了《衛報》記者兼諷刺作家約翰．克雷斯（第4章會再見到他）。他心思敏銳，幽默搞笑又大方。他有支持他的家人，擔任國會隨筆作家數十年來也事業平順。然而，他告所我，他深受反覆發作的憂鬱症所苦，「次數多到我知道下一次發作距離不遠。」現在他已經太熟悉這種經驗，**甚至不再質問「為什麼會這樣？」，而這樣的瞭解雖然痛苦，卻也是一種幫助**。他知道狀況一定會發生；因此可以預作準備，保留時間與空間迎接發作。**他認命接受他就是會有那樣的感受。而這很重要。**

「你必須接受自己的感受，」山謬認同，「而且要有耐心。處理創傷與哀痛需要時間，而且過程不一定順利。」但現在的我不想聽到這種話，青春期的我也絕不會感謝告訴我這些事的人。因為誰想要有「耐心」？「耐心」不酷。而且現代生活對耐心的評價也不高。

哲學家與宗教人士長久以來一直盛讚耐心是一種美德[23]，科學家發現，有耐心的人真的比其他人過得好。總體而言，他們對生活的滿意度比較高[24]，感覺憂鬱的機率比較低[25]。可能是因為他們善於面對不愉快或有壓力的狀況，在艱困的時候也更能忍耐。耐心讓我們有希望、有韌性[26]、樂於合作、有同理心、懂得感恩、寬恕[27]，甚至更慷慨[28][29]。

有耐心的人有福了，因為他們可以……

……等。

有耐心可以得到比較好的人際關係，也能抵禦寂寞，因為結交朋友、維持友誼——接受朋友的各種怪癖、忍受他們老是愛講同樣那個故事的毛病——需要包容與相當多的自制[30]。

演化學者認為，人之所以演化出耐心，是因為比起性格衝動的洞穴人，那些能包容、不厭煩的史前人類活得比較久——而且學會等待有利於合作，比較不會引發衝突[31]。那些沒有耐心的人類祖先互相殺來殺去，還來不及傳遞基因就死了，主張相愛不相害的那些祖先快樂做愛、努力生小孩，開枝散葉——製造這些我們熟悉、（或許）喜愛的後代。由此可見，如果想要存活、繁衍，我們也必須有耐心。

不過，根據一項英國的研究，最近這些年因為現代生活的步調、當日配送、社群媒體的影響，耐心大幅下降。二〇一九年八月透過OnePoll市調網站進行的研究[32]發現，如果網頁開啟時間超過十六秒、電視劇或影片串流「卡卡」超過二十二秒，快煮壺燒水超過二十八秒，受試者便會感到焦躁。看到這裡，我只想問：你們用的快煮壺是哪個牌子？要去哪裡買？（我的要等超久。）

我不是天生有耐心的那種人（感覺不出來吧？），我不喜歡坐著不動，我討厭坐飛機、長途火車、超過九十九分鐘的電影（《魔戒》導演哭哭）。幸好耐心可以藉由訓練得來。心理學教授莎拉・許尼克（Sarah Schnitker）邀請大學生參加為期兩週的耐心訓練[33]，他們學習認識感受與觸發因素，調節他們的情緒，對他人抱持同理心，冥想（很多科學家說冥想好處多多，所以如果你能接受——儘管發出嗡嗡聲冥想吧）。在兩週的時間裡，參與者表示，感覺對人生中那些討厭鬼、「具有挑戰性的人」比較有耐心，抑鬱的感覺也減輕了。換言之，耐心是可以練習的技巧。

哈佛大學藝術歷史教授珍妮佛・羅伯茲（Jennifer Roberts）[34]認為，「浸淫式專注」是非常關鍵的技巧，於是她要求所有學生選一件藝術作品，然後欣賞三小時。她承認，這段時間或許感覺起來「長得可怕」，但這種方式有助於克服一開始因為安靜下來而產生的焦躁，並學習忍受，最後變得更堅強。她相信**「刻意延長時間」是現代生活必須學習的能力。因為耐心可以克服我們自身的不自在——這是一種超能力。**

現在的我很高興知道這件事。

回到一九九〇年代，我因為太害怕面對不愉快的感覺，連稍微嘗試一下都感覺很可怕，因此我乾脆拒絕承認這些感覺的存在。沒耐心是我一貫的作風，我有如竄逃的獵物，總是放低姿態、加快速度。我很敏捷，從來不會花太多時間在任何一件事上，以免發展出沒必要的依附，害我綁手綁腳。我不給自己時間，我只想打敗時間。而且這種沒耐心的性格，反而為我贏來獎勵，我賺到錢，老師／家人／社會也給我稱讚。

然後所有人都死了。

我誇張了（為了配合青少年會有的反應）。事實上，有三個人死掉了（不過你懂的啦，「三個人」／「所有人」——兩者沒差吧？），我不希望讓人誤以為我們家動不動就在埋死人，不過，除非極度幸運，否則只要時間夠久，大家都會埋很多人。

先是我的奶奶過世了。大人決定我不該去葬禮，只要「遠遠悼念」就好，天曉得是什麼意思。然後我外婆也過世了，就是長得很像女王／柴契爾夫人的那個。因為我的人生中只有兩個核心人物，一個是我媽，另一個就是她，所以我傷心欲絕。她的葬禮時間很長，天主教風格，「非常感人」。我沒有哭。俗話說無三不成禮，接下來我爺爺也過世了。他出身蘭開斯特郡，身材矮壯，作風老派，喜歡用有把手的大杯子喝啤酒，三餐無肉不歡，所有認識他的人都愛他。包括我們母女。

我媽特地請假，開了三小時的車帶我去參加葬禮。我不怕葬禮——這時的我，已經決定活著比死掉更可怕。但我已經很多年沒見過我爸了，想到會和他見面，我就緊張得想吐（還是老樣子）。

因為我總是想得到男性的認同，也因為我覺得葬禮上說不定有男生，於是我選了一套很不恰當的服裝：及膝長靴、大腿開叉的緊身裙，細條紋彈性上衣幾乎被胸部撐爆。這身打扮真是夠了，不過我要為自己說句話，那是一九九〇年代，而且我想藉細條紋凸顯我有多「成熟」（哇！她衣服上的條紋好細喔，像隻害羞的斑馬！她一定超成熟！）。

葬禮「非常感人」。我沒有哭。結束之後大家聚集在停車場，我緊張地對我爸揮揮手。他也緊張地對我揮揮手。幾個多年不見的堂親，和兩個同父異母的妹妹也緊張地揮揮手。沒過多久，我們所有人都在揮手，但是沒有說話。

我躲在有如瀑布的頭髮後面，好不容易擠出一個「嗨」。

「嗨。」他回答。

「嗨。」堂親和同父異母的妹妹加入。

這和我想像的感人大團圓畫面很不一樣，我腦中的情節是：奔向對方互相擁抱，爸爸把我舉起來轉圈，背景響起小提琴音樂，或是漢斯・季默（Hans Zimo）譜寫的電影配樂。但這些都沒有發生。我爸那邊的一些親戚雖然已經十五年沒有見過我媽了，但依然記得她，他們聊得很開心。

他們邀請我們去爺爺家守靈，我們正準備上車的時候，我爸抓住我媽的手臂，那個親密的動作讓我吃了一驚。

怎麼回事？他要告白嗎？他要說他大錯特錯？以後神父來家訪的時候，我們不用撒謊假裝橘背包男不存在？

「沒事吧？」我媽也一臉錯愕。「等一下你爸家見。」

我爸含糊說了幾句話。

「什麼？」我媽高聲問。

「我說，我希望妳們不要去。」他重複，這次比較大聲。「不要去我爸家。」他解釋說這樣對所有人都好——大家會比較自在——所以我和我媽還是走吧：「現在就走。」

長大之後，我明白剛喪父、還在哀悼的人會做出奇怪的事、說出奇怪的話。長大之後，我理解在經歷哀痛時，所有人都會有一點不正常。更別說他發誓要相守直到「死亡將我們分開」的兩個女人，同時出現在那個墓園停車場。而且還有那個他快要忘記有這個人存在的女兒，畢竟他有兩個嶄新、閃亮的「現任」女兒。悲傷把他的腦子變成糨糊，難免會冒出各種莫名其妙的想法，這些現在我都懂。不過，在一九九八年，我完全無法忍受。我腦中只有一個想法：爸爸一次又一次拋棄我，我們已經五年沒見面了，他竟然不准我去參加爺爺的守靈會，難道怕我吃太多熱狗卷？

所有人都死了，而爸爸不要我。

接下來發生的事，有如用了Instagram的「沉睡」（slumber）濾鏡，至少在我的印象中是這樣。我沒有表現出人性或善意——也沒有讓時間慢慢撫平我當下感受到的情緒海嘯。我對我爸罵髒話，那個詞的發音很接近「抽筆」*。非常大聲。當著所有人的面：他的另外兩個女兒、妻子、一大群悼客——其中很多人都是我的親戚。我媽急忙叫我上車，我們高速離開停車場，輪胎激起大量碎石。我並沒有感到得意*，更沒有感到開心。回程的三小時車程，我和我媽沒有說一句話。要等到好幾年之後，我們才會再提起這件事。

接下來那個星期，我剪短及腰長髮，變成俐落的鮑伯頭，用日曬染劑*對我的頭髮做了很可怕的事，交了一個完全不適合的男朋友，正式宣告改姓。

現在我有了新的姓，新的（超醜）髮型，屁股像是裝了高速火箭，推著我向前，我正式出發，橫衝直撞進入成年。

我是我自己創造出的獨特人物。我就像音樂劇《一籠傻鳥》（*La Cage aux Folle*）裡高唱「我就是我」的喬治・賀恩（George Hearn），只是我的頭髮是用日曬染劑染的，而且穿著很容易著火的搖粒絨服裝。我有如電影《火爆浪子》（*Grease*）中的珊蒂，我……重生了！我「煥然一新」。對吧？對吧？我像一匹被綁住的馬，拚命想要掙脫。我繃緊肌肉準備奔跑。我不想躲起來傷心，甚至不願意去想我有什麼理由要傷心。我全速衝進成年世界。我幹勁十足！我準備好了！

其實我根本沒有準備好。

* 譯註：臭屄（cunt）。

* 作者註：我想澄清一下以免大家誤會，那是我唯一一次用那個詞罵人，平常我只把那個詞視為強健有力的女性器官。

* 作者註：有些年輕小朋友可能不知道（算你們走運），所以我來解釋一下。日曬染劑是一種在美妝店就能買到的噴霧染劑，一九九〇年代非常夯。噴在半乾的頭髮上，在太陽底下坐幾個小時，或是用吹風機烘一下，太神奇了！妳的頭髮也可以像稻草一樣⋯⋯

4 避免自我剝削

完美主義的人特別容易有進食障礙問題，他們的世界裡，只有最極端的成功或失敗。因此，倘若完美主義者很在乎身體形象，那麼，在他們眼中只有兩種選擇：暴飲暴食或不飲不食。沒有健康的中間地帶。

年輕時，我認為我想當記者。但我認識的人之中沒有人從事這份工作，也沒有人知道要如何成為記者。甚至沒有人看報紙。看來我要努力了。不過，我天性好奇（「好」管閒事得出「奇」），那時學校給我們上了一堂「生涯指導」課（只有一堂），做的性向測驗建議我應該考慮從事法律、新聞或「運輸」相關工作。儘管我深愛我的豐田小車，但運輸業似乎不是很好的選擇（我一點也不喜歡火車）。而且我看了影集《法律新鮮人》（*This Life*），雖然有很多義大利索阿貝（Soave）的外景戲，也有很多親熱戲，但律師似乎經常自我懷疑，我恐怕應付不來。如此一來，只剩下新聞業了。

我買了幾份報紙，研究報導附上的記者照片，寫信給那些感覺很和善的前輩，哀求他們給我生涯建議。我知道這種作法很半吊子，但如果真的什麼都不懂，這麼做基本上就像是找人問路：要選那些看起來不會強暴你，或搶劫你的人。這招奏效了。算是吧。那時候，我已經決定要上大學讀人文科系，但幾位貨真價實的記者告訴我，如果想進入他們神聖的行業，應該要先接受「職業訓練」。當時的首相是東尼．布萊爾（Tony Blair），他率領的新工黨政府鼓勵所有人去上大學，造成很悲慘的結果：所有人真的都去上大學了，因此我的文憑一文不值。

大學那段時間我玩得很嗨，我找到了女生夢寐以求的好姐妹，也意外和一個衝浪手交往，他的六塊肌可以當吉他彈（#好時光）。然而學費與住宿費導致我欠下大筆學貸，正如我的朋友伊安所言：「連蛋蛋都被債務淹沒了。」畢業之後，我被直接扔進成人的世界。我沒有錢，無法開始「職業訓練」。我連藥檢裝尿用的容器都負擔不起了。因為得先去賺錢才能繼續學業，於是我找了一份約聘工作，存了兩年的錢，然後才就讀倫敦報業學院（現已改為倫敦傳媒學院）的研究所。為了支付倫敦高昂的房租，我也在酒吧和電影院打工。繳完房租，我就沒多少錢可以吃飯了，只能靠電影院的爆米花果腹，有時甚至撿「顧客」沒帶走的家庭包Revels巧克力吃。我告訴我媽這件事，她嚇壞了。

「大腸桿菌！B型肝炎！一大堆細菌！」

我叫她不要瞎操心，我沒有那麼白癡。「我先冷凍過了——冰死那些細菌。」

她似乎沒有因此而比較安心。我的處境不太好，不過呢，我要再說一次，我是中產階級順性別*白人女性，生活在世界上名列前茅的富裕國家。請不必為我播放小提琴悲情曲調。只要我開口，很多人願意幫忙。但我從不求助。打死不要。因為我說服自己，唯有「靠自己打拚搞定一切」（這是一種專門詞彙），我的人生才有價值。

那時候，我的很多同學朋友都已經當上律師、老師，不然就是在金融機構上班。有一個甚至生了孩子、搬去西薩塞克斯郡。我卻還是個學生——而且念的科目含金量很低。我的社會地位低到不能再低。內心有種不安的預感，家人與老師期待（其實是我自己期待）的閃亮亮未來，恐怕不會成真。我很擔心永遠不會有那一天。

除此之外，不久前我媽和橘背包男分手了，整個人一蹶不振。她非常傷心，身為調適良好、孝順乖巧的女兒，我所能做的事只有一件：用盡全力裝作沒這回事，繼續過**我的人生**。主要是因為我不知道該怎麼做：要理解她的傷痛，就必須敞開我的心。要是我敞開自己的心，我沒把握會發生什麼事。雖然說沒把握，但其實我**十分**確定應該會打雷閃電、下青蛙雨、世界毀滅。

算我走運，我**很好**。**真的很好！**

現在我是大人了，而且有自己的男朋友，他是個猛男，而且超支持我，我愛他、他也愛我。

他是我的初戀，是我爺爺的葬禮過後開始交往的男生（沒錯：不適合我的那個！）。我們念大學的時候分手，但現在又復合了——我以為這次會「天長地久」。我把童話故事的操作手冊整本吞進肚子裡，我相信我的故事一定也會是那樣的情節，絕不會錯。雖然我問他聖誕節隔天要不要一起過，他的反應似乎有點冷淡。不過呢……

我有男朋友，我愛他、他也愛我！

只是，我不太確定他有多愛我。而且，最近他的衛生習慣越來越差。不過呢……

我有男朋友。這樣就很棒了。**不是嗎**？

我在大學圖書館努力寫報告——上個星期才重新開館，之前因為發生一起「事件」而封館，因為有人打架（在圖書館?!）。現在雙方都出院了（出院?!），因此，學生會現在最大的煩惱是要判定那次事件是否導致網速變慢。有人說，那兩人可能不小心弄壞了撥接數據機或線路。我覺得這個理論說不定有道理，因為我傳給男朋友（**我有男朋友！我有沒有說過？**）的訊息都沒有收到回覆。我比較喜歡網路設備異常這個解釋，否則就得承認他故意冷落我。

我的男友，~~那個超支持我的猛男、我愛他、他也愛我~~，已經整整兩天音訊全無。我重新整理

＊譯註：性別認同與出生時的生理性別相同。例如，出生時生理性別是女性，也認同自己是女性。

Hotmail頁面第三次了，哈！有了！他傳來的郵件，我一點開立刻就後悔了。

看來網路沒問題，是我們的感情出了問題。

「**我覺得這段關係走不下去了……**」

我感覺彷彿肚子挨了一拳。我被甩了？用電子郵件？

「**不是妳的問題，是我不夠好……**」

噢，有沒有搞錯！這麼老套？真的假的？

「**妳完美的程度有九十分……**」

等一下，什麼？

「**……但對我而言還是不夠。**」

哈？

我覺得內臟彷彿挨了一記飛踢。不過證據就在我眼前。在螢幕上。打這段話的人十分鐘前還是我的男朋友，而且不是我想像出來的，字型大小11，sans-serif字體，螢幕上還貼著「倫敦報業學院財產：盜竊必究」。我心中那份最基本的恐懼，太過簡化卻難以甩開的幼稚擔憂獲得了證實：如果我不夠「完美」，就不會有人愛我。我沒有價值。我**不配**。遲早所有人都會離開我。我早就懷疑會這樣——現在預言成真了。

該怎麼辦？我站起來離開圖書館，感覺快死了，四肢無力，噁心想吐，徹底失控。外面風雨欲來，髒兮兮的鴿子和烏雲融成一片。大雨落下。沒有陽光。我彷彿在夢遊，走進學生餐廳去找同學。

其中一個正在舔Snack a Jacks鹽醋口味米餅的包裝袋，另一個撕開免費糖包，這就是她的午餐。我們全都很窮。我們全都是「資深」學生，與我們同齡的人早就超前一大段路，收入比我們高太多，我們非常清楚。糖包同學說她之所以吃紅糖當午餐，一方面是出於經濟因素，另一方面則是審美因素：她身無分文，**而且**下定決心不要像念大學的時候那樣暴肥（我們念的是新聞研究所，沒有營養學課程）。米餅同學則表示，既然他沒有錢買新衣服，不如好好保持身材，這樣他現有的衣服穿起來才有型。除了吃米餅當午餐之外，他還做了前所未聞的超大手筆投資：佩克漢（Peckham）健身房學生卡。我負擔不起健身房會費，就連以廉價著稱的佩克漢也沒辦法。我覺得好像連人生中僅有的那些東西都抓不住了，不過我忽然想到，我可以控制放進嘴裡的東西。

就算我不夠完美、無法贏過別人，至少我可以成為最瘦的……

這個扭曲的邏輯成為我的北極星，我不再撿顧客剩下的巧克力和爆米花。接下來幾個星期，我將生活調整到「比齋戒好一點」，但遠遠低於「健康進食」的狀態。不用說，我很餓。一直很餓。但我的感覺卻是——我終於受苦了，終於為那些我感到罪惡的事付出「代價」。自我剝奪、自我禁止，這非常適合我的天主教觀點，我變得非常「擅長」不吃東西。我立下嚴格的規定，限制進食的時間、地點，當我（無法避免地）違反自己設立的那些奇怪規定，就會狠狠懲罰自己。現在，除了各式各樣的羞恥，我還多了一種新的情緒：**厭惡**。直到現在，每當遇到同樣受進食障礙折磨的人，我依然一眼就能認出那種焦慮、閃爍的神情。有進食障礙問題的人從臉的形狀一看就知道，而且皮膚會長出很多細毛，眼睛特別大，表情很緊張。

💧

我的海咪咪消失了。從十四歲開始，我就連快步追公車都得穿運動胸罩。但現在，我覺得這樣輕盈多了。我再也不是氣壓式；現在的我是流線式。

因為少了脂肪的隔熱作用，我經常覺得冷，所以習慣穿上一層層搭配怪異的衣服保暖。為了爭取實習機會，我埋頭研究時尚雜誌，在上面看到「洋蔥式穿搭」，照片裡那些高䠷窈窕的模特兒穿著絲質高領內搭，外面加上筆挺白襯衫、超大尺寸毛線外套和男用休閒西裝外套。那些模特兒每個都自信十足。而且很溫暖。我也試了一下，但效果像是影集《六人行》（*Friends*）裡面的喬伊偷穿錢德勒的衣服，而且是一次全部穿上。這樣說似乎不太公道，畢竟我還穿了一件羽絨背心，而且我的身高只有一六〇，完全不是什麼模特兒身材。不過，這是個很有趣的實驗，可以知道人穿上幾件衣服之後會變得動彈不得（四件，和大家分享一下）。有個星期二，從電影院下班之後，我走路回家，那天我戴著淺紫色毛線帽、身穿羊皮外套、腳踏Moon Boots雪靴。我很累，幾乎沒怎麼睡。一方面是因為我打工的時數太長；另一方面，則是我無法入睡。這是我第一次受失眠所苦，但不是最後一次。

我深信自己一定能順利回到家。那時候，我和別人分租一間公寓，樓下是連鎖義式餐廳斯特拉達（Strada），這家店絕對有老鼠，而且可能很大隻。我告訴自己不會有事。我一定可以再撐過一天，然後偷偷和自己擊掌慶祝。但我撐不住了。在尖峰時段喧鬧的馬路旁，我在克拉芬鬧區的一家伏特加酒吧前面倒下。我的膝蓋一軟，整個人倒在地上，呼吸困難，我以為這次死定了。可能是心臟病發。我冒出大量汗水，很像卡通人物——大滴汗珠從我臉上落下。我花了幾分鐘才想起來怎麼呼吸，望著人行道上的一塊圓形灰色口香糖發呆很久，終於，我眼前出現一雙樸素實用的鞋。一位女士彎腰問我還好嗎。我一點也不好。事實上，還糟透了。她似乎猜到了，因為她沒有等我回答，而是直接把我扶起來，然後在包包裡翻找一陣。儘管她穿著樸素實用的鞋，但我很擔心她會拿出一把刀或什麼詭異的武器。不過真的很怪，我竟然不太害怕。

我想著：唉，也好啦，沒有那麼糟吧？我好累。再見了，世界……

不過，那個女人拿出來的並不是什麼恐怖的東西，而是一顆偉特奶油糖（Werther's Original）。小時候大人告誡我絕對不可以拿陌生人給的糖果，不過，話說回來，我一輩子活到現在都乖乖聽話，看看我落到什麼地步。更何況，我忽然覺得嘴巴乾得可怕，而且我很多年沒有吃過偉特糖了。我不知道那顆糖果的營養成分，不過既然幾分鐘前，我連被刀刺死都不怕了，吃顆糖有什麼好怕？**反正都已經恐慌發作了，也不差這顆糖……**我笨拙地拆糖果紙，費了一番功夫才終於拿出糖果放進嘴裡。我不由得想起外婆。想起放學後和她一起看遊戲節目《倒數計時》（*Countdown*）。想起瑪莎百貨（Marks & Spencer）的太妃糖與深紅色燈芯絨沙發。我的腳有知覺了。

我吸吮糖果片刻之後，那位女士問我有沒有好一點。「我很好！」我撒謊，因為覺得丟臉。我保證會好好照顧自己。我會「保重」。但她不知道，我的問題是累積二十二年的悲傷一口氣冒出來壓垮我，它們遭到忽視這麼多年之後，霸道地尋求我的關注。我不知道該從何開始。更何況，這個星期我要去面試採訪記者的工作。雖然不是我夢想中的雜誌，不過至少是個起步，而且有錢賺，我需要這份工作。

我好不容易回到家，睡得很不安穩，第二天早上，我的扁桃腺腫得像高爾夫球一樣大（扁桃腺是我的死穴）。面試前一天，我發燒到三十八度。我急忙去找家醫，求他開抗生素給我。

頭髮染成粉紅色的櫃檯小姐叫我的名字：「妳可以進去了。」

擔心醫生會看不見我，我撫平身上的毛衣，感覺腹部凹陷。我漸漸讓自己隱形——有人注意到我的時候，我都會嚇一跳。不過，至少醫生看見我了。

醫生檢查我的喉嚨，確認我需要服藥。

然後他拿起針筒說要抽血。

好怪，我想著。我不懂醫學，於是任由醫生在我的手肘上方綁上止血帶，針頭緩緩、緩緩刺進去，我盡可能不看。

「我想瞭解一下妳的飲食習慣。」他接著說，我小心捧著麻掉的手臂。

我的飲食習慣？**說不定我對什麼食物過敏**，我想著。**或許就是因為這樣我才一直覺得不舒服**，我更篤定地想。這年頭，每個人都多少會過敏，不是嗎？我一定是過敏了，所以才會諸事不順。說不定，只要戒掉乳糖或其他什麼東西，我就能得到快樂、成功，永遠不會再有人離開我！

但醫生沒有跟我說過敏的事，他叫我站上體重計，背對牆壁，這樣我才能看到顯示的數字。

什麼？為什麼？我又不是來量體重的！

「整體而言，最近妳感覺怎樣？」

「非常好！」呃，除了睡不著之外。還有那次在克拉芬鬧區恐慌發作……

「身體沒有問題？」

「我很好！」我堅持。我只是經常覺得冷，常常撞到東西。很容易瘀血。晚上睡覺的時候膝蓋中間要夾枕頭，以免翻身側睡的時候骨頭撞在一起不舒服……

他問我對食物的想法、感受與相關行為。

「呃……很好……？」我含糊說。

我可是要當記者的人，現在卻除了「很好」什麼都說不出來。

「妳的生理規律嗎？」

我告訴他我每天準時排泄，甚至可以用我上廁所的時間對時。不過他問的顯然不是這個。

「妳的月經正常嗎？」

「噢！那個啊！」現在仔細一想，我好像很久沒有買衛生棉條了……我原本覺得這是好事（想想看，每個月可以省多少錢，我的生活費有著落了！）。不過，從醫生的表情判斷，看來不是好事。

「這是抗生素的處方籤。」他給我一張紙，然後繼續敲打米白色鍵盤。「我認為，現在最重要的問題是妳的體重，至少要回到（自行輸入一個很低的數字）公斤。」

「噢！」哦……

我原本想要告訴大家那時候我的體重是多少，也想寫出我多嚴苛控制飲食才會瘦成那樣。但寫這個章節時，我和英國的進食障礙慈善機構Beat合作，所以你們應該能理解我決定不寫出來的原因。對於沒有進食障礙的人而言，流水帳記錄我每天吃什麼、身體狀況如何，只會讓他們覺得「詭異」，不然就是「無聊」。不過，對於有進食障礙的人而言，得知病友的飲食狀況或體重可能會造成危險，或者被當作目標。狀況就是這樣。我們對食物的態度就是這麼扭曲。

我家裡沒有體重計。也沒有全身鏡。想知道我變得多瘦，唯一的辦法就是看我能擠進多小的衣服。加上現在我不得不用腰帶，而且要多打洞。我完全不知道狀況變得這麼嚴重。

不過，我也感受到讓人緊張的一絲……是什麼呢？**得意**？我贏了最瘦大賽？

我根本沒有贏。我得了厭食症。

醫生介紹我去看進食障礙的相關書籍，我發現「我們」——現在我屬於這一掛了——通常會嚴厲批評自己，經常會拿自己和別人比較，而且往往很負面。我簡直是教科書案例，真是太令人沮喪了。

很多年之後，進食障礙慈善機構Beat的湯姆・昆恩（Tom Quinn）告訴我：「愛競爭、完美主義、尋求控制、自我評價低落，這些關鍵性格會導致較易發生進食障礙。」心理學家安娜・巴登—科恩（Anna Bardone-Cone）在《臨床心理學評論》（*Clinical Psychology Review*）上發表了一篇文章，探討進食障礙與完美主義的關係。她與同僚引用一份研究，指出「完美主義傾向於將失誤解讀為失敗，這部分與進食障礙的關係非常大[1]」。**完美主義的人特別容易有進食障礙問題，因為他們陷入「不是最好就全都不好」的想法中，他們的世界裡，只有最極端的成功或失敗。因此，倘若完美主義者很在乎身體形象，那麼，在他們眼中只有兩種選擇：暴飲暴食或不飲不食。沒有健康的中間地帶。**

我和昆恩討論這件事的當天，演員克里斯多福・艾克斯頓（Christopher Eccleston）公開了一生對抗厭食症的心路歷程，以及他多年來感到的羞恥。「現在的社會對於精神健康的整體瞭解有所進步，不過，進食障礙依然背負著汙名，男性更是如此。」昆恩說。英國大約有一百二十五萬人受進食障礙所苦，其中男性占二成五左右。目前Beat承認的進食障礙共有七種，包括迴避／節制型攝食症（Avoidant Restrictive Food Intake Disorder，ARFID）；嗜食症（Binge Eating Disorder，BED）；暴食症（Bulimia）；以及越來越常見的「情緒性進食」（Emotional Eating）。

「沒有進食障礙的人，平常也會選擇多吃一點，或偶爾『放縱一下』。」昆恩說，以食物作為安慰是全世界的普遍現象。我在文化史暨情緒史專家蒂芬妮・瓦特・史密斯（Tiffany Watt Smith）所著的《情緒之書》（*The book of Human Emotions*[2]）中讀到，在巴布亞新幾內亞的拜寧人（Baining）的語言當中，「飢餓」與「害怕遭到遺棄」是同一個詞（anaingi或aisicki），顯示飢餓與想得到照顧的渴望連結如此密切。德文甚至有個詞，專門用來描述「因為情緒性進食而增加體重」——Kummerspeck，直譯的意思是「哀痛培根」。「不過，倘若變成固定模式或經常發生，那就有問題了。」昆恩說。生理性的飢餓會逐漸增加，不過，一旦吃飽就會得到滿足；情緒性進食則來得很突然，感覺必須立刻得到滿足，導致激烈的渴望，但就算吃撐了也沒有滿足感，並且會導致罪惡感、羞恥感或無力感。「換言之，那是情緒性的，不會因為吃了就覺得舒服。」昆恩說。

另外，還有健康食品癡迷症（Orthorexia），由科羅拉多州的職業醫學專家史蒂芬・布萊曼醫生（Dr. Steven Bratman）於一九九七年所定義，這是一種對於「純粹」或「乾淨」食物的不健康執著。儘管目前在正式臨床治療上還沒有獲得承認，但越來越多人知道健康食品癡迷症（如果覺得自己疑似有這種障礙，請參考書末附註的布萊曼健康食品癡迷症自我檢測）[3]。

「進食障礙是很嚴重的精神疾病，可能會導致持續一生的後遺症，甚至可能致命，」昆恩表示，「因此治療應該要精準、迅速。」我很幸運，得到了這樣的治療。感謝神奇的國民保健署，短短兩週後，我就迅速被安排去見一位認知行為心理治療師兼有執照的營養師。

0

第一次「諮詢」的那天早上，我也得到第一份記者工作。去診所的路上，我接到一通電話，對方通知我錄取了《休息一下》（*Take A Break*）雜誌的採訪記者工作。我還沒有正式完成研究所學業，但我需要錢，因此申請以遠距方式完成剩下的課程。《休息一下》不是《衛報》那種正經媒體，每次和朋友見面我都經常被取笑，因為這本雜誌的標題都是這樣的東西：

忍者喵皇丟下我等死

蓋瑞・巴洛害我被變態跟蹤

我的畢生積蓄被鬼偷走了

這本雜誌雖然是鎖定大眾的週刊、封面上全都是聳動標題，不過，人們——尤其是女性——

可以在這裡發聲。因此，這本雜誌才會連續數十年登上女性雜誌暢銷榜首。後來我採訪的很多女性都說，這是第一次有人認真聽她們講話。早在「煤氣燈效應」*（Gaslighting）進入大眾意識之前，我就已經聽過這種案例了。我採訪過企圖濫用食物或其他物質來麻木悲傷的女性。我見識到從不曾經歷過的生活——我也學會聆聽。這本雜誌確實登了很多糟糕的內容——從以前到現在都是這樣，我不是想為他們辯解。不過，在那裡工作的期間，我採訪過很多人，聽他們說人生故事，以及他們生命中最悲傷的遭遇。我對人性的瞭解進步很多——即使我還是不瞭解自己。

我的國民保健署心理醫師是一位和善的女士，留著妹妹頭，她會聽我說話，記下一些重點，然後給我嚴格的飲食指示，好讓我回到「目標體重」。我覺得很難做到，但我天生是個聽話的乖寶寶。醫生要我吃，於是我就吃。我也辭掉了酒吧和電影院的工作。既然現在有了全職工作，而且月薪還不錯，我再也不能把問題歸咎於貧窮，所以我只能……怪自己。於是我吃。但我依然覺得很可恥，竟然放棄了「不吃東西」這個變態的目標。我也因為找回吃的樂趣而感到可恥，彷彿我不配享受。我偷偷吃；現在回想起來，簡直是荒謬透頂、莫名其妙——從不曾因為進食障礙所苦的人，一定也這麼覺得。但那時候我感到非常合理。我在廁所吃蛋糕；我在地鐵上吃光一整罐烤

*譯註：也稱為認知否定，是一種藉由扭曲受害者眼中的真實，來進行的心理操控和洗腦。

豆子；我晚上十一點起床偷吃室友的早餐穀片（我真的很幸運，當時的室友有些到現在還是我最好的姐妹）。我順利達成家醫的增重目標（小喇叭配樂），但心理醫師希望能再增加一點。她希望我繼續吃。我乖乖聽話，但同時也將最近才開始領到的月薪，砸在健身房會費上。我自以為「打敗」了醫療體系：好喔，叫我吃我就吃，但我也要拚命運動！**哈！**

朝九晚五（雜誌的世界其實是朝十晚六）的工作對我而言非常輕鬆，畢竟以前我一週讀書三十小時、工作三十小時。現在我可以每天花一小時在跑步機上，直到雙腿軟得像果凍，頭腦再也無法思考。我變得非常結實，所有女性性徵全部消失。停止釋放女性魅力讓我感到莫名清爽、自由。除了得到Fitness First健身房發的超小毛巾，我還多了一項全新的執迷。

我將過少變成過多。

「運動過量」被歸類為一種上癮或強迫症。上癮是因為患者越來越「沉迷」於運動帶來的「快感」，為了得到更高的快感而越來越過火。另一方面，因為強迫症而運動的人不見得愛運動，而是他們認為這是一種責任——甚至到了私人生活無法運作的程度。我絕對是第二種。我不愛運動，**我只是必須做**。

我的心理醫生不是傻瓜。她看得出來現在我不只是瘦：我完全**乾巴巴**。胸部扁平，肌肉發達。我曾經是肉呼呼的幼童，青春期更擁有E罩杯海咪咪，這樣的我變成筋肉人，絕不是自然發生的。她詢問我的運動習慣。我的回答真假參半，然後加上一句很假的話：「我只是真的很喜歡跑步……」她問我有沒有和朋友約好，卻為了做運動而取消。「偶爾。」我撒謊。毫無意義、騙不了人的謊。她問我，如果沒有每天運動會不會有罪惡感。我聳肩。我沒有說出我無從得知：因為我絕不會允許這種事發生。我意識到我有問題了。

「運動上癮經常與厭食症有關，」昆恩告訴我，「而且這種問題存在已久。」早在一九九一年，佛州大學（University of Florida）的心理學團隊已經開發出「強迫性運動問卷」，二〇〇四年由諾丁漢川特大學（Nottingham Trent University）修訂，增加了六個問題（請參考書末附註）[4]。「這會變成很嚴重的問題，因此，當我們鼓勵患者找回健康的進食習慣，同時也要確認他們不會因為強迫症而『一頭栽進』過度運動。」昆恩表示。這個建議非常明智，但當年的我絕對聽不進去。我繼續每天運動，直到在倫敦地鐵站跌落電扶梯。

5 避免過度行為

能夠完整體驗情緒並妥善處理的人，比較不容易採取不健康的應對機制，也比較不會有焦慮症或憂鬱症。如果我們允許自己感受更多，就能夠以更好的方式應對。

小時候以為自己會飛，你們還記得那種感覺嗎？我記得曾經嘗試過，從四階樓梯往下跳，砰一聲落在（幸好）很厚的地毯上。唉，從倫敦地鐵坎登鎮站（Camden Town）的電扶梯跌落，感覺有一點像飛行。那時候是尖峰時段，我下班後匆匆忙忙要趕去健身房。我飛起短短半秒鐘，然後是難以置信的疼痛、丟臉，以及——短暫的——全身無力。我被送去醫院，發黑流血的小腿縫了幾針，護理師念了我一頓，堅持說我「非常幸運」，狀況可能「嚴重很多」。醫生開了抗生素，因為坎登的地鐵站絕非以清潔著稱。醫生囑咐我要休息一天，兩週內避免運動勞累。

兩週！

這簡直是大災難。甚至比意外本身更慘。

我該怎麼辦？我要怎麼活下去？我要把緊繃的能量發洩在哪裡？要是不能運動，壓力絕對會不停累積到爆炸。而且還是整整兩週！

我也不知道怎麼辦到的，但我成功遵守醫囑過完一天。那種感覺很不舒服。非常不舒服。喝酒有幫助，至少我覺得好像有用。我活下來了。然後我成功過完另一天。我回去上班，大家很好心，盡量不讓我覺得自己像個在大庭廣眾之下慘摔一跤的白癡。幾個朋友用很難察覺的方式好心照顧我：他們認為我有問題，因此說話的時候都很小心，避免談到食物、體重、健身房。他們不停約我出去，即使我一直不肯參加團體或家庭活動，「生怕」現場會有食物，而且比起出去玩，我比較想去健身房。我的朋友史帝夫告訴我：「無論妳有沒有成就、有沒有很瘦，我們都喜歡妳！」這麼體貼的知心話，值得做成霓虹招牌。稀奇又神奇的美好。我的朋友東尼說，他永遠會站在我這邊——讓我非常感動。

「『我在你身邊，我不會離開。』對於罹患進食障礙的人而言，這是他們最想聽見的話。」昆恩贊同。「這樣的話語，能讓他們感覺到自己的價值不只是『病』而已，雖然他們有問題，但他們並沒有**變成**那個問題。」

因為我無法運動，所以腦子裡多了一些空間，可以更用心和辦公室的同事相處。下班後我不能直奔健身房，所以有時間可以和同事聊天，甚至交到幾個朋友。我從事社交，有了「生活」。我很努力維持還算正常的飲食，體重增加到所有醫療專業人士都認為「健康」的程度。但我的月經依然沒來，我沒有排卵。厭食症會造成許多長期危害，其中包括不孕。這下我不得不煩惱，因為我已經開始感受到騷動的渴望，一種糾纏不去的感覺，我的身體想要一個東西。這是一種新的飢渴，但我知道，毫無疑問，我想要生小孩。一想到我竟然為了以「瘦」這種方式「贏過」別人，而導致可能失去當媽媽的機會，我就覺得很不安。我被轉介到圖丁區的聖喬治醫院，然後又換到派丁頓區的聖瑪麗醫院，我希望有人能告訴我，以後月經還會不會來。但誰都無法確定。我得到最好的解釋是：「或許妳的身體關機了。」為了找答案，我再次去抽血，護理師把針頭刺進去的時候，幾乎自言自語地說：「說不定問題出在妳的心。」於是，我和新交到的「酒友」用一大盆西班牙水果調酒，淹沒我的憂傷。

醫生建議，如果我想要小孩，最好維持健康的體重（一位醫生說：「依照我的看法，勸妳不要太在意體重標準，甚至稍微超過幾磅會更好。」），而且最好盡快開始努力懷孕。我二十六歲，沒有男朋友。我再次因為扁桃腺發炎去看家醫，這次除了抗生素，還拿到一種叫做氟西汀（Fluoxetine）的藥。他問了幾個問題[1]，用兩隻手指敲鍵盤，盡可能不說出「抗憂鬱藥」這個詞，不過，我去藥局拿藥的時候，抗憂鬱藥就在那裡。小小的、亮晶晶、很整齊。這些看似無害的藥物意外令我著迷。

那時候，家事女神奈潔拉・勞森（Nigella Lawson）推出一系列廚具，鴨蛋藍配凝脂奶油白，和我的新藥丸一模一樣。我的兩個朋友也在服用這種藥，於是我們稱之為我們的「奈潔拉」。奈潔拉沒有太折磨我，我只感到一種舒服的麻木，以及徹底失去活力。不過，我又再次成為統計數字中的一個點，另一個有「精神健康問題」的年輕人。

接下來好幾年，我會一直服用抗憂鬱藥，神聖的三位一體：舍曲林（Sertraline）、氟西汀、西酞普蘭（Citalopram）（第14章將有進一步討論）。

我食不知味，只是把食物塞進身體裡，直到覺得「工作完成」。我停掉健身房會員，改成多走路。我又重新有了曲線，但我不太喜歡因此引來的注意。那些人輕率做出評論與反應，我多希望他們不要煩我，不要注意我，就像以前我很瘦的時候那樣。

我好不容易破繭重生之後的第一年，聽到了很多不該對剛擺脫厭食症的人說的話，包括：

「妳氣色很好！」

「上次見面，妳像骷髏一樣，現在好多了！」

「現在妳抱起來比較有肉了！」

而最傑出的，莫過於一位舊同學說的話：「真高興看到妳的奶子回來了！」

我微笑、我生氣。我想哭。同時發生。然後我試著用龍舌蘭酒麻痺自己。我依然因為可能無法生育而震撼不已，而且可能是「我的錯」。我自己幹的蠢事——因為我蠢到一心想贏，所以做了超蠢的決定不吃東西。而且我還蠢到那麼認真。我真的蠢死了。

再一次，我在工作中找到安慰。我很忙。晚上出去玩。下班後去喝酒。參加招待大量酒精飲料的記者招待會。厭食症、對運動上癮，這些都會讓人不想邀請你去派對。不過，喝酒是社會普遍接受的惡習。我努力不懈，想讓自己變成廢人，一心一意自我毀滅。雖然我在各方面都還太嫩，但接下來我要試試過量飲酒這招。我要幫自己講句話，我現在上班的地方，有兩個同事大部分的日子都吸K他命，所以酗酒真的不算什麼（佳樂氏出的低卡Special K穀片系列，從此有了特殊的意義）。作為應對機制效果也似乎不錯。「妳喝醉了比較有趣。」我常聽到這句話。雖然有點傷人，但我不喜歡讓人失望。於是我咬牙乾了（二〇〇〇年代中期的記者，是最後一批在白天喝醉的人）。午餐時間和主編一起喝酒並不奇怪。公關部門提供大量「招待品」，喝酒搏感情幾乎是職務的一部分。「我不是在喝酒，我是在建立人脈。」這是最常聽見的藉口。

我在一場媒體活動上遇到一位區域反射治療師，他說我嚴重缺水，最好暫時不要喝酒。

「哇，光是看我的手，你就能看出這麼多？」我覺得很神奇。

「不是，是因為妳渾身酒臭，而且現在才下午三點。」

噢。但我憑著一股可悲的狂熱繼續喝，因為我喝醉了「比較有趣」。下班之後，我和那群拉K的人再一起去喝酒。反正沒差吧？星期五下午五點相約喝一杯，結果一路喝到酒吧打烊，那又怎樣？雖然我得狂奔才能趕上回家的末班車。我站在月臺邊緣搖搖晃晃，列車高速進站，多虧我的朋友蘇西及時把我往後拉。但誰在乎？蘇西也喝了不少白酒，幸好她依然眼明手快，比我強多了，否則我的頭或許會被列車撞掉。列車駕駛絕對會受到創傷，很可能罹患創傷後壓力症候群。我們兩個會成為倫敦地鐵警告海報上的統計數字。無所謂，我想著，這才是人生！這才是開心！

二〇一九年的全球毒品調查發現，一般英國人的飲酒量高居世界之冠，平均一星期會喝醉一次。才「一次」？這些人也太不專業了吧？我想著。美國是第二名。**酒精會影響調節情緒的神經化學系統**[2]**，研究發現，過量飲酒之後憂鬱症會隨之而來**[3]。研究人員也證實了，減少或停止喝酒能夠改善情緒[4]。但我成年之後，便進入了影響深遠的飲酒文化。

我對酒精的反應不太好，有些朋友更嚴重。有個朋友下班去喝一杯，結果一喝就是兩天，最後被開除。另一個朋友承認，他會在中午用咖啡杯裝伏特加喝。這兩個人到現在都還在參加匿名戒酒互助會（戒酒互助會也有一份很實用的問卷，可以判斷是否酒精上癮，請見書末附註）[5]。倫敦帝國學院（Imperial College London）的神經精神藥理學教授大衛．納特（David Nutt），曾經擔任英國政府首席毒品顧問，最有名的事蹟，就是因為堅持酒精的危害比搖頭丸和迷幻藥更嚴重，因此在二〇〇九年遭到革職。我的朋友因為這件事而被挑起興趣，也試了這兩種毒品。我不吸毒（我認為都是《格蘭治丘》那首歌害的*），不過我身邊有很多人，只要一有錢就去買毒品。二〇一九年的全球毒品調查發現，七成四的英國人嘗試過古柯鹼，而全球平均則是四成三。偉哉大英……

《衛報》記者、議會隨筆作家約翰．克雷斯公開談論他對海洛因上癮的經驗——這種毒品糾纏他十年。他試過古柯鹼、快速丸（Speed）之後，二十歲那年升級到海洛因，他說：「是我自己去找的——我不需要別人誘惑。海洛因讓我變成不是我自己，而我討厭『我』。」他說。「只要能讓我不再是我，我什麼都願意。我一心只想『不要做我自己』。」

克雷斯的父親是教區牧師，他說，牧師的兒子背負著很大的期許。他覺得自己格格不入、無法伸展，隨時都在別人的檢視之下：「我們很不擅長溝通，但是小時候，大家都期待我們快快樂樂，因而承受了很大的壓力，簡直苦不堪言。」他的父母都曾經在第二次世界大戰期間從軍，當時的苦難讓他們「嚴重毀壞」。他父親在戰時是海軍，兩次遭遇船被擊沉的狀況，因此被視為英雄。「但是他慘透了。」克雷斯說。他的母親加入皇家海軍婦女服務隊，在樸茨茅斯中彈。「現在回想起來，他們兩個應該都有創傷後壓力症候群，」他說，「不過那時候沒有人懂。他們認識的時候，雙方都很想快點揮別過去，製造出幸福的家庭。」因此，克雷斯七歲時，他父親離開海軍成為牧師。「小時候，家裡一直有一種暗藏的氣氛，好像不能『不快樂』。」他這麼告訴我。但他不快樂。

心理學家發現，**當我們企圖否認或封鎖任何一種情緒時，都可能導致自我解離**[6]。解離（Dissociation）是人類最早發展出的防禦機制（從出生到大約三歲）[7]，定義為「思想、感受、經驗無法正常融合進入意識流與記憶[8]」。如果我們從小學到悲傷是「不好的」，那麼，我們會想從那種感受解離也很合理。解離與上癮之間有著強烈的關連[9]。**倘若我們一味追求快樂，對負面情緒產生恐懼，那麼，我們會比較容易以上癮物質或行為「麻醉」自己。以「吸毒快感」、「離開頭腦」、「麻痺自己」等方式讓自己逃避**。

哲學教授佩格・歐康諾本身也曾經有過毒癮，她寫了一本相關著作《冰毒人生：上癮與戒癮

＊作者註：一九八六年BBC兒童電視節目《格蘭治丘》（Grange Hill）的演員合唱了一首反毒歌曲〈勇敢說不〉（Just Say No），歌名來自於一九八〇年代美國發動「反毒戰爭」時，第一夫人南西・雷根所說的金句。這首〈勇敢說不〉的主題圍繞著劇中角色薩莫海洛因上癮的情節。同劇演員凱文・貝隆（Kevin Baylon）也也獻唱一段饒舌，並且成功登上英國歌曲排行榜前二十名。小知識完畢。

教我們什麼》（*Life on the Rock: Finding Meaning in Addiction and Recovery*）[10]。她以柏拉圖的洞穴比喻（The Allegory of the Cave）*來解釋上癮與戒癮*：「因為現實人生與生活很可怕、很痛苦，所以我們會想要躲藏，或以麻痺的方式逃避。我們的文化害怕吃苦，父母都不希望孩子吃苦。孩子不快樂的時候，很多父母不知道該怎麼辦。」許多人從小就學到，**感覺不舒服是一種問題，一旦發生，我們就會想「解決」，或是讓那種感覺消失——而不是忍過去**（見第1章講述「Calpol」之處）。「我們太習慣一有問題就吃藥，想藉此尋找答案，但我認為那些都只是人生的問題。」歐康諾表示，她接著說：「這種狀況非常普遍，以致於聽說有人沒有對任何東西上癮，我都覺得很不可思議。」

如果你心裡想著：「噢，我才沒有這種問題呢。」勸你再仔細想想。**上癮的種類非常廣泛，任何過度的行為，都可能是一種毫無幫助的對應機制。**我目前工作的書桌前掛著一個軟木板，上面釘著一篇文章，這是我從二〇一七年的《Stylist》雜誌上撕下來的。作者訪問了喜劇演員兼播客主（Podcaster）羅素・布蘭德（Russell Brand），他曾經有毒癮。他在訪問中表示：「我吸毒、喝酒，因為我無法承受感覺自己是自己，我覺得自己不夠好。那是一種生存策略，我認為每個有過度行為的人都是這樣——他們無法承受自己，也無法承受這個世界。」

他也將上癮稱為一種「福氣」，因而引起許多爭議。「因為要是不夠慘，你就可能會背負到永遠。我知道很多人等到臨終前才懊惱：『我不是這樣的人啊！啊，永別啦！』但我不一樣，因為我慘摔過太多次，所以已經被迫面對過了。這是一種福氣，因為人必須做真正的自己。」

人也必須感受。

感受悲傷會帶來羞恥感，因為這個世界告訴我們不該悲傷（第7章將進一步討論）。「我們認為自己『不對』，並且將這種想法內化，」歐康諾說，「非常多人長期沉浸在羞恥中。」當然，上癮的理由非常多。「但是，許多人之所以開始酗酒或吸毒，是因為他們感到羞恥或遭到別人羞辱，可能是因為身體的某個部分，也可能是因為他們在世上的處境。當他們上癮之後，又會再次遭到羞辱。就這樣不停累積、累積、累積。」我們被困在羞恥與自我評價低下的循環中。這就是克雷斯的親身體驗。

「我總是覺得自己『不夠好』，」克雷斯說，「然後我吸食海洛因，那是我第一次覺得自己『夠好』。」他描述吸食海洛因的感覺有點像Ready Brek早餐穀片的廣告那樣全身發光

＊譯註：在這個比喻中，有一群囚犯被綁在一個洞穴中，只能看到洞壁上外界事物的影子。後來有人掙脫了綑綁，走到了外面的世界。他的眼睛花了很多時間才適應，但最終他看到了真實的事物。他回到洞穴，再告訴其他人，眼前事物不過是幻影，到了洞外才是光明的世界。然而其他人卻說他是傻子，因為眼前的影子才是世界的一切。

＊編註：作者應是將有上癮行為的人比喻為囚禁在洞穴中的囚犯，遇到問題選擇逃避、躲藏，而不是直面問題。

（一九七〇、八〇年代的電視兒童一定知道是什麼意思）——一種溫暖、漂浮的狀態，讓他忍不住想再來一次，也因此沉淪。接下來十年，他一直在追求那種發光的感覺。

最有意思的是，克雷斯在這個階段認識妻子並且結婚，但他幾乎錯過整場婚宴，因為他和一個毒販在廁所裡吸毒。「我們的婚姻可以分成兩階段，」他說，「我戒毒之前和之後。」一九八七年他墮落到底——和毒販一起在破爛小套房慶祝三十歲生日，那之後他終於決心戒毒。在妻子的支持下，他決心停止吸毒。「真的非常辛苦，要做出那樣的改變很不容易。」他說。「沒有毒品之後，我費了很大的工夫重新定義自己，那簡直是惡夢。我會說些很可惡的話，類似：『我戒毒的事最重要。』雖然也不算有錯。但是當生活中還有其他人的時候，這種行為就很自私。」

「你太太有什麼反應？」我好奇詢問。

「她氣死了！可想而知。」

他加入匿名戒毒協會，不但得到另一個提供支持的地方，生活也因此多了一個意想不到的新目標。

「那時候我剛戒毒一個月，狀況非常糟——我的大腦跑去別的地方，戒斷症持續了大約三週，那時我才剛開始清醒。協會說，需要有人幫忙準備聚會提供的茶、咖啡和餅乾——我立刻舉手。」

負責準備茶點？

「對！我猜他們應該希望有其他人自告奮勇，那些戒毒稍微久一點的人。他們應該很擔心我會捲走茶點錢。他們肯定認為，至少會出現沒有茶點的狀況，那麼兩週後，他們又要重新找人負責茶點。但最後這份工作我做了一年。我得到責任感與歸屬感。」

對克雷斯而言，「一次一步」這句格言奏效了，有部分是因為他沒辦法想更久遠的事。「我會和朋友開玩笑說，等到我六十歲一定會重新開始吸毒，因為那時候，我很難想像可以整整三十年不吸海洛因。」我寫這本書的時候他六十三歲，依然沒有故態復萌，不過，他說：「那份吸引力一直都在。」

克雷斯知道，有人在戒毒期間自殺身亡。他的幾個朋友得了癌症、心臟病，「而且很多人戒毒之後，都有上癮導致的健康風險，可能危及生命。」很多人戒毒之後又染上其他「比較健康」的癮，我很想知道他是不是也一樣。「工作上癮。」他毫不猶豫地說。「過去二十年，我也有運動上癮的問題。以前我會長跑，但後來我的膝蓋壞掉了。」結果他改成去健身房用混合訓練機，一天好幾個「小時」。「我也沉迷於蒐集東西，例如現代工坊的陶瓷。過去一百年的英國陶瓷。還有書。我會很沉迷，然後感覺到自己縮進內心，話越來越少，必須重新訓練自己說話。」但克雷斯有家庭，一兒一女都需要他花時間關注。於是他必須學習自我調節。

「我三十五歲那年，女兒出生了，我就像大部分的新手父母一樣，非常天真。」他說。「我心裡想，老天！我們該怎麼辦？孩子沒有附說明書。但我們知道必須滿足她的需求，這是我們的責任。」於是他就這麼做。克雷斯所受的教養以及毒癮，都影響到他的育兒方式：「我盡可能做相反的事——我給孩子補償，保持關係，孩子需要談心的時候我絕對奉陪。」克雷斯「隨時」告訴孩子他愛他們。

「我到現在，還因為童年早期的很多事感到氣憤，」他說，「憤怒還沒有徹底消失。」雖然他在父親過世之前達成和解。「但我永遠有種感覺，『我不瞭解他，他也不瞭解我』——不過到了最後，我很愛他。」儘管如此，克雷斯並沒有完全平靜（「我不是什麼『靈性大師』。」），他依然受憂鬱症所苦，也定期接受心理治療。「我並不期待這些問題消失或改善——對我而言，心理治療就像洗腎。讓我能繼續活下去。問題永遠會在。」

問題永遠會在。我們全都在戒癮。一個朋友二十多歲時沉迷賭博，**主要是因為他很悲傷，但不知道該怎麼辦**。美國喬治梅森大學（George Mason University）與東北大學（Northeastern

University）二〇一九年所做的一項研究[11]發現，**能夠完整體驗情緒並妥善處理的人，比較不容易採取不健康的應對機制，也比較不會有焦慮症或憂鬱症。如果我們允許自己感受更多，就能夠以更好的方式應對。**我的朋友很悲傷，但這個世界告訴他悲傷是不好的。於是他加以壓抑、埋藏。盡可能設法不去感受悲傷。一開始，賭博只是暫時的發洩——一種轉移注意力的方式——但沒過多久就變成上癮。最後他連房子都輸光了。他開始尋求幫助，在日常生活中很努力迴避任何會讓他想起賭博的事物。有次，一個朋友播放電影《瞞天過海》（*Ocean's Eleven*）的DVD，害他差點犯癮（「喂！有沒有搞錯？」「哈？噢……」）。

「賭博上癮比大家所想的更常見。」我的朋友伊安表示，他曾經對賭博上癮，現在成為匿名戒賭協會的發言人。他說：「酒精、毒品、食物上癮的人，從外表就看得出來。但賭博不一樣，可能要等到傾家蕩產才會曝光。」伊安估計我們認識的人當中說不定就有賭徒，甚至正在和賭徒交往，可能性遠超過我們的想像（匿名戒賭協會有一份小測驗：「家人是否賭博上癮？」，請參考書末附註）[12]。賭博文化無所不在，博彩委員會（Gambling Commission）的報告[13]指出，二〇一六到二〇一八年間，被判定有「賭博問題」的兒童成長了四倍。這份研究發現十一歲到十六歲的兒童當中，有四十五萬人承認經常賭博——超過吸毒、抽菸、喝酒的人數。

伊安第一次有「衝動」，是在十五歲的時候，賭博上癮之後，他失去兩段婚姻、維生的工作，最後甚至失去自由，入獄服刑。「那是一種慢性疾病。」他說。伊安表示，疾病、婚姻破裂、財務問題都是很常見的「觸發因素」：「因為當我們無法表現出感受時，最容易上癮，」伊安說，「而男人更不擅長表現情緒。」

我告訴他，女人普遍也不太擅長。

「沒錯。」他說。「或許大家都該學習，當發生受傷的事要怎麼表現出來。」

是啊、是啊。

「很多人只會對自己說：『明天會更好。』」伊安說，「但是，如果我們今天不做出改變，明天怎麼可能變好？」他的五個朋友因為上癮而失去生命（「我扛過棺材。一個朋友在樹上上吊，是我發現的。」），現在的他熱衷於推動改變。「我們必須幫助人們接觸自己的感情，即使是那些痛苦、悲傷、醜惡的。」他說。沒有統計數據可以讓我們知道，上癮行為當中，有多少比例是情緒或焦慮症所導致，又有多少是外在因素造成——如果換個環境，或許就不會一直向下沉淪，或是只要更有效處理情緒就能改善。喬治梅森大學與東北大學所做的那份研究認為，**如果能夠妥善經歷並處理情緒，或許可以減少尋求不健康的應對機制**。科學家能夠確認的事實，則是悲傷與上癮之間的關係密不可分。

根據最新的世界快樂報告（World Happiness Report），上癮行為經常與以下的狀況有關：不快樂、情緒障礙或焦慮症、幸福指數低、社交孤立、汙名化。其中有一章專門在探討「上癮與不快樂」，知名經濟學家傑佛瑞・薩克斯（Jefferey Sachs）發現，上癮也可能導致臨床憂鬱症病例增加，「因為情緒調節不良，或是上癮造成的急性壓力後遺症」。同時，憂鬱症與其他情緒障礙也可能導致上癮行為，「因為個人試圖藉由濫用物質或上癮行為『自我藥療』（Self-Medicate），以解決煩躁不安的問題」[14]。

社會流行病學專家理查・威金森（Richard Wilkinson）與凱特・皮凱特（Kate Pickett）相信，全球日漸惡化的不公問題，導致上癮人數增加。在他們合著的《收入不平等》[15]（*The Inner Level*）書中指出：「在不公平的社會中想要維持自我價值與地位，可能造成極大的壓力。」而「這樣的壓力經驗，可能導致越來越多人追求能讓自己感覺好一點的東西——無論是酒精、毒品、用食物作為安慰、『血拚治療』，或其他習慣。許多人感受到無情的焦慮，但是這種應對方式、這種暫時讓自己解脫的方式，並不正常。」

就連從來沒有上癮問題的人，也很可能會在某些時刻，因為不想面對痛苦感受而嘗試自我藥療，或尋求無益的應對機制。我們全都受過傷，也全都曾經苦苦掙扎、尋找處理的方法。海洛因或許太極端，但還有大量「社會接受」的上癮行為，可能一生都不會有人質疑，例如賭博、喝酒。幸好我們的文化已經稍微改變了。喝醉弄得全身都是烤肉和嘔吐物回家（那段日子啊……），現在已經沒有人會覺得這樣算是「愉快的夜晚」。但我們全都有過度依賴的東西——無益的應對機制。

「我經常發現，**造成傷害的並非失去的痛苦本身，而是人們為了逃避痛苦所做的事。**」心理治療師茱莉雅．山謬表示。我得知，在遭遇失落的時候，落入上癮陷阱或做出不顧後果的行為，這種狀況並不罕見。他們會有一種想法：反正我已經這麼痛苦了，乾脆徹底搞死自己好了。

但我不懂，為什麼在二十幾歲那時候，我會如此慘烈地上癮，不過是被一個笨男友甩了，為什麼會從此一路每況愈下？

「新的失落會喚起過去的失落。」山謬告訴我。

「即使只是被男友甩？」我問。

「『只是被男友甩』？」她翻了一下白眼。我好愛看她翻白眼。「『只是』被甩會勾起妳曾經有過的想法，認為只要不夠完美，就不會有人愛妳？」她問。「『只是』妳深愛的初戀男友拋棄妳？」

她這麼一說……

上癮的觸發點非常多，而我的則來自於悲傷。倘若當時的我能夠以更好的方式面對悲傷——要是我認為覺得悲傷也**沒關係**——或許我不會將令人抑鬱的自我厭惡基本路線徹底內化。寫這個章節的時候，我訪問了幾位朋友，一次又一次聽到過度或自我剝奪的故事；這樣的應對策略可以暫時轉移我們的心思，但不會——不可能——有效。**因為我們必須感受所有心情。**

下一步則是要習慣這種感受——習慣到足以讓我們將經驗歸類到不同的情緒類型。這種技巧稱為「情緒分化」（Emotion Differentiation）或「情緒粒度」（Emotion Granularity），與精神健康正向結果關連密切。雖然現在還不太瞭解情緒分化是如何從我們大腦發展出來，但哈佛大學與華盛頓大學（University of Washington）的心理學家發現，這項技巧要到二十歲中期才能發展完備[16]。算我倒楣。

我不知道自己到底有什麼感覺。但我知道我遲早會想要生孩子，也知道自己可能毀掉了生育的機會，因為有一段時間我不吃東西，然後又運動過度。這個問題巨大又痛苦。事實上，太巨大、太痛苦，我因此無法觸碰（所以喝酒）。我沒有勇氣也欠缺情緒工具，更不知道該用怎樣的詞彙探索，要是我將自己的身體毀壞到無法修復的地步，那代表什麼意思。我為了讓自己不去想，於是選擇了另一種同樣不太健康的應對機制：倉促進入下一段感情。

我去朋友家參加跨年派對，音樂非常大聲。好像是粉紅佳人（Pink）的歌曲。幾塊木頭拼湊出「舞臺」，我們一群人在上面跳舞。呃，至少其他人在跳。我一直摔下去——因為我喝醉了。大部分的人都喝了很多，整體氣氛十分放縱，地上有很多破掉的酒杯。我的膝蓋刺痛，我本來想低頭檢查一下，但粉紅佳人叫我「舉起酒杯」，於是我乖乖聽話。我知道現在鞋子應該讓我的腳很痛了，但我喝下第一杯酒之後，就再也感覺不到痛。終於，我往下看。一片紅。

我……在流血？

朋友急忙把我抬下臨時舞臺，把我放在一堆衛生紙旁邊，有人幫我擦消毒水。

絕對在流血。

我的膝蓋上似乎插著很多碎玻璃。

噢，好吧，我想著，反正不會痛！

包紮好之後，剛才照顧我的那些人回去吸古柯鹼。他們不准我繼續狂歡。「她都這樣了！已經夠慘了！」是嗎？我不知道。等一下再確認好了。現在我覺得身體好重。於是我坐著不動——或者該說我坐著，身體不由自主地輕輕搖晃。這時，我看到會場另一頭有個我認識的男生。我們是大學同學。後來我的朋友東尼罵我：「倫敦難道沒有新的男生嗎？為什麼妳總是找舊的？」他說得很有道理。或許是因為那時候我們都經常醉醺醺，頂多只能看清鼻尖前面幾公尺的東西。

「嗨。」他說。

「嗨。」我說。

我看著他、他看著我，那種眼睛冒愛心的感覺又回來了。

「妳看起來不錯嘛！」

不妙。

感覺來了。很危險，但說不定一切能夠就此好轉。我能夠就此好轉。我可以「得救」。他為了秀自己，而穿上朋友的細高跟鞋跳舞。他拿洋芋片給我。他講話很溫柔。很風趣。很迷人。很帥。非常高*。他開敞篷車，在車上播放菲爾・柯林斯的歌曲（我到底在想什麼？）。他喜歡閃亮亮的東西，於是，我決定要成為他最閃亮的東西。這次的戀情我一定會「贏」。上一段感情中的我，完美程度只有九十分，但這次我絕對「夠好」。我會做到一百分的完美。一定沒問題的啦。

他追求我。我接受。他說想帶我去天涯海角。我接受。我迫不及待地自願將左右快樂的韁繩交出去。交給他。世界上所有頭腦正常、獨立自主的女性都知道，這麼做~~非常明智、很有洞見、絕對會順順利利、~~有點瘋狂。

*作者註：真的很抱歉，幾個長得高的朋友跟我說過，個子矮的女生特地找個子高的男生交往，這種作法很不應該，因為這樣等於在「利用」那些發育良好的人，明明我們和一般身高的人交往也不會有問題。這段感情的下場也很慘，希望大家可以因此原諒我。

6 記得要生氣

我們全都應該允許自己憤怒——
我們不該因為憤怒而感到內疚，也不該將憤怒誤以為是沮喪或悲傷。
或許憤怒不「好」，不「美」，也絕對不「舒服」，但這種感覺很重要。

這時螢幕漸漸變黑，歌舞片巨星桃樂絲．戴（Doris Day）電影風格的蒙太奇登場。一連串迅速移動的停格畫面述說我們的戀情，一個畫面慢慢消失之後出現另一張。我：戴著各種款式的帽子、穿緊身七分褲。高大的新男友說笑話。我：仰頭大笑（男人最喜歡女人被他們的笑話逗得大笑，不是嗎？）。高大新男友捧著花出現在我家門前。我：在他臉頰上留下大紅唇印。同樣是我：戴上太陽眼鏡，摸摸造型完美的頭髮之後用絲巾包住，坐上高大新男友的復古敞篷車，他開車帶我去旅行。儘管他車上大聲播放菲爾．柯林斯的歌曲。那輛車，現在變成卡通版，在歐洲地圖上沿著一條虛線前進，我們的一九八〇年款式藍色寶馬車縱橫歐洲大陸。大聲播放菲爾．柯林斯的歌曲。他：給我一張機票，表示我們的旅程已經從「迷你度假」進步成「長途旅行」，配樂也變成輕快的「都會音樂」。我：仰頭大笑（因為男人喜歡這樣，不是嗎？）。他：在香港海灘上遞給我一杯香檳，慶祝我們交往一週年（日期很大的桌曆迅速翻動，標示出這個特別的日子）。一連串飛機起飛的畫面，搭配快版的交響曲，大量弦樂，我們去了一個又一個充滿異國風情的度假勝地*。蒙太奇停在一個旅遊的畫面——一顆椰子裡插著兩根吸管，我們一起喝——但是鏡頭拉遠之後，我們看到其實那是一張照片，掛在一間嶄新公寓的牆上。高大男友摟著我的腰，低頭吻我的頸側：我們開始同居了。我為他搬家，辭職，換了一個離他比較近的新工作。我們買庭院家具。播放菲爾・柯林斯的歌。幸福到讓人覺得膩（我有沒有提到菲爾・柯林斯？）。

下一個畫面發生在英國弱弱的陽光下，正在舉行婚禮。雖然不是我們的婚禮，但許多跡象顯示很快就會輪到我們了。我們穿著正式的「賓客」服裝。我漂了牙齒。漂了頭髮。我買了新鞋。這次我一定要「完美」。

只要我很完美，他就不會離開我。這就是我的高明計畫。

我告訴自己，只要搞定「結婚」這件事，然後就能開展生兒育女的大業，越快越好，符合每

*作者註：那個時代還沒有訴求環保的「反抗滅絕」（Extinction Rebellion）運動，也還沒有新冠病毒，請見諒。

位醫生的囑咐。也符合占據我身體的囂張生殖慾。我很重視結婚這件事，因為我媽和橘背包男沒有結婚……最後他離開了。於是我做出斷章取義的結論：**如果男人真的愛妳，一定會用戒指套牢妳**。為了自圓其說，我徹底忽視爸媽結過婚，但結果不如人意的事實。在這個不穩定的世界中，婚姻成為穩定的象徵——我想要結婚。

我沒有告訴高大男友我的規畫，現在我承認，確實很不公平。不過他很聰明。一定能「心領神會」，我如此欺騙自己。就像《傲慢與偏見》裡女主角的媽媽班奈特太太，或是那些從沒聽過女性主義的古人，此時此刻，我唯一的野心就是嫁人。我對這段關係裡的所有缺陷都視而不見——例如交往兩年後他就不愛我了。

我們撐過儀式——傳統教堂典禮，所有人一起唱〈哈雷路亞〉，接著換上很不適合這個場合的〈天主舞王〉（Lord of the Dance）。這對新人在規畫大日子的時候，或許覺得這個主意很不錯（「跳舞的歌！」），不過唱到「鞭打」、「剝光」、「高高吊起來」（「惡魔趴在背上很難跳舞」）的那一段，賓客都有點遲疑。然後我們走過一段野地，鞋子黏到一團團青草，前往設宴的帳棚。吃了一些東西之後（我不記得菜色，大概是鮭魚吧），新郎上臺致詞。

「我只想說，」新郎結結巴巴、搖搖晃晃、汗如雨下，「我真的很幸運能娶到這麼好的妻子。她是我最好的朋友，我等不及想和她一起過下半輩子。」

雖然很老套，但一樣感人。接下來開始跳舞，高大男友似乎提不起勁。

「你沒事吧？」我問。

「我恐怕沒辦法。」他說。

「跳舞？」我問。

「**我們**。」他糾正我。

我的臉發燙、身體發冷。

又來了，我心裡想著，**還是發生了……又一次**。

過去三個月，他一直問我喜歡什麼款式的戒指。他聊過我們的小孩該上哪間學校。「你甚至要我保留婚禮節目單，這樣我們才能記得哪些詩歌適合用在我們的婚禮上……」我從手拿包裡取出證物給他看。

「我大概只是想說服自己。」

噢。我停止呼吸，心中漲滿羞恥。

醉醺醺的婚禮賓客高唱〈嗨、呵、雨過天青〉（Hi Ho Silver Lining），我們推擠離開會場，回到我們的民宿。高大**前**男友穿著四角褲睡到不省人事。我穿著綠色絲質小禮服躺在床上看著天花板，兩個小時後，我下床，穿上一件毛衣，天還沒完全亮，露水也還沒乾。我在街上亂走，附近的Tesco Metro便利商店開門了，出於習慣，我進去買了一瓶牛奶、一條Mars巧克力棒，以及一份報紙。

我喝光牛奶、吃掉巧克力棒，讀著附近爆發口手足症的新聞。我很想知道我有沒有染上，如果有，會不會死。還有一絲希望……要是會死，多快才會死？可以現在就死嗎？現在很適合吧？

高大男傷透了我的心。

我感覺胸口很痛，呼吸困難。根據芝加哥羅耀拉大學（Loyola University）的研究，「心碎症候群」[1]是一種真實存在的疾病，通常發生在壓力極大、情緒激動的時候，例如離婚、喪偶、確診重大疾病、財務危機。症狀包括胸痛、呼吸困難，感覺類似恐慌發作。目前科學還無法確切說明心碎症候群的病因，但普遍認為可能與腎上腺素和其他對心臟有害的壓力荷爾蒙有關。研究也發現，分手觸發的腦部區域和生理疼痛一模一樣。愛真的會傷人。但終究會過去（理論上。十二年後聽說他結婚了，我還是有點難過）。隨著時間，痛苦會減輕。但過程並不愉快。所有人一生當中，至少都會有一次心碎的經驗，不過這也沒什麼安慰作用。

如果你在想：「才沒有咧，我就從來沒有發生過！」那麼，只是時間的問題，以後一定會發生。抱歉。

希望這本書到時對你能有幫助。

我搬出和高大男同居的公寓，住進媽媽家的客房。那裡離我上班的地方很遠，但離公司近的房子租金太貴，憑我的薪水無法負擔。於是我辭職，整天在家研究徵人廣告、找房子、看白天的電視節目。我發現，換衣服之前看了多少節目是個很好的指標，可以藉此判斷我「悲傷」的程度。看了八點半播到九點半的《洛琳秀》？沒問題。十點播到十二點半的《今日晨光》？還可以，算是緬懷一下舊時光。看完《家有芳鄰》再接著看《推理女神探》？不算什麼，我告訴自己，因為這是我最喜歡的兩個節目。我之所以這樣告訴自己，是因為那時候我真的很喜歡。下午再看《家有芳鄰》重播，確認我沒有「漏看」什麼情節？這就真的糟了。

我腦中塞滿太多曾經快樂的記憶，現在全都帶來令我心痛不已的悲傷，侵蝕我所熟悉的思緒。我很想知道，我還能不能相信自己的記憶、判斷，甚至是**我自己**？我到底是什麼人？我體驗到那種讓人噁心冒冷汗的愚蠢與絕望，驚覺我其實重視別人勝過自己。

這一次，我沒有振作起來，拍掉灰塵、掛起微笑勇往直前。這次我變成一灘爛泥——「已經成年卻住在媽媽家裡」的那種爛泥。我媽開發出一套判斷我狀況的獨門心法：「睫毛膏有沒有被眼淚沖掉」。平均每十天會有一天能留住。鄰居慫恿我告前男友「背棄承諾」——這是中世紀流傳下來的古老法律，當男人承諾要迎娶卻又變心，這時女方可以求取「心靈補償」[2]。好心鄰居很善良，只是受到誤導，她上網查詢之後發現，最近的一次知名案例發生在一九六九年，丹麥模特兒伊娃・哈洛斯泰德（Eva Haraldsted）因為足球選手喬治・貝斯特（George Best）變心而提告。在英格蘭與威爾斯，這條民事侵權法早在一九七〇年就刪除了。「真可惜……」好心鄰居吸吸鼻子、搖搖頭說。

理智上，我知道這不是任何人的錯。墜入愛河的時候我們無法控制——感情轉淡的時候同樣無法控制。但我依然忍不住感覺憤怒。很可能是有生以來第一次。事實上，我快氣瘋了。我只是不知道該如何處理。我該怎麼辦？到底該怎麼發脾氣？「好女孩不會發脾氣」這種想法幾乎是我與生俱來的設定，很多女性都是這樣。但我經常看到男人發脾氣。為什麼他們生氣也不會有事？

「一般認為憤怒比較適合男性，我們在研究中發現，大人比較能夠容忍男童發脾氣，勝過女童。」心理學教授納森尼爾・赫爾解釋。人們頂多只容許我們女性「激動」。不過一般而言？「女性從小到大都被社會要求要壓抑憤怒——在感受與行為兩方面。」赫爾告訴我。而這會造成問題：「因為憤怒**依然在**：人不能否認憤怒的感受。但這種情緒往往無法妥善展現。」

生氣很正常。而且從古至今一直存在——連耶穌也會生氣。約翰福音中（約翰福音第二章十三至十六節），耶穌氣憤地將「兌換銀錢之人」逐出聖殿，因為他不喜歡他們在他老爸的家裡交易（我念了那麼多年天主教學校，果然沒有白費功夫）。然而，女人「不該」生氣的想法，一直以來早已普及。我在學校學到的東西裡，還有另一個聖經故事，主角是馬大與馬利亞[3]，耶穌與門徒在旅途中經過她們家，兩人打開家門迎接。馬大匆匆忙忙準備餐點，馬利亞卻只是坐在耶穌腳邊聽他~~直男癌說教~~講道。馬大發現了（我猜大概是從送餐口看到），於是對耶穌說：「**有沒有搞錯！**」呃，聖經裡的正式說法是這樣的：

「主啊，我的妹子留下我一個人伺候，你不在意麼？請吩咐她來幫助我。」

耶穌的回答卻是：「馬大、馬大，妳為許多的事思慮煩擾，但是不可少的只有一件，馬利亞已經選擇那上好的福分，是不能奪去的。」

馬大累得像狗一樣，結果得到稱讚的人卻是馬利亞，只因為她~~偷懶不做事~~「聽耶穌講道」？好棒棒。有夠爽。我們**全都**認識像馬利亞這樣的人（「噢，對不起，我沒辦法幫忙洗碗，我在聽上帝的道理。」老實說，我覺得上帝之子在這裡的表現也很爛。為什麼耶穌不能幫忙切菜、燒開水？為什麼不能三個人一起邊聊天，邊把洋芋片倒進大碗裡？）。無論如何，這裡傳達的訊息很明顯：男性的憤怒＝可以接受。女性的憤怒？想都別想。

心理學家金柏莉・威爾森（Kimberley Wilson）是《如何打造健康大腦》（*How to Build a*

Healthy Brain）[4]的作者，她表示掌握我們的憤怒非常重要，**她形容憤怒是一種「自我價值的情緒」**，並且進一步解釋：「**生氣的能力確實表明一個人重視自我的能力**。」她認為，**我們全都應該有足夠的力量與勇氣，明白我們的憤怒沒有錯。就像悲傷一樣，憤怒也有用處。**

神經科學家迪恩．伯奈特博士（Dr. Dean Burnett）指引我去看一份研究，他們發現，事實上生氣能夠降低皮質醇。焦慮與壓力會觸發分泌皮質醇，製造出對身體不利的作用，所以壓力的傷害才會這麼大，但德國奧斯納布呂克大學（Universität Osnabrück）研究發現[5]，**感受憤怒能夠降低皮質醇，因此能降低壓力可能帶來的傷害**。憤怒也有助於激勵我們。在荷蘭烏特勒支大學（Utrecht University）[6]的研究裡面，實驗者對受試者展示會聯想到獎賞的物品。一組受試者先看了幾張憤怒的臉孔，其他則沒有。結果，看過憤怒臉孔的人會更努力想獲取「獎賞」。在協商時，憤怒也有幫助。研究人員發現，在協商中，相較於「沒有憤怒」與「強烈憤怒」兩個極端，中等程度的憤怒能夠獲得比較多的讓步[7]。換言之：有了悲傷、有了**中等程度**的憤怒，事情就能搞定。

北密西根大學（Northern Michigan University）的哲學教授柴克．考格利（Zac Cogley）將

憤怒分為兩種：「正直的憤怒」——類似民權鬥士金恩博士那種——以及「惡意的憤怒」，這種憤怒沒有任何正面價值[8]。**我們必須體認並接受憤怒，但我們不必「抓狂」。也不必透過發火或「發洩」展現我們的憤怒。**與憤怒相關的詞彙，對這些年來女性爭取賦權的運動毫無幫助，甚至造成混亂，讓人誤解憤怒真正的意涵。多年來，許多人都接受了一種想法，要是情緒不發洩出來，可能會像壓力鍋一樣不斷累積，最後「爆炸」。這種想法就是所謂的「情緒水壓理論」（Hydraulic Theory of Emotion），歷史上經常用來解釋為何男性對女性施暴，認為這是男性「受挫」所導致「難以避免」的結果。「他只是氣到失去理智」、「是她自找的」、「他控制不住自己」，幾世紀以來，這種辯解在法庭上一再出現。有時候，也會有人說妓女可以作為「安全閥」，防止男性因為性慾無法發洩而強暴女性。然而，研究人員發現，買春的男人其實比較容易表現出對「無感情性行為」的偏好，有較多的「敵意男子氣概」，自認比較可能施行強暴，也比較可能有性暴力歷史[9]。

研究也證實，男性無法得到高潮會造成「生理危害」，其實只是迷思[10]。沒有使用的精液不會堆積在身體裡面（如果你正在吃早餐，我很抱歉。請繼續享用優格吧……），性亢奮之後沒有得到高潮所造成的不適，其實是會陰部肌肉緊繃所造成。女性性亢奮之後沒有得到高潮，也會有同樣的不適（很有趣吧？）。生理上的水壓「釋放」並非必要、也不是難以避免。就算有感受，也不代表一定要「發洩」——無論是性高潮或對別人的臉揮拳。

憤怒本身就是一種能量。許多男性需要幫助才能一一分辨各種情緒，讓他們不會在「悲傷」的時候誤以為是「憤怒」，而許多女性則需要上一堂速成課，讓她們學會**「憤怒」可以作為「悲傷」的分枝，而且很有用。**

「女性通常不擅長憤怒，」眼淚教授艾德・芬格霍茲贊同，「尤其是遭遇衝突的時候。」我記得他告訴過我，研究顯示，女性比較會因為沮喪與衝突而哭泣，因為我們感覺「無能為力」，又難以表達憤怒。情緒調節專家赫爾在美國所做的研究也支持這個發現。他告訴我：「許多女性表示，當得不到想要的事物，她們會感到沮喪，而不是『憤怒』。」

很遺憾，我親身證實過。短短一個早上，我就讀到好幾篇報導描述世界上各種不公不義，然後又聽到廣播說因為性別刻板印象的影響，導致女孩比較不願意在學校發言、參與。這樣的故事總是讓我感到沮喪、悲傷。不過，說真的，我不是應該感到憤怒嗎？作家奧德蕾・洛德（Audre Lorde）如此描述自己：「黑人、同性戀、母親、戰士、詩人。」她在《憤怒的用處》（*The Uses of Anger*）一書中寫道：「每個女人都有一座精良的軍火庫，裡面存滿憤怒，可以用來對抗個人與組織的壓迫，製造出憤怒的也正是這些壓迫。只要精準專注，憤怒就能成為強大的能量來源，能夠帶來進步與改變。」[11]

從黑人民權運動鬥士蘿莎・帕克斯（Rosa Parks），到女權領袖葛蘿莉雅・史坦能（Gloria Steinem）、安德里亞・德沃金（Andrea Dworkin），以及許許多多投身各種使命的女性：廢奴、女性投票權、勞工權利、民權與女權運動，當女性發怒，我們會推動改變。赫爾認為，我們必須鼓勵未來世代的女性及早接觸她們的憤怒：「我們需要教她們有魄力——讓她們看到，開口去要，會比較可能得到想要的事物。」

當然，太多人壓抑憤怒太久，以致於要反其道而行非常困難。更別說還有對女性發怒的偏見：「好女孩」不該發脾氣。對於黑人女性，這樣的偏見甚至更嚴重。

我和記者約米・阿迪高克見面，她寫曾經撰文探討「憤怒黑人婦女」*的陳腐偏見。她告訴我，雖然她個人「可以非常自在地表現出憤怒」，但許多黑人女性卻因為文化而「極為受限」。「如果只從發怒本身來看，黑人女性像所有人一樣有權發怒，」她說，「但這個社會依然受到種族與性別所局限，黑人女性無法像白人男性一樣自由自在、隨心所欲地展現憤怒。」至少無法不

*譯註：這種偏見認為黑人女性之所以憤怒，是因為天生輕浮、無禮、壞脾氣。

被貼上「憤怒黑人婦女」的標籤。這會造成問題，因為情緒是生命中自然的一部分。在她的著作《霸氣走自己的路：黑人女孩聖經》[12]（*Slay in Your Lane, The Black Girl Bible*）當中，她引用美國女性政策研究中心（US Center for Women Policy Studies）的報告，指出21%的有色人種婦女覺得無法「在職場上做自己」。世人期待大家應該「公私分明」並且壓抑憤怒，這種想法不但不切實際，也會造成傷害。在這本書中，英國黑人商業獎（Black British Business Awards）的共同創立人梅蘭妮・尤賽貝（Melanie Eusebe）將憤怒描述為「一種驅使人向前的熱烈力量……這種美好、健康的情緒告訴我們，『**有人踩了我們的界限**』。」她鼓勵女性體認並欣賞她們的憤怒，並且在最後高聲疾呼：「千萬不要去除那樣的憤怒，因為有太多事應該要讓女性感到憤怒。」

同樣有很多事，應該讓黑人女性（與男性）感到憤怒。二〇二〇年，四十六歲的黑人男性喬治・佛洛伊德（George Floyd），遭到一名白人警察殺害，他用膝蓋壓住佛洛伊德的頸子八分鐘四十六秒。佛洛伊德告訴那個警察他無法呼吸，超過二十次。艾莫・阿伯里（Ahmaud Arbery），二十五歲的非裔美籍男性，在慢跑的時候遭到兩個白人開卡車尾隨並開槍射殺。布倫娜・泰勒（Breonna Taylor），一位二十六歲非裔美籍女性，躺在自己家裡的床上遭到警察射殺。

「我的祖母為她的子女擔心，我也同樣為我的子女擔心。」潔德・蘇利文表示，她是「黑人的命也是命」運動人士、作家、企業家。「狀況並沒有改善。所有事都需要改變。學校甚至沒有妥善教導黑人歷史——這個國家〔英國〕是靠黑人的血汗建立起來的，但歷史課本卻將我們徹底抹去。」我寫作本書的時候，英國學校可以選擇是否教導黑人歷史（多謝啦，前教育大臣麥可・戈夫〔Michael Gove〕）。如此一來，英國學校所使用的教科書幾乎完全沒有提到黑人。儘管學校**可以**教導黑人歷史，但很少人教，而且根據《衛報》調查[13]，十個學生當中只有一個選擇深入了解大英帝國歷史的課程。我的學生時代橫跨一九八〇與一九九〇年代，學校完全沒有教黑人歷史。我生長在一個幾乎全是白人的社區，一直以為「種族歧視」只發生在美國。**這裡不會。英國不會**。我太天真了。

「英國一直都有黑人，」蘇利文說，「歷史超過一萬年的切達人（Cheddar Man）*據信是最早的現代英國人，膚色是深棕到黑色，棕髮、藍眼（請搜尋「象牙手鐲女士」〔Ivory Bangle Lady〕*，並閱讀大衛・歐盧索加〔David Olusoga〕的傑出著作《英國黑人：遺忘的歷史》〔*Black and British: A Forgotten History*〕[14]，可以瞭解更多、更多）。」早在十四世紀就有黑人社群，古代黑人當中有冒險家、投資客、傑出人士（如：奧拉達・艾奎亞諾〔Olaudah Equiano〕、

* 譯註：英格蘭薩默塞特郡切達峽谷的高夫洞中，發現的人類男性化石。
* 譯註：一九〇一年在英國約克發現的骷髏。她是地位崇高的成年女性，可能是北非血統，公元四世紀死於約克。

伊格內修斯・桑喬〔Ignatius Sancho〕、瑪麗・普林斯〔Mary Prince〕*，這些只是少數例子）。

「孩子學不到黑人的貢獻，學校只有在教授奴隸制度時才會提到黑人。我們有黑人歷史月。但黑人歷史**就是**世界歷史。」蘇利文說。「舉例來說，紅綠燈就是黑人發明的，妳知道嗎？」我承認，即使到現在，我還是不知道（那位發明家名叫蓋瑞特・摩根〔Garrett Morgan〕）。其他還有很多我到最近才知道的黑人發明家，例如：發明冷凍車的費德理克・麥金利・瓊斯（Frederick Mckinley Jones）、發明白熾燈泡碳燈絲的路易斯・拉提莫（Lewis Latimer）、發明捐血車的查爾斯・德魯（Charles Drew）。我仍在努力學習：歷史上還有很多、很多傑出黑人，從來沒有被列入學校的歷史教材中。「如果有意自學，但只能挑一樣教材，那麼我推薦珍恩・艾略特（Jane Elliott）的節目。」艾略特是美國（白人）反種族歧視教育家，她從一九六八年便致力於喚醒世界大眾，當時她進行了知名的「藍眼睛/棕眼睛」實驗，教導一班三年級學生種族偏見的意義。到現在已經過了五十多年，但我們似乎依舊沒有學會這一課，偏見、種族定性（Racial Profiling）*、微歧視（Microaggressions）還是每天發生。

蘇利文告訴我，光是過去一週，她和家人已經遭遇過兩次種族定性困擾。先是蘇利文在一家熱門女裝店遭到保全尾隨，他似乎認定蘇利文打算偷東西；然後她丈夫開車的時候，被警察命令停在路邊接受盤問。「他在皮黎科區*被警察一路尾隨，他們說他看起來『迷路』了，但其實他只是去了一趟郵局正要回家。他們甚至聯絡清潔公司，確認我們真的住在這裡。」她告訴我，接著說：「我承認，那時候他穿著黑色運動鞋和黑色連帽上衣——」

不可以嗎？我不小心洩漏了我有多天真。

「應該要可以才對！」蘇利文對我說。「不過這種事**經常發生**。」

蘇利文的丈夫四十三歲，專業主夫，家裡有三個孩子。簡直太誇張。我感到厭惡又震驚——或許我不該震驚。

剛訪問完蘇利文，第二天我就聽說英國版《Vogue》雜誌的主編艾德華・恩寧佛（Edward Enninful）在進入工作場所時，遭到警衛種族定性，叫他走「送貨出入口」。他在Instagram發文，告訴百萬追蹤者（持續成長中）：「這件事清楚表明，有時候在人生中就算成就再高也沒用：有些人就是會只看膚色便隨便評判你。」

＊譯註：奧拉達・艾奎亞諾（一七四五—一七九七），作家、廢奴運動人士。伊格內修斯・桑喬（一七二九—一七八〇），作家、作曲家、廢奴運動人士。瑪麗・普林斯（一七八八—一八三三），自傳作家。

＊譯註：又譯為種族貌相、種族臉譜化、種族貌相判定，指執法機關在判斷某一類特定犯罪或違法行為的犯罪嫌疑人身分時，將種族或族群特徵列入考慮範圍，進而可能導致在破案過程中，格外懷疑某一族群的作案嫌疑。

＊譯註：倫敦市的高級住宅區。

「不斷發生的痛苦與悲傷、創傷、創傷後壓力症候群，全世界的種族歧視創傷難以衡量，」蘇利文說，「因此難免會有憤怒。有些話雖然說出來會讓人不舒服，但非常重要——**該生氣的時候就要生氣，也很重要。**」

我們應該要憤怒。

有太多令人憤怒的事。

我們全都應該允許自己憤怒——我們不該因為憤怒而感到內疚，也不該將憤怒誤以為是沮喪或悲傷。我們應該感受憤怒。或許也該消化憤怒。或許憤怒不「好」，不「美」，也絕對不「舒服」，但這種感覺很重要。正如同心理治療師茱莉雅・山謬所說的：「壓抑憤怒可能導致憂鬱症，因此最好設法處理。」山謬熱愛自由搏擊（「超愛！」），她建議感覺憤怒時可以去運動：「憤怒時，人處在逃跑或反擊模式下，跑步、騎車之類的運動可以讓心跳加快，有助於擺脫恐懼感，降低壓力層級，讓身體釋放多巴胺（Dopamine）。」她也建議大笑。當感覺沮喪、憤怒的時候，要做到可能不容易。「但大笑有助於恢復健康。」山謬堅持。

心理學家兼教練奧黛莉・唐博士（Dr Audrey Tang）建議讓多種情緒流過，並試著辨認是身體的哪個部位感受到。「這麼做是為了讓人對心情感到自在——無論好壞——這樣才能學習以更好的方式接納。可以試著回想感覺憤怒的時候——越生動越好——然後問自己：『是哪個部位感受到這種情緒？』」**一旦知道是哪裡感受到的，就可以開始體認情緒，感知並接納。如果順利，就可以放下，並往前走。**

二〇〇八年的我，對這些一無所知，但多少有些領悟。躺在沙發上耍廢幾個星期之後，我稍微有點——請原諒我用這麼深奧的術語——**起肖**。我決定行動才是關鍵，於是看到職缺就投履歷，甚至還得到幾次面試機會。問題是，每次面試**還沒結束**我就哭了，然後又因為沒有錄取而感到驚訝。

失業不好玩。失業與情緒低落、精神健康問題息息相關，失業的人罹患憂鬱症的風險比較高，這一點也不奇怪。為什麼會有這樣的關連，目前還不清楚——可能是因為失業導致精神健康問題，也可能是因為這些問題導致比較難以保住工作。

葡萄牙所做的一項研究發現，失業憂鬱通常對男性的影響比較嚴重，因為從古至今，男性一直被認定要負擔「養家」的責任[15]。但女性也無法倖免。即使是不必繳房貸、供養老小的年輕人，也依然會因為失業而感到自我價值顯著下滑。美國的研究人員發現，在十八到二十五歲的人當中，失業與憂鬱症之間的連結是如此強烈，以致於他們在《預防慢性病》（*Preventing Chronic Disease*）期刊當中將此描述為公共衛生問題[16]。

失業時間越長，越有可能出現心理健康不佳的跡象。二〇〇三年所進行的一次蓋洛普調查發現，在美國，相較於失業五週以下的人，失業一年的人接受憂鬱症治療的比例高出兩倍[17]。根據調查，伴隨長期失業而來的絕望，不只會影響生活品質，也會影響一個人是否能找到喜歡的工作。研究人員發現，長期失業導致樂觀程度大幅下滑，會影響求職者的動力，並增加徹底放棄就業的風險。

瑞典於二〇一九年所做的研究，確認了失業會讓人感到悲慘，並且發現失業也會導致健康相關的生活品質下滑一成[18]。而且這還是瑞典喔——那個國家男的帥、女的美，而且，失業的人大多都有國家幫忙解決各種問題！把場景換到灰濛濛的倫敦郊區，就會懂我當年的狀況了。

我感到絕望。很害怕。我想知道自己到底哪裡有問題，我感到非常、非常悲傷。但是，我不但沒有沉澱、體會這些悲傷的感覺（我被甩了！我失業了！我無家可歸！**當然我會難過**）。我再次進入瞎忙模式。我以咖啡與恐懼作為燃料，像廉價煙火一樣胡亂噴發。再一次，我忙個不停，以免自己胡思亂想。我開始進行快速約會。

我說的快速約會，不是公司行號正式籌辦的那種，而是盡我所能和很多人約會，**快速**搞定。

這段混亂時期中，我最高的紀錄是（家人，麻煩遮住眼睛）：九十天內約會一百次。**怎麼辦到的？**我聽到你在問，語氣充滿驚恐／好奇（請隨自己的狀況刪掉一個）。這個嘛，沒有工作又不用照顧任何人，而且好不容易終於逼自己離開沙發和潔西卡・傅萊徹（Jessica Fletcher）主演的《推理女神探》，一天的時間就會變得很長。一般而言，一週有幾天，我會選在離峰時間搭火車去倫敦，先去面試，然後約人喝早晨咖啡（約會一），然後是午餐（約會二），接著是「下班」喝一杯（約會三）。我從來不約晚餐，太正式、太親密、太多期待，也太花錢（我盡量AA制）。平均一週我會有九場約會，週一到週五，週末留給家人朋友。很厲害吧！身為受過專業訓練的記者，相處一個小時就能得知很多對方的事。雖然我知道無辜的「受訪者」很可能不太滿意，但是這樣的策略，為我殘破的自我評價打了一劑強心針，讓我能打發時間。而且——這句話說出來可能有點討人厭——說到底，男女交往不就是數字遊戲？我不常吻青蛙，但我會用各種問題考他們，從對死刑的看法到獄政改革、菲爾・柯林斯（「喜歡還是討厭？」）、《家有芳鄰》裡最喜歡的角色（正確答案顯然是「超級大腦平凡珍」）*、他們對剛出爐的布克獎決選名單有什麼看法。

* 譯註：這個角色本名是珍・哈里斯（Jane Harris），因為在節目早期是個外表不出色的書呆子，所以被取了「超級大腦平凡珍」（Plain Jane Superbrain）這個綽號。

我說過，我是個**相當有意思**的約會對象。剩下的一點時間，我經常外出。去很遠的那種。

在這個瘋狂的階段，我徹底放飛自我，包括有一次在二十四小時內飛去邁阿密參加媒體活動又回來，雇主要求我拍照並報導。攝影並非我的強項，但那時候經濟不景氣，以我的處境沒資格推工作，於是我跟朋友借來高級相機，匆匆學會怎麼用，然後就出發了，自以為很像貧窮版的攝影大師安妮·萊柏維茲（Annie Leibovitz）。記者的收入不高，但偶爾有機會可以出差去很厲害的地方，如果自己出錢，絕對永遠不可能去。這次就是這種機會。我們住的旅館，是〇〇七電影《金手指》中詹姆士·龐德出沒過的地方，從早到晚都有喝不完的雞尾酒。我本來就失戀加上有時差，喝了那麼多酒之後變得更失控。我穿著高跟鞋和短褲到處喀喀喀亂走（當時是二〇〇〇年，那個時代不知道為什麼認為這種打扮沒問題）。我盡可能不摔倒，努力拍攝大量照片，任何編輯可能覺得有趣的東西都不放過。飯店的人帶我們去看詹姆士·龐德做日光浴的地方。**喀嚓**。那個可憐女人全身被裹上漂亮卻要命的金屬塗料的地方。**喀嚓**。他們偶爾會用奇怪的眼光看我，但我猜想他們大概只是很少看到記者還要兼攝影。

或許是因為我的三種能力太強大，所以嚇壞他們了：我是記者、會攝影、（幾乎）可以穿高跟鞋走路。

但他們看我，不是因為我太強大。

回程的飛機上我嚴重宿醉，拚命忍住不嘔吐，這時我才發現，他們看我，是因為我「拍攝」了幾百張照片……卻沒有拿掉鏡頭蓋。旅程結束。沒有照片。我是白癡。我感覺又熱又笨拙，我拿起充氣旅行枕，走進機艙後方的廁所，蒙著臉尖叫發洩憤怒。整整十分鐘。雖然比不上麥克・道格拉斯（Michael Douglas）在電影《城市英雄》（*Falling Down*）裡的表現（我還差一點），但絕對是我活這麼久以來，最接近展現憤怒的一次。叫完之後，我覺得舒服多了。

我搞砸工作的次數開始減少。因為比較少搞砸，所以狀況逐漸改善。我得到更多約聘工作。好久沒有一起出去玩的朋友，找我去做好玩的事，我這才知道，他們不太喜歡高大男，也不喜歡一天到晚聽菲爾・柯林斯的歌曲（想不到吧？）。我改穿舒適柔軟的衣物，因為這個世界既不舒適也不柔軟。我減少約會的次數，老實說，不斷約會其實很累人，我甚至在考慮要不要乾脆徹底放棄，就當個穿運動褲的孤僻老姑婆吧。我的行程裡還有最後一個約會：我的朋友東尼非常好心地幫我加入交友網站，這次約會的對象，就是透過這個網站認識的（感謝東尼，感謝「我的單身好友」〔My Single Friend〕網站）[19]。第一百次約會的對象代號T：來自約克夏的金髮男子，戴著黑色方框眼鏡，一隻食指有點變形，因為小時候參加童軍團不小心鋸斷過（一九八〇年代的衛生安全觀念啊……）。我喜歡T。我和他聊得來。我不必裝模作樣，可以做「我」就好。因為我不想再搞砸，我決定誠實為上，趁早告訴T我真的很想生小孩，但我不確定能不能生；以及我有過慘痛的經驗，因此，現在只有願意認真交往的人，才有資格角逐「重要另一半」的職位。這番轟炸把他嚇傻了，好不容易才恢復過來，他把表情整理成比較不那麼震驚的模樣，然後點頭說：「那好吧。」他想再見面。我也想。於是我們再見面了。

這次的戀情開始前，我先慎重確認過：似乎可行。

一年後，我和T一起整修廚房（我媽說：「這個好，別讓他跑了！」）。

又過了一年，我們努力懷孕。

耗費了不少時間。

第二部

如何談論悲傷

關於第二部

甩掉羞恥，學習不要因為悲傷而道歉；得到想要的東西並無法「修復」我們；為什麼俄羅斯童話故事或許能夠幫助我們所有人感覺好一點。從「腳開開的那些年」到學習丹麥風格生活方式；關係中的愛與怨；不孕症的折磨；非自願不孕；對失敗的恐懼，以及可以從中學習什麼。在這一部裡，我們要探討心理治療師的沙發是否真有那麼神奇、毒品入門、為什麼我們都需要關掉「鳥事電臺」。包括崩潰的極限、過勞、睡眠剝奪、診斷、「第二輪班」、寄宿學校症候群、創傷、中年危機、全球警鐘，以及「因為你存在我才得以存在」。

出場人物：孩子在家自學的爸爸；白馬王子醫生卡士伯（Casper）；我的好姐妹吉兒和熱點男。特別客串：《日日屋班圖》（*Everyday*

Ubuntu）作者儂布美列蘿・穆基・紐曼內（Nompumelelo Mungi Ngomane）；醫生作家亞當・凱（Adam Kay）；極地探險家班・桑德斯（Ben Saunders）；情緒歷史學家湯瑪斯・狄克遜（Thomas Dixon）；記者約米・阿迪高克、比比・林區（Bibi Lynch）以及麥特・羅德（Matt Rudd）；約翰・普朗基特教授（Professor John Plunkett）；作家亨利・希金斯（Henry Hitchings）；播客主瑪麗娜・佛格（Marina Fogle）；以及進化心理學家羅賓・鄧巴（Robin Dunbar）。

7 甩掉羞恥

內疚是因為感覺「做錯了事」，但羞恥卻是因為感覺「我很壞」。羞恥讓我們將自己視為有缺陷、沒價值。羞恥的解藥是脆弱。脆弱並非弱點，而是優點；甚至是勇氣。

我躺在檢查臺上，腰部以下赤裸，雙腿張開放在支架上，很少有比這更無助的狀況了。過去兩年，每個星期都有好幾天的早上，我會擺出這樣的姿勢，但依然沒有比較輕鬆。其實也不奇怪——從小社會就教育我們**不可以**對陌生人露出私處。我感覺丟臉又尷尬——不只是因為如此異常的狀況，也是因為我來到這裡的原因。

「對不起。」我對醫生說。她好不容易將裝上保險套的檢查器插進我的雙腿之間，然後告訴我她完全找不到卵泡。

「**白忙一場！**」她嘖了一聲。

「這個月還是沒有寶寶。」她補上一句，雖然完全沒必要。「或許妳工作太累了。」

「對不起。」我對老闆說。我上班又遲到了，因為前面看診的人拖太久。我終於找到工作了，至少算是好消息。我靠著替請產假的人代班加上接案，勉強撐過經濟不景氣，現在我是時尚雜誌《Marie Claire》英國網站的責任編輯。這份工作有頭有臉、光鮮亮麗，我不想搞砸。但我的身體裡漲滿荷爾蒙，我有種隱隱不安的感覺，這份工作一定也會毀在我手裡。我也感覺很丟臉。我滿心羞恥，因為身體無法照我的意願運作，也因為聽過太多「失敗」詞彙，用來描述我的身體。描述我。描述我對治療「沒有反應」。一次又一次。

我沒有告訴同事這些事，但是當朋友問起為什麼我戒酒了（「好玩海倫」怎麼不見了？），我盡可能說明。我告訴他們，我正在服用刺激排卵的藥物可洛米分（Clomid）——副作用是容易噁心。接下來促進卵泡生長的荷爾蒙治療導致嘔吐、腹瀉、水腫、恥骨痛、爆痘。家裡的冰箱塞滿裝著液體的試管，以及預先裝好藥劑的荷爾蒙針。我隨身攜帶迷你藥物保冰袋，以防需要在外面打針。我在各種地方自己注射：機場洗手間、火車站、辦公室，有一次甚至在倫敦時裝週的後臺（多時尚）。

「對不起。」我對T說，現在他是我丈夫了。他幫我將刺激排卵的HCG（人類絨毛膜促性腺激素）「誘導針」刺進屁股，因為我的手抖得太厲害，手汗多到拿不穩[1]。他搓搓下巴的鬍渣，他焦慮的時候都會這樣，然後捲起袖子，宛如獸醫作家吉米・哈利（James Herriot）準備幫母牛接生的動作。「你想像的幸福婚姻生活是這樣嗎？」我問。

「不是。」他承認，把針刺進去。

我們認識的人一個接一個有喜。有些很快。我越來越常聽到「蜜月寶寶」這個詞。**恭喜！**我微笑，然後哭泣。有些人會發簡訊或電子郵件告訴我他們的好消息，然後才約見面。我很感激他們，這讓我有時間先整理好心情，再見到他們本人。如此一來，我可以把心思放在為他們感到高興。因為我真的為他們感到高興。我只希望也能發生在我身上。

身邊的朋友都在聊Gap的寶寶鞋哪雙最好，怎麼做彩虹蛋糕，我卻一心一意研究內褲上分泌物的黏稠度，最好要像「蛋白」一樣——所有「努力做人」的夫婦都在尋求這個目標，因為這代表排卵了。每當辦公室發出集體郵件，通知這個星期有同事要開始放產假，我們要送上卡片和喀什米爾嬰兒毯祝福，我就會在椅子上往後靠，用力捏手掌的肉以免哭出來，不然就是在嘴裡塞滿瑪莎百貨賣的迷你巧克力，這樣就不用說話了。我沒想到自己這麼擅長「悲慘大吃」。請產假的孕婦準備離開辦公室的時候，大家會列隊擁抱道別，我總是盡可能搶前面的位子，這樣才能快點結束。然後我會躲在三樓女廁最裡面的隔間，淚水湧上。我嚴重水腫——因為體內充滿不是我自己製造的荷爾蒙——以致於有時候我看起來像懷孕六個月。問題是我並沒有懷孕。

根據國民健康署的資料，英國每七對夫妻就有一對難以受孕。我並不特別。但想到我可能永遠無法抱自己的孩子，我就悲從中來。

不孕相關的心理學研究發現，反覆嘗試又「失敗」會造成心理負擔——而且不只是女性。中塞克斯大學（Middlesex University）與英國生育互助網（Fertility Network UK）的研究發現，他們訪問受孕困難人士，回覆的民眾當中超過90%表示感覺憂鬱，其中42%感覺想自殺。超過23%的人表示，不孕對夫妻關係造成不利影響，15%承認不孕導致關係破裂或緊張。噢，回答問卷的人當中，50%的女性以及15%的男性表示，不孕是一生中「最難過的經驗」[2]。

一生中。

記者比比・林區公開揭露沒有孩子的痛苦，她說：「我親眼看著父母和叔叔死去；我經歷過暴力與酒癮——但沒有孩子無疑是我遭遇過最慘的事。」林區這篇描述無子女悲傷的文章刊登在《衛報》上，我第一次看到的時候，剛好在醫院等候室，準備聽醫生「報告」為什麼我的身體對這次的治療「沒有反應」。我對那一天的事幾乎沒有印象了，但我永遠記得她所寫的內容。林區毫不遮掩地誠實說出她如何成為「非自願無子女」（Childfree not by choice，CFNBC）的人，於是寫到這個章節的時候，我等不及想訪問她。

「我一直很想要『全套』，」她告訴我，「找到伴侶，一起生兒育女。但我一直沒有找到伴侶。這就是所謂的『社交不孕』。」她是七個手足當中的長女，一直以為自己遲早會建立家庭，成為媽媽「只是遲早的事。但它並沒有發生」。

「我傻傻相信自己還有時間，」她說，「太多『奇蹟』寶寶的報導，婦女很晚才受孕，不然就是好萊塢一線女星四十八歲成功當媽。所以我在心裡想著：我也可以！」後來林區的父親過世。「哀痛會讓人思考生命的循環，」她說，「我真的緊張起來了。」四十二歲那年，她決定跳過伴侶那部分，自己設法懷孕。「我『太老』了，無法使用國民健康署的人工生育給付，於是我自己出錢買精子、自己出錢做卵泡追蹤——也就是檢查排卵狀況，我做了各種掃描、驗血。花了好幾萬。」林區說。人工受孕的最後階段：受精卵植入，還要再花三千英鎊。「偏偏在這時候發生經濟不景氣。我失去公寓，我沒有錢了，狀況真的……很慘。」

她所描述的哀痛令人揪心。「最慘的是，社會不允許我們為沒有得到的孩子悲傷——沒有得到的未來，」她說，「沒有人會接受。於是，就連哀痛的權利也遭到剝奪。」林區不確定原因（「我不懂為什麼一個人的哀痛要和別人做比較。」），但她說，人們顯然因此感到「不舒服」。

這對她而言也很不愉快。

「在想要有孩子的時候無法得到，這已經造成了內心哀痛，」她說，「加上社會總是說親子之愛才是『活著的理由』，但我卻無法擁有，這也是另一種哀痛……最後還會覺得必須找到自己的道路。否則我在世上的角色是什麼？當我活到七十歲，依然是個沒有子女的人，我在社會上還有容身之處嗎？我認為人不該因此遭到批判，」她澄清，「但還是會發生。」而大家經常對沒有子女的人說的那些話，也非常傷人。

噢，沒錯。那些話。

「為什麼不乾脆領養？」「你們有沒有考慮過代理孕母？」「放輕鬆就好啦！」這些都是那段時間我常聽到的勸告。而我的答案依序是：「不要，因為各種原因」、「不要，請見上述原因」，以及「老天，對耶，好建議。我怎麼沒想到？」我認為大家是好意。他們告訴我各種奇蹟寶寶受孕的故事，照月光、吃西瓜、面朝西，但這些都無法給我安慰，也無法讓我懷孕。

「有些人會說：『把我的小孩帶去妳家住一個星期——這樣妳就不會想生了！』」林區說。「有人堅持說他比我更累，因為他有小孩。」她說。「我叔叔過世的那一陣子，我受嚴重憂鬱症所苦。我無家可歸、我無法入睡。我只覺得：你難道不能讓我累我自己的就好？」林區告訴我，有一次在葬禮上，有人跑來問她：「妳結婚了嗎？沒有？有小孩嗎？沒有？唉，好吧。不是每個人都適合……」這簡直是最狠的一拳。

當別人說這種話的時候，她如何回應？

「通常我會氣呼呼翻白眼，不然就是『說實話』。可是我一旦『說實話』，接下來一整天就毀了。」因此我必須承受哀痛，同時捍衛我感到哀痛的權利。有人因此而攻擊我，然後還希望我道歉。

想要孩子的時候生不出來，這是一種令人憂鬱的痛苦，難以平復。林區今年五十四歲了，兩年前停止支付冷凍儲存精子的費用。「我傷心欲絕，」她說，「但我正在努力。」她所謂的努力，是要面對哀痛。「或許人生中還有其他東西，」她說，「雖然還是不一樣，但或許同樣有意義、有滿足感。我要以更勇猛的態度面對這一切。我不會為了我的哀痛道歉。」

任何求子不得的人，很可能都經歷過深沉的悲傷。我訪問了理查・克羅希爾（Richard Clothier），他經歷過男性因素的不孕，現在經常公開演說，希望能打破不孕的汙名。他告訴我：「我和老婆是在威廉王子迎娶凱特王妃的同一天結婚，因此我們還開玩笑說，要和他們比賽誰先懷孕。」但是兩年過去了，依然毫無動靜。「我們的家醫說我的精子游動有點慢，不過只要繼續努力，到了聖誕節的時候一定會有好消息。」十二月來了，寶寶沒來。「最後我們看了別的醫生，她告訴我們：『很抱歉，以這樣的精子數，你們恐怕很難自然受孕。』」這個消息令他萬分震驚。克羅希爾開始研究這個診斷的意義，並且發現原來有很多同病相憐的人。男性因素的不孕越來越常見，根據一項二〇一七年的分析[3]，過去四十年，西方國家男性的精子數減少了一半。關於男性因素不孕的研究非常稀少，但是品質相當不錯。他們發現，**男性不孕症往往被視為男子氣概的「失敗」——這種經驗會造成羞恥，帶來孤立與創傷**[4]。「真的有股罪惡感，」克羅希爾說，「因為不孕的原因在我身上，我看得出來，沒有孩子對我老婆打擊多大。」他們夫妻開始做試管嬰兒，但第一輪治療沒有成功（「而且我們是在母親節當天得知的。」）。他向一位好友吐苦水：「沒過多久，他的老婆就懷孕了。我去向他道賀的時候，他聳肩說：『我只是很慶幸我的功能沒問題。』這真的讓我很受傷。」之後，克羅希爾封閉自己：「我沒有可以發洩悲傷的地方。我自認有義務作為老婆的支柱，所以我把自己的感受埋藏起來。」

他唯一能夠躲藏的地方？車上。

「我去上班的路上會經過一條很長的直路，我總是在那裡解決『我的悲傷』。我在車上流露悲傷，哭泣，那段時間真的很難熬，我覺得沒有任何地方能讓我展現悲傷，無論是家裡、工作，甚至是和朋友在一起的時候。記得有一次下雪，我開車的時候發生雪地常見的那種狀況，轉動方向盤但車子依然繼續直行。我認為面對悲傷有點像車子打滑，同樣必須面對當下發生的狀況。」將悲傷比喻為汽車打滑，我喜歡。發生打滑時，駕駛應該要將方向盤轉往滑行的方向，因為踩煞車會導致輪胎鎖死，造成車輛繼續打滑*。**要解決打滑與悲傷，都必須接受正在發生的狀況，轉向讓我們害怕的東西，而不是逃離。**這種方法雖然違背直覺，但絕對有必要。這一招幫助了克羅希爾。第一次做試管嬰兒失敗之後，國民健康署的地區委員會修改了一對夫妻能做試管嬰兒的次數，如此一來，他們夫妻只能自費繼續治療──花費十分驚人。

他們努力存錢，準備進行第二次試管嬰兒，他們做了計畫：「要是這次再不成功，我們就要搬家。我們住在一個小鎮，當身邊的人都開始生孩子，我覺得我們會受不了。我想好了，以後我們要建立全新的生活，積極去找其他非自願不孕的夫妻來往。這樣至少相處的時候，我們不會受傷。身邊的人也不會突然給我們『大驚喜』。」讓人痛苦到無法承受的消息。「我覺得有必要把計畫寫下來，」他告訴我，「萬一不成功，就可以立刻啟動緊急計畫。」

他也終於發現，他不必因為自己的感受而覺得可恥或內疚，於是他不再隱藏悲傷，而是公諸於世。「那時候我覺得受夠了──無論是治療、郵遞區號樂透*、地區決定刪減試管嬰兒的經費。我心裡想，為什麼沒有人談這些事？於是我投書給媒體、國會議員、所有人。」他瘋狂寫信，一開始只是作為發洩。「我沒想到大家竟然會認真聽我說。」他們聽了。克羅希爾受邀上電視與廣播節目——他描述這段經歷有如浣腸。「一個朋友聽到我在BBC廣播電臺說的話，然後發簡訊給我：『我不知道原來你這麼辛苦。如果你想找人一起上山大吼大叫，我隨時奉陪。』我很喜歡他的回應。因為，說真的，我完全沒有想到自己會不孕。感覺像是失去親人。」

安妮・錢（Anne Chien）同意他的說法。她是不孕諮商師兼英國不孕諮商協會（British Infertility Counselling Association）主席。她表示這樣的感受非常普遍，令人悲傷。「我們知道，接受不孕治療的人會經歷高度情緒壓力，可能影響他們與伴侶、家人、朋友的關係。」她鼓勵將心理諮商納入不孕治療——但說來容易做來難，許多人無法獲得專業心理治療。非自願不孕的人往往會得到太多非專業意見——無論他們要不要。

我勉強度日，莫名的羞恥感令我身心沉重——我整天扛著它，有如一個非常不舒服、設計很差勁、既不符合人體工學也不好看的背包。羞恥的背包。為了寫這個章節，我花了好幾個星期的時間深入回顧當年的羞恥。我發現雖然羞恥並不愉快，但有其作用——至少在演化方面。所有負

---

*作者註：這不是駕訓教練凱文教我的。二〇〇〇年的寒冬讓我學會這一課。

*譯註：一種博彩方式，參加者每個月固定轉帳支付參加費用，並且以郵遞區號作為投注號碼，若同一個郵遞區號的地區超過一人中獎，那麼全區的人都可以得到獎金。

面情緒都有意義，羞恥也一樣。有一個稱為「社會自我保護機制」（Social Self Preservation）的理論，認為當狀況威脅到我們的社會價值或地位時——例如，對陌生人露出私處，或無法達成社會的期待生出孩子——我們的自尊會**降低**，皮質醇濃度會**提高**，同時會感覺到社會價值滑落[5]。換言之，就會引起羞恥。羞恥**原本**的作用是防止「社會價值滑落」，當關於我們的負面資訊傳到別人耳中時，就會發生這種狀況。羞恥能讓我們不去做那些會導致價值滑落的行為[6]——例如對陌生人露出私處。羞恥理應幫助我們公平競爭。

當我裸露下半身、張開雙腿放在支架上，之所以會感到羞恥，是因為我早已受到社會潛移默化，知道絕對**不可以**對陌生人露出私處。很遺憾，為了要得到社會（和我）期待的孩子，我別無選擇，只能對陌生人露出私處。很迷惑？我也是（都是因為吃太多治療不孕的藥物）。很可惜，對許多人而言，自然的羞恥反應可能變成過度反應。

卡爾・榮格（Carl Jung），瑞士精神科醫生、心理分析大師、分析心理學的開山祖師，他將羞恥稱做「吞噬靈魂的情緒」，**內疚是因為感覺「做錯了事」，但羞恥卻是因為感覺「我很壞」。羞**

恥讓我們將自己視為有缺陷、沒價值，並且——如同我們在第3章說到的——羞恥與上癮、進食障礙有密切關係。羞恥與憂鬱症、暴力、侵擾、霸凌、自殺也高度相關[7]。羞恥會影響所有人，然而，這種感覺鑽進我們生活的方式，以及我們最容易受影響的時機，卻是男女不同。

《Elle》雜誌在二〇一五年七月刊登了一篇文章〈女性生命中最容易感到羞恥的四個時間點〉，我和朋友邊看邊點頭如搗蒜，有時還發出「嗯嗯」附和，還有不少「**可不是嗎？**」。記者維多利亞・道森・霍夫（Victoria Dawson Hoff）訪問許多女性精神健康相關的專業人士，請他們指出女性生命中最容易感到羞恥的時間點，果不其然，青春期是第一名：「荷爾蒙與生猛情緒大雜燴。」第二名則是在職場上被迫感到羞恥，不是太強悍，就是「不夠好」。第三名則是產後羞恥，來自於想做個「完美」媽媽的壓力。最後，第四名則是三十多歲，單身並且感覺必須盡快找個人送作堆、生小孩的壓力。

看過那篇文章至今，我又經歷了五年左右的人生，很想多加幾項。努力做人卻「失敗」也很慘。感情破裂、家人不睦、遭受虐待都會帶來痛苦的羞恥。此外還有流產的創傷——近年有許多朋友都受過這方面的苦。根據國民健康署的資料，估計每八次懷孕就有一次流產[8]，但是失去寶寶之後，卻很少有人覺得「**有資格**」為失去寶寶、以及他們所期待的人生而哀痛。根據二〇一五年《中樞神經系統疾患基礎醫療照護》（*Primary Care Companion for CNS Disorders*）網站上刊登的一篇文章，經歷過流產的婦女當中，將近二成出現憂鬱症及／或焦慮症的症狀[9]。這些症狀通常會持續一到三年。然而，卻很少有人討論流產。「因為沒有人說，所以大家都不知道流產造成的創傷有多嚴重——直到發生在自己身上。」記者海德莉．費理曼（*Hadley Freeman*）在二〇一七年一篇刊載於《衛報》的文章中如此寫道。「我之前也不知道。」[10]沉默往往會導致毒害以及羞恥。作家克麗絲汀．戴克．卡霍黛（*Christen Decker Kadkhodai*）在二〇一六年所寫的一篇文章中，描述她流產的經驗，同樣刊登於《衛報》，她說：「身體確實會痛，但最痛的卻是羞恥感。我覺得羞恥、渺小、無能為力。」[11]羞恥無所不在。不過，我們感受羞恥的方式，似乎會因為身體而有所不同。

身兼研究員與作家的布瑞妮．布朗教授（Professor Brené Brown）認為，社會中關於羞恥的訊息會因性別而異。「**對女性而言，世界上充滿花樣繁多、而且經常互相矛盾的期待，一旦沒有達成，就會成為羞恥的來源**。但是對於男人，最強烈的訊息則是『脆弱是可恥的』。因為脆弱被視為可恥，因此男性流露脆弱時的風險特別高。」[12]

詹姆斯．馬哈利克教授（James Mahalik），與美國波士頓學院（Boston College）的其他同仁進行了一項研究，他們問受試者：「要怎麼做才能達成身為女性的基本要求？」最常見的答案是「善良」、「苗條」、「端莊」，並且要運用「所有可能得到的資源」改善她們／我們的外表[13]。

我的老天爺……

而當馬哈利克問他們，要怎麼做才能達成身為男性的基本要求，答案則是：「永遠表現出能夠控制情緒、工作，追求地位、暴力。」

這個結果雖然令人憂傷，但並不奇怪。一個被男友家暴的朋友不敢說出真相，強烈的羞恥吞噬她，因為她很害怕別人知道之後會怎樣想——如果她不再掩飾瘀血的話。以前，她也曾經批判那些選擇和施暴男性在一起的女性，因此她很擔心別人也會那樣批判她。她害怕其他人會說得很難聽，於是她被羞恥淹沒，保持沉默好幾年。羞恥令她裹足不前——許多遭受家暴的人都是這樣。寫作這個章節時，聯合國將全球家暴案例增加的現象稱為「隱性大規模流行病」，與新冠病毒疫情同時發生。在封城期間，據信家暴案件增加了二成，因為許多人被迫和加害者一起關在家中[14]。非常驚人。**暴力絕非家務事，也不是「選擇」。社會必須重新思考什麼才是「羞恥」的事。**

有一種名為「正常化男性述情障礙」（Normative Male Alexithymia）的東西，主要影響「男性」的羞恥感。述情障礙的定義是：「無法辨別、表達、描述自身的感受」[15]，大約有一成的人口受這個問題所苦。幾十年前，心理醫生、前美國心理學會會長朗恩·勒凡特博士（Dr. Ron Levant）提出「正常化男性述情障礙」這個詞，用來描述因為社會上傳統陽剛角色認定，導致一些男性缺乏以語言文字表達情緒的能力。簡單地說，**「男子氣概」的定義，與男性感受到、並相信**

可以表達的情緒互相衝突。他們服從、遵守傳統的「男子氣概」——很少關心「情緒」。然而，情緒難免會有外洩的時候（因為這是人類正常的天性），他們便會感到羞恥。很嚴重的羞恥。社會化使得男性不敢展現脆弱或「弱點」，影響非常廣泛，以致於在某種程度上，述情障礙對大部分男性而言是「常態」（也就是「正常化」的那部分）[16]。

勒凡特調查了男性述情障礙、關係滿意度、溝通品質，以及對親密關係的恐懼。二〇一二年的研究中，他確認，聽仔細囉，正常化男性述情障礙確實與以下問題相關：關係滿意度偏低、溝通品質偏低、對親密關係的恐懼偏高[17]。

根據布瑞妮・布朗的研究，**這種羞恥的解藥是脆弱**。她表示，**脆弱並非弱點，而是優點；甚至是勇氣。我們不該因為情緒感到羞恥，也不該因為脆弱而道歉。永遠不該。**

只有做錯事才應該道歉。我們不該為了感受而道歉。但許多人經常這麼做。

8 不要再為感受而道歉

我們勢必都會因失去與悲傷而苦惱，當我們需要感到悲傷的時候，也無從避免。痛苦依然是痛苦。而我們可以對別人表現出同理心，同時也為自己培植同理心。

回顧那段對陌生人露出下體的日子（我稱之為「腿開開的那些年」），我發現朋友和熟人幾乎每天都因為他們的感受而道歉。有天，我的一個組員來上班時眼睛很腫。

「妳還好嗎？」我問。

「嗯，」她說，然後，「不好。我阿姨過世了。」

「噢，節哀順變！」

「不，**我該道歉**。」她按住兩隻眼睛。「都已經一年了……」

「噢！」現在我已經知道哀痛沒有期限。但她繼續說下去。

「我媽昨天晚上才告訴我。」

「妳媽媽剛剛告訴妳，妳阿姨去世了？」

同事點頭。

「哇。妳和這個阿姨很親嗎？」

「呃——」同事遲疑。「——我們已經快要一年沒講過話了。」

「是喔。不對。」這樣也很合理。「我真的很遺憾——」

「不、不，沒關係。**我該道歉**。對不起，我太情緒化……」

什麼？有人死了耶！而且沒人告訴妳？妳竟然還道歉？這個世界到底多瘋狂，我們竟然必須為死亡道歉？

另一位同事告訴我，她的男友被診斷出罹患癌症。我讓她回家陪他。

「謝謝，」她對我說，然後，「對不起！」

妳為什麼道歉？因為妳男朋友得癌症？還是因為今天不能上班？隨便啦，總之不要再道歉了。

英文中的Sorry（對不起）這個詞，從盎格魯薩克遜時代便以不同的形式存在。古英文中Sarig是形容詞，代表「哀傷的」*；因此這是一種狀態——甚至一種情緒——而不是單純道歉。Sorry

在傳統的使用上，可以表達對生存焦慮的理解、人生在世難以避免的痛苦，以及生存的極端徒勞。但現在，這個詞卻用來表達**因為悲傷而感到懊惱**，而不是悲傷本身。

在大部分的文化裡，只有做錯事的時候才需要說對不起。然而，YouGov網站所做的問卷調查發現，英國人平均一天會說八次「對不起」——一年兩千九百二十次，一生二十三萬三千六百次[1]。亨利・希金斯是《對不起！英國人與他們的禮貌》[2]（*Sorry! The English and Their Manners*）這本書的作者，因此我聯絡他，我想知道他如何看待因為感到悲傷而道歉，以及因為情緒而感到羞恥。他思考了一下。「我認為英國人有悲傷**不耐症**，」他說，「大家不知道如何應付。」

怎麼會這樣呢？

他做個深呼吸，舉了一個他親身經歷的例子作為說明。九年前，希金斯的母親過世，他告訴我，那是他第一次感受到「深刻哀痛」。

「我逐漸察覺到很多人不知道該說什麼、做什麼。大家不知道該說什麼才對，也擔心會做出社會無法接受的事。」有些人會用上「哀悼套路」，他們會說「如果有我能幫忙的地方，儘管開口！」希金斯說：「那個時候我沒有亟需幫忙的地方，所以就沒有開口，但是後來我失去了心愛的

＊作者註：取自聖安德魯大學的《古英文核心詞彙》（*Old English Core Vocabulary*）。什麼？你沒有讀過這本書？快去弄一本，真的超精彩。

工作，又有人說同樣的話。這次我決定真的開口求助，結果他們嚇壞了，好像我竟然傻到把客套話當真。」也就是說，我們承諾要幫忙，只是出於禮貌，而不是出於真心與關懷。當別人說「真是抱歉，請節哀順變」，其實那句**抱歉暗藏著「拜託以後不要再提起這件事了」**。因為悲傷很尷尬。甚至「羞恥」。

作家朱利安・拔恩斯（Julian Barnes）痛失文學經紀人妻子派蒂・卡法納（Pat Kavanagh），他在《生命的測量》（*Levels of Life*）[3]一書中描寫喪妻之痛。他說每當在談話時提到她，朋友就會不知道該怎麼回答：「生怕觸碰她的名字，他們有如三次否認主的彼德，這讓我對他們的觀感變得很差。」

希金斯喪母之後，他的英國朋友也做出類似的回應，他所聽到最誠摯的回應來自於「不是英國人」的朋友。「例如說，一位來自葡萄牙的熟人說了真的很暖心的話，而我和他其實沒有很親近。」

這給你怎樣的感覺？

「很怪，」他承認，「但不會不自在。這種感覺非常人性，而且相當驚奇——因為我們很不擅長面對悲傷。大致上來說，表露出任何情緒都會讓我們覺得不自在。我們不喜歡表現出脆弱的一面。以板球為例……」

我沒想到會扯上板球，不過，好吧。

「小時候，板球隊的教練經常耳提面命：『不要讓人看出你很痛。』」

我心想：哇賽，鄉下人真勇。不過希金斯解釋，他們不是什麼鄉下小朋友玩玩而已——希金斯是伊頓公學的校隊選手。儘管如此，這句話傳達的意義很清晰：不要示弱。

「這樣的想法會滲透到生活的其他部分，」他說，「認為示弱就是在心理上自毀長城，給對手可趁之機。」英國是體育大國，因此他相信，可能有很高比例的人從小聽這種規則長大：「表現出脆弱的一面會造成不利，我們從小就被灌輸這種概念。」尤其不能表現出悲傷。

將悲傷視為丟人的負擔，感覺格外殘忍，因為悲傷來臨時，正是我們最需要支持的時候。悲傷很正常。哀痛很正常。我們不該為自己的情緒道歉。

「當發生悲傷的事，我們會在自己身上施加壓力，努力假裝一切都很好，繼續正常過日子。」瑪麗娜・佛格表示，她是「孕媽咪課程」（The Bump Class）的產前導師，也是「爸媽乎」（The Parent Hood）頻道的播客主。「問題是，都已經發生了非常悲傷的事，生活怎麼可能照常繼續？我們應該要能夠談論悲傷的事，而且不必覺得需要道歉。」瑪麗娜和她的丈夫，播客主兼冒險家班・佛格（Ben Fogle）在二〇一四年遭遇重大悲劇，他們的兒子威廉死產。當醫院的人員告訴她孩子已經死了，她受到極大的打擊。「感覺很不真實。我將他抱在懷中，只感覺……心中麻木。到了第三天我才終於哭出來，我大哭，彷彿傷心欲絕——事實上也是。」

接下來的幾天、幾個星期，佛格發現她不只必須度過哀痛，還得告訴別人發生了什麼事，並承受他們的反應。「我記得有個認識的女人問我孩子出生了沒。我告訴她：『沒有，孩子死產。』她立刻臉色發白，我還得幫忙扶她，然後**我**道歉。我的寶寶死掉了，**我**卻因為一大早就害她難過而道歉——為了害她『不舒服』而道歉。簡直荒謬透頂！」她所感受到的那種奇怪、異常的羞恥，我們很多人在經歷哀痛或深度悲傷時也都會有。喪子之後沒過多久，瑪麗娜進入「找事忙模式」，她回去上班，繼續和姐姐琪雅拉・杭特醫生（Dr. Chiara Hunt）一起經營產前課程。

「我不認識其他失去孩子的人。我認識的人也從來不談論死亡——就算談了，也會道歉。彷彿談論讓人難過的事犯了大忌。彷彿說出來會變得更糟糕。但說出來並不會變得更糟——因為最糟糕的事已經發生了。就算不說，我也『不可能』不一直想這件事，我永遠不會『忘記』威廉死掉了。因此，談論這件事並不會讓我『想起』他死了。這件事永遠在我心上。談論失去孩子的痛對我只有幫助。」在心理治療師茱莉雅・山謬的幫助下，瑪麗娜接受哀痛諮商，她學會如何主動說出這件事，並且不再道歉。「**我學到，雖然別人會因為發生的事而感到不自在，但我沒有責任要照顧他們的情緒——也不必為了我的悲傷說『對不起』。**」

我認為大家都應該改變觀念。當然，失去、痛苦、悲傷也有程度的區別。但**我們勢必都會因失去與悲傷而苦惱，當我們需要感到悲傷的時候，也無從避免。痛苦依然是痛苦。而我們可以對別人表現出同理心，同時也為自己培植同理心。**「這樣並不會讓我們的悲傷變得虛假。」兒童與青少年心理治療師珍恩・埃爾佛表示。「我們不該因為感到悲傷而羞恥。」

在家庭中，通常會有「哀痛的階級」，決定誰可以優先感到哀痛，而誰又必須「轉移」哀痛。但已故心理學家、柏克萊學者哈維・佩斯金（Harvey Peskin）斷言，儘管這種「階級」很常見，但不應該存在，因為「哀悼的權利」是最基本的**人類權利**[4]。沒有必要宣示自己的悲傷有多真實——因為悲傷並不缺貨，當悲傷上門時，我們都會感受到。

我很想說，我是靠自己開悟的，因為我天生智慧過人、冰雪聰明。但事實上，我只是厭倦了，並且剛好有機會踩煞車。轉機發生在一個濕答答的星期三，倫敦西北部。

我背負著沉重的「羞恥」背包又過完一天，回到家、關上門，這才鬆了一口氣。我脫掉害我腳痛的鞋子，翻冰箱挖食材準備煮晚餐。正當我把頭埋在起司盒裡，T走進廚房，告訴我他得到一個去丹麥工作的機會。一家人才招募公司主動聯絡我老公，送上他夢寐以求的工作，去丹麥的玩具製造商樂高上班——不是在首都哥本哈根（大家讚不絕口的好玩城市），而是在一個叫日德蘭半島（Jutland）上的鄉村。

「日——什麼的鄉村？」我聽見你問。我的回答是：「對吧？」

那時候我們還沒去過丹麥。我們甚至無法在（丹麥）地圖上找到丹麥。於是我們選了個週末先去看環境。放眼望去一片綠油油，乾淨又空曠。比起我們習慣看到的倫敦人，這裡的居民感覺輕鬆多了。他們會花時間停下腳步一起吃飯。或是聊天。或是單純……呼吸。我們覺得很棒。T認為這是好機會，哀求我考慮。

這時候，我已經在倫敦生活了十二年，我厭倦了。我的身體有如針插，再也無法承受治療。每個月重複失望，我的靈魂也需要休息一下。於是我同意了。我辭掉光鮮亮麗的偉大工作，我們揮別倫敦郵遞區號NW6地區的耀眼燈光與熱鬧繁忙，在隆冬中遷居日德蘭鄉村。這裡的人我全都不認識，我不會說丹麥語，T七點半就出門上班，我只能靠自己。我寫了一大堆電子郵件寄給各家編輯，求他們給我工作，然後我出門散步。好幾個小時。在很像丹麥犯罪影集《謀殺》（*The*

Killing）場景的森林裡漫步。樹木因為下雪而顫抖，偶爾會落下一大塊積雪砸在我頭上。我爬上陡峭的陌生河岸，尋找散步的小徑，結果卻在冰上滑倒，一路滾落另一頭，屁股著地。我每天都在森林裡迷航，有時候幾分鐘，有時候幾小時，每次出來都會看到一片灰濛濛的世界（歡迎光臨斯堪地那維亞半島），厚厚的雲層從海面滾滾而來。我觀察天氣，直到鼻子凍僵才回家。通常我會路過一家麵包店。在丹麥，就連最小的村落都有很多麵包店，酥皮甜點非常美味。於是我告訴自己這是「文化融合」很重要的一部分。

我開始寫文章描述這個美麗新世界，以及丹麥的生活方式，刊登在英國的報紙上，我以全新的態度放飛自我。我擁抱火力全開的坦率。我不再道歉，甩脫羞恥，找到屬於我的聲音。拋開顧忌的風格很適合我，報社要我繼續寫下去。第一次，我寫作時彷彿敞開自己的皮膚，沒有羞恥。然後有人說，想要把我的文章集結出書。

這絕對是我這輩子聽過最好的消息。

《HYGGE!丹麥一年》（*The Year of Living Danishly*）這本書寫到一半的時候，我忽然察覺頭髮變得像獅子的鬃毛，略有獅王亞斯藍的架勢。我經常反胃，E罩杯海咪咪也回來了，而且很痛。我上網搜尋這些「症狀」，Google勸我去買驗孕棒。於是我買了。我尿在驗孕棒上，然後因為不相信結果，又用了四支。

我懷孕了。

這簡直就是耶穌一家三口，加上他的所有木匠好友一起聯手施行奇蹟。但我心中的一個角落依然有些內疚，因為我「倒戈」去了「能生育」的陣營。我因為拋棄使命而不斷道歉，然後加入#媽媽經俱樂部。怎麼會這樣？以前一些我認為屬於「這邊」的朋友轉運時，我心裡有多痛苦，那種感覺我還記得，所以我非常謹慎。

我心裡有一部分深信「不會成功」，我不可能懷孕足月生下寶寶。我從悲痛的親身經驗中得知，寶寶是很嬌弱的。我知道，寶寶會死。有些甚至來不及吸第一口氣，我每天提醒自己。不過，儘管有這麼多恐怖的可能，我依然繼續懷孕。超久。

四十二週時，我接受引產，先是一陣不舒服的抽痛，很快就變成劇烈、野蠻的爆發。要把寶寶生出來沒有輕鬆的辦法，我的上半身彷彿脫離飄走了。劇痛持續了整整十八個小時。我實在生太久了，助產士甚至有時間打好一頂毛帽。學生輪流進來觀摩。然後，我終於聽到有如小貓叫的哭聲，一個皺巴巴的小東西放在我胸前，然後迅速被送去嬰兒加護病房。

對不起、對不起、對不起……我在痛楚迷茫中罵自己：我怎麼敢自以為能成功？順利受孕、懷胎，然後生下健康的寶寶？

終於，我坐在輪椅上被推去看我的寶寶——是男生。他活下來了。他平安無事。我想再跟他說一次對不起：我搞砸了。所有書上都強調，生產過程必須自然、平靜，有如秘宗瑜伽，然後要立刻親膚接觸，但我到現在都還沒抱過他。我知道親餵好處多多，但是他裝上了餵食管。還有呼吸管。他抱的不是我，而是一個小小的黃色……**章魚**？我看看左右。嬰兒加護病房裡的寶寶每個都抱著鉤織章魚。護理師解釋，寶寶捏章魚觸手，會讓他們想起在子宮裡抱著臍帶的感覺，能夠讓他們鎮定，有助於呼吸。「而且寶寶有章魚可抓，比較不會去抓管子。」護理師告訴我們。當我小心翼翼做著當媽媽的夢，完全沒想到會出現**觸手**（我真傻）。

我終於可以抱兒子了，我的心臟脹大三倍。他的頭髮火紅（沒有人知道打哪來的），紅通通小臉皺成一團，肺活量驚人。三天後，醫生宣布他可以出院了，但我多住了一個星期。這次生產屬於「創傷性」，我的身體顯然被這次的經驗嚇壞了，乾脆直接停經，不再製造雌激素。我身上插著點滴、連著監視器，還有「引流袋」，這時護理師推進來一個馬桶椅。

「那是什麼？」T天真無邪地問。

「妳要跟他說，還是我來？」護理師揚起一條眉毛問。幸好我已經練習甩脫羞恥一段時間了。過去二十四小時，和我的私處有過親密接觸的人增加一倍，而現在我即將在觀眾面前排便。但這些都無所謂：我們有寶寶了。

9 終點謬誤

當我們追逐的目標是「外在的」，
就更容易感到反高潮或「終點謬誤」。
追求內心動機形成的內在目標，是比較聰明的作法。

第一次一起過聖誕節的時候，T送我一個特製的聖誕樹裝飾球，上面寫著：「書&寶寶」。他之所以送我這個，一方面是因為買禮物送我是件無聊的事（我喜歡書、圖書券、有聲書），而這也是我最想得到的兩樣東西。書和寶寶是我成年之後人生的兩大重心。我們都有這樣的目標。可能想在職場更上一層樓，可能想賺很多錢，這樣去超市的時候就不用計算到頭腦打結。也可能是找到夢想中的伴侶。或者是名利雙收（還有隨之而來的大量性愛）。永遠會有一個目標，讓我們相信只要達成就會「圓滿」。

生孩子以及進入「書」的神奇世界，這兩件事是我一直以來的夢想。現在全部成真了。我的

寶物到手了！從今以後我再也不會**悲傷！**

除了我悲傷的時候。

因為，有時候，我還是會悲傷。

因為人生就是這樣，我們只是被哄騙的痴傻凡人。

沒有孩子的時候我唉聲嘆氣，有了孩子我又唉聲嘆氣，我很清楚這有多諷刺。不過，因為生產過程困難，加上生完之後我的身體逃入「停經狀態」，縫合的傷口遲遲沒有癒合，因此接下來三個月，我得一直跑醫院做傷口電燒。**從裡面**。我永遠忘不掉那種肉燒焦的味道。

我的寶寶哭不停。他的臉蛋皺起來、脹紅發紫。他總是舉著拳頭，四肢驚人地強壯，經常不停亂揮亂踢，彷彿在做瘋狂健身操。

「他是狠角色喔！」朋友半開玩笑說。

「大概是因為紅頭髮吧！」也常有人說這句話。非常多人。

「真的有天生壞脾氣的寶寶嗎？」我問T。

「看來有。」他摀住剛才被寶寶揍的地方。

「噢。」

我知道人類全都是基因樂透的結果。說不定這孩子就是這樣。不過，我心裡想，也有可能是我不好。如果影響性格與素質的要件包括基因、童年早期經驗與生活方式，那麼，幾乎所有問題都要怪父母，這就是我的想法。

我做出各式各樣的結論，解釋我的寶寶為什麼總是氣呼呼。一定是我沒有好好練習催眠生產。一定是我太少做瑜伽。一定是我懷孕期間壓力太大。倫敦國王學院（King's College London）的研究人員發現，懷孕前與懷孕中母親承受的壓力，會影響寶寶的腦部發育[1]。布里斯托大學（University of Bristol）的研究顯示，當媽媽很焦慮，孩子在青春期出現過動現象的機率，是一般孩子的兩倍[2]。**Namaste**！*

來家訪的保健社工安排我加入丹麥媽媽社團，用意是為了鼓勵我「走出家門」，而不是讓我看別人家的寶寶有多白胖乖巧。他們的寶寶睡得很香，偶爾醒來吃奶也都能順利親餵，吃飽之後又一臉幸福地睡著。我的寶寶很可能信奉電影《華爾街》（*Wall Street*）反派哥頓・蓋柯（Gordon Gekko）的哲學，相信「娘娘腔才吃午餐」、睡午覺的人注定完蛋。他總是不斷扭動，小腦袋轉來轉去，餵他吃奶簡直像玩磁鐵釣魚遊戲：機械鯉魚不停轉動，發出呼呼聲響，嘴巴隨機張開又閉上。

「怎麼會這麼難？」T問。「人類從古至今一直在生小孩呀。」

我搖頭，我也不知道。

「或許從古至今的爸媽都這麼悲慘，只是他們不說而已。」他嘀咕。

故鄉的幾個朋友介紹我看一支YouTube搞笑影片，標題叫「丹麥寶寶不會哭」（Danish Babies Don't Cry）[3]，搭配火星人布魯諾的歌曲〈放克名流〉（Uptown Funk）。我得知，丹麥除了是全世界最幸福的國家，也是嬰兒最乖巧的國家（「值得吹噓的事實。」）。根據一篇刊登於《小兒科期刊》（*Journal of Pediatrics*）的統合分析報告，丹麥、德國、日本的寶寶最少哭，而英國、義大利的寶寶最會哭。丹麥寶寶腸絞痛的比例較低，而丹麥媽媽親餵的比例遠高於其他國家。

他們認為，這是因為丹麥的媽媽壓力比較小，加上有慷慨的育嬰假，所以能支配的時間比較多，而且往往住在家族親戚的附近——這是另一項讓寶寶快樂、媽媽快樂的指標。很可惜，我身為住在丹麥的自由業人士，遠離所有沾親帶故的人，因此，緊密的家族支援不可能實現，而且我的寶寶也不快樂。我的寶寶不肯睡、不肯吃，整天對我哇哇大哭。然後我的奶乾了。

我徹底搞砸了！我在心裡想。他才三個月大，但我已經徹底搞砸了！

＊譯註：印度人常見的問候語，意思為「向你鞠躬致意」。

將近一萬篇新聞報導告訴我，必須親餵到寶寶能投票的年紀，否則就不配做人類。於是我也為這件事自責不已。我的大腦受過專業訓練，擅長將事情拆解成碎片，包括我自己。利物浦大學（University of Liverpool）所做的研究[4]暫時給我一絲安慰，他們發現，媽媽經常會有負面情緒——內疚、汙名、必須為自己的餵養選擇辯護——**無論是哪種方式**。我第一次發現媽媽毫無勝出的機會，而且也不是我最後一次有這種感覺。此外，媽媽也睡眠不足。

《每日郵報》（*the Daily Mail*）的標題大聲驚呼：「新生兒的父母在孩子兩歲之前會失去**六個月**的睡眠時間。」[5]

根據華威大學（University of Warwick）所做的調查，新手父母在孩子出生之後，會有將近六年的時間無法睡飽[6]。我讀過的幾篇研究報告都指出，當孩子睡不好，家裡的其他人也會受影響，增加罹患憂鬱症的可能性，並造成整體家庭功能下降。加州大學柏克萊分校所做的一項研究[7]發現，睡不好的夫妻比較容易爭吵[8]。

這還不是最慘的。有7～13%的女性在分娩後會受產後憂鬱症（Postpartum Depression，PPD）所苦[9]，單親媽媽、無法從伴侶與家人處得到支援的媽媽、寶寶生病或早產的媽媽、缺乏財務資源或親近家人朋友的媽媽，她們更容易得產後憂鬱症[10]。知名兒童精神科醫生布魯斯・培理（Bruce Perry）在《為愛而生》[11]（*Born to Love*）這本書中寫道，根據演化理論，之所以會有產後憂鬱症，可能是為了在嬰兒存活機率低的狀況下，降低母嬰之間的情感連結。也就是說，不要放太多感情，可能是一種防衛機制。如果媽媽將精力保留給比較大的孩子，或是等到比較容易取得食物與情緒支持的時候再生一個孩子，那麼，孩子存活的機率會比較高。和寶寶疏離，媽媽可以保護自己免於失去寶寶的痛苦——雖然說疏離本身絕對會造成寶寶的生存機率更加降低。很殘忍，沒錯。不過，如果考慮到人類演化歷史上嬰兒死亡率有多高，也就不難相信。

就算幸運逃過產後憂鬱症這個大魔王，新手媽媽同樣要面對單調、瘋狂的生活，以及新身分與新生活帶來的忽悲忽喜。我走進了這扇門，再也無法回頭。T的育嬰假結束，回去上班，突然間，所有事情落到我一個人身上。就算伴侶沒有沉迷樂高、不會每天都弄丟鑰匙或錢包或手機，家中依然很可能會有一個主要照顧者，或「扛起一切的家長」。那就是我。

新角色讓我們的婚姻陷入緊張。以前我們會一起玩樂、一起外出。一起吃港式飲茶。我到底在想什麼？怎麼會以為能一起吃飯就能一起養小孩？我的腦子裝**糨糊**嗎？還是他的腦子？我們兩個都在做一件我們毫無經驗、壓力超大的事，而且嚴重睡眠不足。為人父母和我們以前經歷過的事完全不同，養育孩子沒有終點。當上父母之後就沒有結束的一天。我懷疑我們的感情能不能撐得住。

已故美國精神科醫生丹尼爾．斯特恩（Daniel Stern）在《母職星雲》（*The Motherhood Constellation*）[12]中寫道，從兩人世界變成兩人＋寶寶的世界，會讓媽媽改變對伴侶「作為丈夫、父親、男人」的看法（這本書是一九九五年寫的，所以觀點還很異性戀）。剛成為新手父母這段時間最容易起衝突，因為夫妻雙方狀況都不太好。斯特恩也指出，大眾文化用來描述新生兒對夫妻關係影響的詞彙也是問題。大家都說寶寶是「婚姻黏著劑」，有助於維繫感情，甚至讓夫妻分不開，這樣的說法暗示，要不是有寶寶強力膠將夫妻「黏」在一起，其中一方恐怕早就跑了。而將寶寶形容為「媽媽的心頭肉」甚至是「她一生的摯愛」，這些都排除了父親，讓他成為……什麼？「賺錢的人？保護家庭的人？敵人？」斯特恩提出。我訪問過的許多男性都表示他們會擔心──寶寶出生之後，他們將無法得到足夠的關心。

「好像他們**也是**寶寶？」一個自願不孕的朋友問，似乎覺得很不可思議。我沒有說話。那位朋友接著說，那些巨嬰或許應該放下存在危機，去煮嬰兒食品或吸一下地板，這樣對他們只有好處。「不過每個人的想法都不一樣啦。」

對所有人而言，這段時間都很辛苦，所以我願意放他一馬。重點是，除非你非常走運，寶寶乖到不行，而且父母雙方也都無私奉獻、充滿智慧與能力，否則絕對會天翻地覆。寶寶七個月的時候，我緊張到了神經質的程度——因為我妹妹就是在這個年紀因為嬰兒猝死症而過世。我不斷小心注意寶寶的體溫、寢具、睡姿，費盡心力保護他。T盡可能理解——但他怎麼可能理解？真的很難。對我們雙方而言都是如此。為人父母對任何關係都是終極考驗。

保羅・多倫教授（Professor Paul Dolan）是倫敦政治經濟學院（London School of Economics）心理與行為科學系的主任，他寫了一本書探討這樣的謬誤，書名是《從此幸福》（*Happy Ever After*）[13]。多倫教授寫道，雖然許多人都認為婚姻很重要，但科學研究顯示，**真正**成為夫妻並不有趣。尤其是對女性而言。他在二〇一九年海宜藝術節（Hey Festival）的演講中指出，「最健康、快樂的族群是不婚不生的女性」[14]。西北大學（Northwester University）社會心理學家伊萊・芬克爾（Eli Finkel）認為，人們之所以對婚姻感到如此不滿，是因為過去數十年來，對婚姻的期望大幅升高。他在二〇一八年接受美國全國公共廣播電臺訪問時表示：「一九五〇年代可以接受的婚姻，到了現在反而令人失望，因為我們的期望太高。」[15]二〇一九年心理健康週活動的一項研究發現，生命中所謂的「里程碑時刻」——例如愛情、婚姻、孩子——最後都會讓許多人感到失望，**因為我們的期望太過膨脹，加上社群媒體炒作，但真實的經驗不可能那麼美好**[16]**。**

一開始，大家或許會覺得真愛能克服一切，但其實要有毅力才能堅持到底。展開一段新戀情需要：性行為、忍住不放屁、在床上吃早餐、假裝我們比實際上更酷更聰明。維持一段戀情需要：Netflix、對方要進廁所時先警告「等一下再進去」、大號上到一半先沖一次水以免太臭、傳電子郵件溝通家務安排。一旦有了小孩，原本享受對方陪伴的兩個人，就會變成努力養小孩的兩個人——和以前相比，睡眠時間與可支配收入都大幅減少。一旦陷入育兒戰壕，裝酷、裝聰明這種事早就被拋到九霄雲外，每天要花上很多時間幫小孩擦屁股、記得要買牛奶、記得要記得買牛奶，因為疲倦讓生活變得荒謬無比。

身為單親家庭唯一活下來的孩子，而我媽在愛情方面又不太成功，我無法從父母的相處模式得知健康的長期關係如何運作。我只有照片：裱框掛在我們臥房牆上的擺拍照片。有一張是我和T站在一座橋上擁吻。另一張則是我們的婚禮，兩個人都笑得很開心。**那時候我們一定很快樂，對吧**？不過，每個人的婚禮照片看起來都很快樂。婚禮就是這樣：趁大家都在笑的時候按下快門，把照片裱框，幾年之後，無論誰拿出來看，都會覺得那個時候大家都好快樂。

看看任何人家裡牆上的照片或相簿，我們全都有過美好的人生，沒有痛苦、折磨、不順心。

但顯然人生並不美好。我身邊開始有人離婚。有些人再婚之後又再離婚。一個英俊到沒有天理的男人告訴我，一有了孩子，他立刻和老婆離婚，「因為變得不好玩了。」然後他長篇大論說他依然沒有放棄希望，他會再婚，然後「生更多孩子」，他相信「這次一定會不一樣」。我的直覺反應是狂笑。然後我有個毛骨悚然的領悟：憑他那張基因得天獨厚的臉，他很可能**真的**會再婚。然後生小孩。等到「變得不好玩」，他又會再次逃跑。一個朋友告訴我她的理論：人不該在相愛的時候結婚。「愛情會讓人盲目，」她說，「只有過了相愛的階段，才能真正看清一個人。」新冠肺炎疫情期間，我們發現，很多人的婚姻之所以能夠維持，完全是因為平常不會相處太久。因為婚姻關係真的很難。

還記得這個數據嗎？大約有42％的婚姻會以離婚收場[17]。然而，有些人儘管經歷過卻學不到教訓，依然懷抱希望，像旋轉木馬一樣換對象，結了第二次、第三次，甚至第四次（老實說，光聽就覺得累）。英國並沒有特別統計再婚、三婚或結更多次婚的資料，但美國的數據顯示，再婚的人當中，大約六成會離婚，三婚則是七成[18]。寫到這裡，我覺得需要躺一下。

種種證據都顯示浪漫婚姻的機率很低，然而，我們依然滿懷奔放的樂觀一往無前。直到再也撐不下去。直到互相叫囂那個「離」開頭的詞。聽到朋友說要離婚，我看著他們，心裡想：我們的婚姻，和他們的真有那麼不一樣嗎？

我不確定。

於此同時，我的書出版了。**我的**書。總共十萬本。這些書先是赤裸裸送往聖艾夫斯（St Ives），然後穿上漂亮的書衣，運往全國各家書店。接下來，這些書寶寶的未來就只能靠命運了。我深信只有我媽會買來看，因為：一、T讀書很慢（如果他能看到這裡，恭喜啦！）二、我以為我是誰？丹妮爾·斯蒂爾（Danielle Steel）＊？每年出版的書籍當中，99.9％會從此石沉大海，我相信我的書也將是其中之一。但是出版當天我就接到電話通知，第一刷全部售罄，他們要立刻加印。第二刷一個星期就銷售一空，版權賣到全世界。我收到書評。大部分是好評。一個差評。我清楚記得這篇差評的每一個字。

T的上司看過我的書。上司的上司也看了。我接受訪問。雖然我受過記者訓練，但他們沒有教我被訪問的時候該怎麼做（不要急著講話！不要上當落入陷阱！），我出了一次大醜。電視節目要求來我家拍攝。我不夠堅強也不夠睿智，所以無法拒絕，於是我答應了。他們全都很善良、溫和，除了一個人。但感覺很奇怪。不到一個月，兩個日本拍攝組、一個奧地利拍攝組接連來我家。現在想想，那時我太急於討好，於是任人擺布。我站在飄落的雪中裹著毯子切花椰菜；坐在蠟燭旁假裝讀書，彷彿丹麥鄉下沒有電（當然有）；為了「完美的鏡頭」，把所有家具換位子。有一次我得了腸胃炎還現場直播受訪，腳邊放著嘔吐用的桶子。我學會了什麼是「點頭」鏡頭——也就是他們從身後拍攝我順從點頭的樣子。有一次在德國受訪時（我不會說德文），他們請我「重來一次」，因為剛才主持人問我第二次世界大戰期間丹麥被占領的歷史，我卻露出笑容。「噢，老天。對不起。好，當然沒問題。」當然。

一天早上，我把寶寶包好，準備開車去接受至今最可怕的一次訪問。沒想到，一出門就看到隔壁家的青少年兒子靠在我的車上瘋狂嘔吐。他看著我，因為酒醉而眼睛通紅，然後舉起一隻手，彷彿在說：「還沒完……」最後一次爆發之後，他站起來用手背抹抹嘴，點頭表示「沒事了」。我用很破的丹麥語對他說謝謝，然後開車駛過那一大灘嘔吐物。我無法即時趕到電臺，於是在超市停車場接受訪問，同時我的兒子狂拉了一大泡便便，甚至滲出他的雪衣，我被臭味燻得頭昏腦脹。我得到了想要的一切，結果卻不如我的想像。

我原本以為只要有了寶寶、出了書，我就再也不會有悲傷，甚至不會有不順的日子。我原本以為，住在世界上最幸福的國家丹麥，加上研究快樂，受到潛移默化、耳濡目染，我就會變成擁有維京人DNA的快樂丹麥人[19]。我原本以為從此每天只有彩虹、《推理女神探》重播、鹽醋洋芋片。但我卻有種奇怪的感覺：〔壓低音量〕反高潮。

＊譯註：美國小說家，目前世上最暢銷的作家，銷售量超過八億本。

哈佛大學心理學家塔爾．班夏哈博士很清楚這種感覺。二〇〇六年他創造出「**終點謬誤**」（Fallacy of Arrival）這個詞，曾經身為年輕板球菁英的他經歷過這種感受。「我一直夢想成為職業選手，想要參加大賽得冠軍，」他告訴我，「但是過程並不愉快——一路有許多身體傷痛與情緒掙扎。」儘管如此，他深深相信只要他「贏」、只要他「成功」，所有痛苦都會消失：「一切辛苦都會得到補償，一旦實現之後就能迎來全新的黎明！」然而那一天沒有到來。「我們贏了，但是我們依然不快樂，」他說，「因為我們的幻想破滅了。」

班夏哈二十一歲時，因為受傷而不得不退役，放棄職業板球選手生涯，改行研究人類行為與思想模式（板球隊的不幸，我們的幸運）。「我後來才明白，不切實際的期望會造成『反高潮』的感覺。」他說。「屢試不爽。」

那麼，為什麼我們還是學不乖？

「傳統智慧告訴我們，只要達成目標就能感到快樂。」他說。「全世界都一樣——我們把這種想法和母乳一起吸收進去。我們在年紀非常小的時候就學習到，『成功』是通往快樂的途徑。我們從長輩那裡繼承了這樣的想法，只要有所成就，最終一定能得到快樂，而不是享受那段達成心中目標的過程。」班夏哈說這是因為「狩獵目標的活動」能刺激大腦獎賞中樞，帶來成就感。我們全都被設定要享受追逐的痛快。然而，一旦得到想要的東西？我們感到……空虛。

達成目標的滿足往往低於我們的期待。班夏哈表示，**當我們追逐的目標是「外在的」，就更容易感到反高潮或「終點謬誤」**。因此，追逐財富、權力、大眾讚賞、父母認可，比較可能落入失望的下場。

追求內心動機形成的內在目標，是比較聰明的作法。「意思就是，我們基於自身價值而想得到的東西，」班夏哈說，「有意義的東西，即我們所關心的。不只是父母或社會認為有價值的東西。」也就是說，因為喜歡運動而去運動，就是內在目標的例子；而為了得到火辣身材或羨慕眼光而去運動，則是外在目標。因為喜歡學習而用功，或因為熱愛工作而努力＝內在。因為想得高分而用功，或為了財富權勢而努力＝外在，以此類推。

不過，即使追求內在目標，我們也必須控制好期望。「研究顯示，期望越高，得到的快樂或自我肯定越低。」他說。「如果設定不切實際的期望，就會更常失望。很多人靠著『成功』的幻想支持，不斷追逐不切實際的目標。」班夏哈表示。

呃，例如為人父母？我酸溜溜地問。生育不是「世界上最自然的事」嗎？怎麼會是不切實際的目標？

他的回答是「對」，然後緊接著說：「尤其是這個時代。在現代，生兒育女已經成為最不切實際的目標。」班夏哈說。「對大部分的人而言，子女意義重大。育兒雖然有很多快樂的時刻，但也有挫折、焦慮、恐慌。人們成為父母，有許多不切實際的期望。」

寫書呢？

「一樣。」

婚姻呢？

「也是。」

噢。

我覺得好像應該在皮夾裡放一張護貝的卡片，上面寫著：「我的名字叫海倫，我有終點謬誤，因為我對婚姻、母職、以寫作維生，抱有不切實際的期望。」

一旦知道了終點謬誤這個詞，我開始到處看到這樣的事。朋友、家人、帥到沒天理的離婚男，甚至是社群媒體與電視上販賣的夢想。那些我經常告訴自己的話：

只要做到〔這件事〕，一切就會上軌道。

只要忙完這個星期／這個月／這一年，我就不必這麼累了。

很快我就可以停止加速……

但我從來沒有做到。我懷抱錯誤的信念，以為只要完成「目標」，我就會覺得美妙無比，過程中的所有痛苦都只是無法避免的連帶代價。因為「目標」一定「值得」。因為就像足球射門一樣，對吧？**錯**。

許多研究顯示，我們經常高估某件事物能帶來的喜悅，並誤判事件會帶來的感受。二〇〇七年刊登於《哈佛商業評論》（*Harvard Business Review*）的一篇文章甚至表示，過度追求成功的人可能會因為不斷挑戰自己，而對隨之產生的腎上腺素上癮，他們稱之為「顛峰症候群」（Summit Syndrome）[20]。我認識幾個腎上腺素上癮的人——男女都有，他們追求極度體能挑戰所帶來的快感。有些人甚至以此維生。

班就是其中之一。

我來介紹一下班吧。

10 顛峰症候群

要保持「有建設性的悲傷」，而不是「被自我厭惡的那種悲傷困住」，我們必須持續走在「夠好就好」的路線上。

班・桑德斯是世上數一數二的極地探險家，他在極地區域徒步行走的距離超過七千公尺。他率領史考特探險隊，進行史上最長的一次人力極地之旅，也是第一次有人完成一九一二年史考特上尉（Captain Scott）與爾尼斯特・沙克頓爵士（Sir Ernest Shackleton）失敗的旅程。我的好友東尼是他的好哥們（就是幫我登錄「我的單身好友」網站的那個東尼。幹得好……）。

我第一次見到桑德斯是二〇〇四年，當時他正在進行準備工作，即將以單人滑雪出發前往北極，而我正準備吃冷凍Revels巧克力當晚餐（見第4章）。那一年饒舌歌手The Streets登上熱門金曲榜，女歌手酷莉絲（Kelis）出了新歌〈奶昔〉（Milkshake），我媽強迫我解釋歌詞，為什麼酷莉絲的奶昔會讓所有男生跑到門外。不過我還記得桑德斯告訴我，他最近常聽「白蛇」

（Whitesnake）的歌曲。

白蛇？

「白蛇樂團。」他點頭。樂團主唱大衛・科弗代爾（David Coverdale）的經典歌曲〈再次獨自上路〉（Here I Go Again On My Own）成為他的主題曲，幫他加油打氣，準備獨自踏上冰天雪地的旅程。從那之後，我就迷上了死亡重金屬搖滾，范海倫樂團（Van Halen）的歌曲〈Jump〉更成為我接下來十五年緊急時刻的救命仙丹，我認為都是他害的。

二〇〇四年三月十一日，桑德斯單人滑雪抵達北極，成為史上完成這段旅程最年輕的探險家。TED邀請他去演講，談他的成就（在那個年代，TED演講不是阿貓阿狗都能去的）。單看這些成就，他完全是人生勝利組。但他卻沒有那種感覺。

不久前我訪問他的時候，他告訴我：「抵達北極點的那一刻，真的是最大的反高潮。那裡真的什麼都沒有。連個點也沒有。」

什麼？北極點沒有點？電視都在騙我們嗎？

他點頭。「老實說，我知道那裡什麼都沒有，至少我的頭腦知道；因為海冰不斷移動，所以北極點不可能有任何永久的東西。但我依然期待……有點什麼。」

例如？

「我期待會有不同的感覺。」

啊，沒錯，那個。

結果他只是覺得麻木。他望著四周一片無盡的荒蕪，坐在雪橇上，拿出衛星電話打給三個人：媽媽、女友、贊助商。

「結果三次都被轉到語音信箱。」好慘。他回到家，依然希望能有英雄凱旋歸來的待遇。但甚至沒有民眾和媒體來接機，只有他的媽媽和弟弟。

「長期以來，這趟旅程是我的目標——我的使命。我期待能在一夜之間讓人生變得圓滿。」他說。「因此沒有發生的時候，我感到十分低落。」

他告訴我，他非常能夠體會終點謬誤。

桑德斯十分樂觀，二〇一三年再次出發，進行另一趟破紀錄的探險旅程，這次他要踏上當年讓史考特上尉丟掉老命的路線，前往南極點。這將是史上最長的一次極地徒步長征。

「這是創造歷史的旅程：沙克頓因為抵達南極點而聞名。而史考特更是在回程中喪生。這是人類所知最偉大的冒險。我們成功了！」

萬歲！灑花、灑花！後來呢？

「呃……後來，我站在那個曾經對我的人生意義如此重大的地方——南極點——我很驚訝，真正的南極點看起來好糟。」一百零一年前，史考特上尉站在同一個地方，在日記裡寫下：「老天爺！這個地方真是悲慘。」

「也就是說，我知道那裡的狀況。」桑德斯承認。「儘管如此，我還是感到失望。完成這趟旅程早已變成我的執念，占據我成年之後的人生。」他等待無上極樂的時刻到來——有如電影《火戰車》（*Chariots of Fire*）的輝煌時刻——但始終沒有發生。「事實上，生活像平常一樣繼續下去。」他說。

他以令人敬佩的誠實與謙遜承認，他搜尋過女王生日嘉賓名單與元旦嘉賓名單，「想得到一點公眾認可」。但全都沒有他的名字：「為了滿足我的自尊心，我希望能因為我的成就得到一點公開表揚，但完全沒有。我的所有衝勁、能量、那麼多年的時間……」他沒有說完，但接著澄清：「我原本以為只要有抱負、執行力與毅力，我遲早能得到幸福、內心平靜、眾人的肯定。但這些全都沒有發生。每次冒險旅程結束後，我反而心情低落。」

我告訴他，在終點謬誤和顛峰症候群這兩個方面，他都「贏了」。不過，他追求成功的動機來源和我差不多。我對他的童年稍微有點瞭解——不只是因為大嘴巴東尼，也是因為克絲蒂・楊（Kirsty Young，她也很愛講），她在二〇一六年的BBC廣播節目《荒島音樂》（*Desert Island Discs*）中訪談過桑德斯。不過，現在他告訴我：「我很小的時候父母就離婚了。我十一歲的時候，父親從我的生命中徹底消失。很多失去父親的人都拚命追求成就，例如自行車選手布萊德利．威金斯（Bradley Wiggins）與蘭斯．阿姆斯壯（Lance Armstrong）、探險家雷諾夫．范恩斯（Ranulph Fiennes），政治人物的數量更是多得嚇人，而我也加入了這個陣營。」現在的他承認，他早年的許多努力都脫離不了「想要展現自己」，為了向缺席的父親證明自己有多優秀。「印象中我並沒有明確的失落感，不過現在回頭看，顯然我一直在尋找『如何做男人』的典範。我覺得有必要證明自己。有點像是，『爸！快看我！』」

作家麥爾坎．葛拉威爾（Malcolm Gladwell）在他的著作《以小勝大》（*David and Goliath*）[1]中指出，失去父親或母親，通常會使得孩子進入成年之後有更高的抱負。這些所謂「傑出孤兒」的定義，是在十八歲之前失去父親或母親。葛拉威爾並非第一個注意到這種現象的人——早在一九七八年，美國臨床心理醫生埃森斯達（J.M. Eisenstadt）便認為天才與失去父親或母親有關[2]。許多知名人士都少了父親或母親：從黑人民權運動鬥士麥爾坎．X（Malcom X）到演員瑪麗蓮．夢露；從史帝夫．賈伯斯到演員傑米．福克斯（Jamie Foxx）；從小說家安迪．麥納布

（Andy McNab）到亞里斯多德。失去母親的人更多（歌手蒂娜・透納、瑪丹娜、搖滾樂團U2主唱波諾、小羅斯福總統之妻愛蓮諾・羅斯福、瑪麗・居禮、哲學家笛卡兒、伊麗莎白一世——不過大家都知道，她之所以失去母親，是因為她父親亨利八世砍掉了她母親的頭）。政治圈中傑出的比例也很高，歷史學家露西兒・伊蕾蒙哥（Lucille Iremonger）發現，從十九世紀初到第二次世界大戰爆發之間這段時間，英國首相當中，有67%在十六歲之前失去父親或母親[3]。美國總統當中，很年輕就失去父親的人占了將近三分之一（喬治・華盛頓、湯瑪斯・傑佛遜、詹姆斯・孟羅、安德魯・傑克遜、安德魯・強森、拉瑟福德・海斯、詹姆斯・加菲爾德、格羅弗・克里夫蘭、傑拉德・福特、比爾・柯林頓）。原來有父愛情結的人這麼多。

桑德斯年近四十才和父親重聚，發現他父親剪下所有關於兒子的報導，保存在一個餅乾盒裡，對他的每項成就如數家珍。

聽到這件事的時候，我不禁鼻酸，眼淚突然湧了上來。

真希望我爸也這麼做。

我立刻責備自己竟然想起他。竟然還懷抱希望。我很氣自己，竟然還會因為失去他而難過。一、定、要、更、努、力。失親與冷落成為動力，驅使我們奮鬥。確實很不健康，但是遭到拋棄的感覺絕對能激勵我們不要偷懶，鼓勵我們**拚出**一番成就。

會不會是我們需要痛苦才能追求目標？

我請教班夏哈，他直接了當地說：「不是（他不是會客套委婉的那種人）。就算不是完美主義者，只是抱持樂觀，也能得到成功。而且這樣比較不會不快樂。」對於我們這些多年來為了追求成功而犧牲心靈寧靜滿足的人而言，這番話有點不中聽。就算沒有那麼大的壓力，也能獲得成功，聽在那些爆肝拚死拚活的人耳裡，應該像是在心上插一把刀。「不過，我傾向視為『沉沒成本』——也就是付出之後收不回的成本。」班夏哈說。「不過，就算一輩子都奉獻給完美主義，現在停損**還不遲**。所有人都會犯錯。〔**丟麥克風**〕重點是要學習夠好就好。」

啊，沒錯：「**夠好就好**。」關於這方面……

英國小兒科醫生兼心理分析師唐諾・溫尼考特（Donald Winnicott）在一九五三年進行了一項研究，發現當媽媽在可以控制的狀態下犯錯時，對孩子反而有**好處**，因此他提出「**夠好的媽媽**」這個說法。比起滿腦子不切實際、華而不實育兒理念的媽媽，那些「認真育兒的平凡媽媽」反而好得多。「他所說的那些媽媽，就是能夠將『夠好就好』這個概念實踐在生活、事業與人際關係上的人。」班夏哈表示。「事實上，我甚至會說『大家都應該這麼做』。」

這個星期，已經有兩個人勸我要「溫尼考特」一點了，班夏哈是第二個。第一個是神經科學家瑪瓦・阿薩布（Marwa Azab），看完她的TED演講之後，我立刻聯絡她，她所講的主題是高敏感族群〔**揮手**〕。我們深夜裡聊了很久，最後聊到終點謬誤與唐溫（我想試試看把唐諾・溫尼考特縮短成唐溫的效果如何。就像凱特王妃變成凱妃、網球之神費德勒變成費神……）。阿薩布取得了心理學學士、完成了研究心理學碩士課程，當神經科學博士念到一半時，她懷了第三胎。「真的很辛苦。非常辛苦：帶三個孩子還要念博士？我哭了**很久**，但我真的很想拿到博士學位，這份渴望推動我。」

她拿到了——「二〇一二年十二月二日！」——但是那之後，她得了輕度憂鬱症。「我一直在想：接下來呢？我非常努力才達成這個目標。」阿薩布說。「現在我面臨到終點謬誤，百分之百。從神經科學的角度，這種狀況完全合理。儘管該知道的我都知道，但我依然有一種『現在我該做什麼？』的感覺。」這時該唐溫登場了。「沒錯，」阿薩布告訴我，「重點在於，要知道夠好就好，以及溫尼考特的理論。」但她的自尊心很難接受，她說：「尤其是女性，科學界更是如此。比起男性同僚，我在更多方面必須『夠好』。」

例如說？

「我想成為好媽媽、好伴侶，在工作上表現可靠，但我不得不經常說『不』。」她說。「我得到過很多好機會，但我不得不說『不』，因為我還要照顧家庭。我有責任。我知道很多男人可以工作到七晚八晚、長途出差、有機會就抓住。但我沒有那麼好命。我早也工作、晚也工作，當然會很累。但我還是把工作完成。雖然可能沒有達到我最好的程度，但至少完成了。我必須考慮我的底線，只要還可以接受就沒問題。只能這樣。」

要保持「有建設性的悲傷」，而不是「被自我厭惡的那種悲傷困住」，我們必須持續走在「夠好就好」的路線上。班夏哈建議，我們要確定我們認為自己想要的東西，真的是我們想要的。「必須確認你所追求的目標真的有意義——而不只是你想要的東西的表象而已。」他告訴我。「應該是發自內心或符合自我價值的目標——出於深刻個人信念或強烈興趣而追求的那種——而不是外界或外在的東西。」

接下來，我們必須享受過程。

「在達成目標的過程中得到喜悅，」班夏哈說，「這稱為『**達成目標前的積極效應**』（Pre-goal-attainment Positive Effect），當你專注在過程並且得到樂趣，就能夠因為有所成長的氣氛，以及當下的時刻而得到喜悅。」他告訴我，他戴著一條手鍊提醒自己要專注在當下——手鍊上有一個N字母，代表「現在！」（Now）。

「我也設定智慧型手機提醒自己要每天冥想。」

呃，冥想。我不善於冥想。我太容易分心。

「你**真心**喜歡冥想嗎？」我帶刺地問。

「我需要冥想。」他說。

既然如此，還需要設定提醒？

「所有人都需要提醒——這是一種持續的過程。就好像田徑選手，他們不會因為學會怎麼跑了就不再練習。」有道理。不過，既然連哈佛心理學家都需要提醒了，那麼，我們這些冥頑不靈的人恐怕更是積習難改。

桑德斯踏出第一步。「慢慢地，我開始『掌握到』——達成目標並非一切。」他說。「我在南極，這是我的第十二次探險，不過，雖然我很敬佩雷諾夫・范恩斯，但我不想落得像他一樣——」

什麼？為什麼？他不是你的偶像嗎？

「是啊！現在依然是！不過我感覺得出來，他依然渴望更大的冒險——即使到現在也一樣。因此，我知道必須由我自己決定要做到什麼程度才滿足。雖然花了不少時間，但現在……我很快樂。」我相信：他看起很快樂。「我領悟到，**將自我價值和外界肯定綁在一起，這是沒有意義的，因為我們的成就越多，就會遇到更多更成功的人，他們的成就會讓我們變得渺小。**」

我點頭：這個**我懂**。

永遠會有比我們更厲害的人。嫉妒是醜惡的情緒。但是真的能夠避免嗎？我問班夏哈，他立刻打醒我：「世界上只有兩種人沒有內疚或嫉妒之類的負面情緒：一種是精神變態，一種是死人。」

我逼問：就連你也不例外？

「我不是死人也不是精神變態，所以當然有時候也有這些情緒。差別在於，我可以觀察。我可以察覺自己的感受，然後想：噢，有意思喔。我會接受這個事實——儘管不見得很愉快。不過，我年紀越大越能接受，也越能允許自己就這樣。」

就、這、樣。

這麼簡單的三個字。要做到真的很難。

這是我聽過最不性感的建議，但我會努力。我會學習接受。我不再看書評。我暫時停用社群媒體。我盡量陪伴兒子。我每天花好幾個小時陪他玩、讀書給他聽。最後他終於不（那麼常）哭了。然後我著手拯救婚姻。

婚姻專家約翰・高特曼博士（Dr. John Gottman）發現，幸福的伴侶每天交流的正面話語超過負面話語五倍[4]。於是我盡可能說好話。心理學家也發現，當伴侶開始漸行漸遠，最致命的錯誤就是忘記曾經相愛的過去，以及一開始為什麼選擇對方。英屬哥倫比亞大學（University of British Columbia）的詹姆斯・龐采迪博士（Dr. James J. Ponzetti）研究了一百二十四對夫妻，發現能夠說出他們婚姻的基礎，並且列舉出兩人在一起的正面理由，這樣的夫妻會覺得他們的婚姻正當、穩固[5]。回想這段關係如何開始，並且不時提醒自己，有助於抵銷日常的怨恨以及長期關係的不堪真相——育兒壓力、財務煩惱，以及小事引起的惱怒，例如從來不會把髒襪子放進洗衣籃（舉個例而已……）。我努力回想，我和T確實有共同愛好，例如港式飲茶，或許還有水獺，在這個寒冷昏暗的十一月裡，感覺好像不是婚姻的良好基礎。

我們從小就以為找到愛情是人生目標。一旦有了愛情，往往會認為接下來該生小孩。比比・林區觀察到，許多人從小就被灌輸這樣的觀念：想要發展出幸福的成人生活並且順利維持，成為父母是重點核心。我們認為，孩子帶來的情緒報償遠超過育兒的情緒與財務支出，我們相信孩子能讓我們「完整」。但事實上真的很難。

沒關係，我告訴自己，我可以，再難也沒問題。這是我的選擇。我求之不得。到現在也一樣。但我不會假裝育兒不辛苦，也不會粉飾當父母的經驗，像我以前被粉飾的假象欺騙那樣。知道了吧？

研究明確地發現，當家裡有了寶寶，生活滿意度會下降[6]（尤其是當他們服用止痛糖漿Calpol之後，對著牆壁噴出紫色的嘔吐物）。威克森林大學（Wake Forest University）的社會學家發現，比起沒有孩子的人，身為父母的人比較憂鬱，無論貧富都一樣[7]。普林斯頓大學（Princeton University）所做的一項研究發現，父母認為照顧小孩的樂趣「和做家務事差不多」[8]。但也不全然那麼糟：德國海德堡大學（Heidelberg University）的研究人員發現[9]，退休之後，有子女的人比沒有子女的人快樂一點點，但只限孩子已經離家的父母。對於這個說法，T表示：「那才不是快樂咧，那是**鬆了一口氣**。」我們至少還要等上十八年。我熱愛當媽媽。我很慶幸能生出兒子，我願意為他放下我的人生／徒手殺死中等大小的森林動物。而且小孩滿好玩的，所以還行啦。儘管如此，育兒依然是苦工。而且我們自己和我們選擇一起做這件事的人，都不一定有天分。

我有三個朋友，他們找到的對象是一流的父母，卻是三流的伴侶。其他人雖然是不錯的伴侶，但是在育兒方面卻很嚇人。我們或許會因為喜歡一個人的孩子氣而和他在一起。但是如果要管理非營利托兒所，這種人就不太適合了。我們可能會喜歡上個性很好、但毫無財務觀念的人。有些人則是金錢觀謹慎，但是對「家務管理」抱持愛恨交加的情結。或是打掃工作。就我所看到的情侶和夫妻，大部分的伴侶（不分性別）感覺都不是太出色。一位單身朋友這麼說：「我真不懂為什麼大家都會一臉同情地歪頭問我還好嗎，好像因為我沒有伴，所以在人生中永遠只能得第二名——我不是第二名好嗎？我是第一名，只是項目不一樣。感情關係看起來超辛苦！」她說得沒錯。確實很辛苦。

我們的寶寶滿周歲了。我們準備了氣球、蛋糕慶祝，然後為了輪到誰去清裝髒尿布的垃圾桶而大吵一架（絕對是輪到T）。有天，我們在咖啡廳裡對一件事「意見不合」，越說越激動，就在這時候，我聽到坐在後面那一桌的人用丹麥語轉述我們「熱烈討論」的內容。**這下可好，我們吵架的內容被翻譯了。**

我們的關係差到被人當成娛樂。

最後，我和T去接受婚姻諮商。諮商或許有幫助，問題是心理治療師堅持叫我丈夫「詹姆斯」。他的名字不是詹姆斯。他的名字怎麼聽都不像「詹姆斯」。我們盡可能客氣糾正她：我一再用「不是詹姆斯」的名字稱呼他。他以第三人稱的角度說了幾個小故事，用「不是詹姆斯」的名字稱呼自己。我甚至寄了電子郵件給她，署名「海倫與不是詹姆斯」。可是一點用也沒有。每個星期都會發生同樣的事：「那麼，詹姆斯，你最近還好嗎？」

詹姆斯懸案變得太好笑，我們忍不住肩膀發抖，死命抓住對方的手以免失控笑出來。這帶來奇特的團結效果。我們和心理治療師道別之後，手也沒有放開。下一個星期也一樣。接受婚姻諮商幾個月之後，詹姆斯懸案讓我們完全夫妻同心，決定停止諮商。婚姻諮商是這樣的嗎？我不確定。不過，我和「詹姆斯」的關係確實改善了。說不定這其實是心理治療師的絕妙好計。或許她很有自己的想法，不按牌理出牌，卻能達成絕佳效果。就像電視劇裡穿上女裝品牌Per Una毛線外套的神探塔格特（Taggart）。或者電影《比佛利山超級警探》（*Beverley Hills Cop*）裡的艾索·福里（Axel Foley）偽裝成中年白人女性。天曉得呢。

我們兩個都沒有太大的改變。我們依然無法逃脫終點謬誤或顛峰症候群——不過，至少現在我們能**意識**到了。當現實生活變成太大的考驗，我依然可以躲進工作裡，我那個揮霍無度的老公依然一有機會就要享受血拚快感，而且顯然持續對洗衣籃過敏。不過，現在我看出來，他漸漸變成一個好爸爸。他希望孩子什麼都不缺。包括弟弟妹妹。

這一次，奇怪的生殖衝動——有點像發瘋——一開始先占據他。我以為我能「倖免於難」，直到有一天在超市聽見寶寶哭，我也跟著哭了。那之後，痛苦折磨又再次展開。雖然過了幾個月，但我的想法沒有改變：我也想要再生一個小孩。客觀看來，這麼做並不理智：我們離鄉背井，第一次懷孕的過程艱辛又漫長，經過詹姆斯懸案之後，我們好不容易才恢復友好關係。我們甚至不確定能不能懷上第二胎。但是荷爾蒙的影響太強大。我們變得貪心。我們放手一搏。這次不能期望休息、放鬆帶來神奇效果——家裡有個學步幼兒，很難休息、放鬆，而且「奇蹟」不會發生第二次。於是我們最後還是**再次**去了生殖診所。家裡冰箱的抽屜**再次**堆滿助孕藥物。但這次做試管嬰兒成功了。

雖然我們喜歡自討苦吃，但我們告訴自己：不會有事。這次我們不是生手了。沒錯，寶寶很難伺候，不過我們很清楚會發生什麼事！我們已經有經驗了！該懂的我們都懂了！但，我們太天真了。

第一次照超音波的時候，醫生將螢幕轉向我，然後說：「一個在這裡，另外一個在這裡。」雙胞胎。

我懷了雙胞胎。

11 擴展視野

我們所做的事，別人不一定會做，
為了更透徹地理解悲傷，瞭解如何應對，
我們必須跨出邊界，拿掉文化偏見的觀點。

碧昂絲懷雙胞胎，拍了一張穿著性感內衣的孕照在Instagram上公開，震撼全網。而我公開的方式，則是在兒子的幼兒園裡對著垃圾桶嘔吐。

大家知道之後的反應各自不同。「恭喜」絕對是最排行榜第一名，不過也有很多人說：「妳要怎麼帶？」「以後妳有得忙了！」以及「噢，老天，我絕對應付不了雙胞胎……」

我也不確定能不能應付。不過，我在學校門口遇到一個爸爸，他告訴我，他家裡有九個兄弟姐妹，而且「全部在家自學」。

怎麼辦到的？我驚呼。

「只要有耐心就好。」他告訴我。

可不是？

「而且我爸媽採用簡化教育法：每個孩子都可以選一樣興趣——一樣**愛好**。可以是嗜好、運動、樂器或『朋友』。不過一旦選了，就不能再換。」這樣啊。好喔。

我有一個朋友生了三胞胎，我告訴她這件事時，她看我的眼神充滿鬥志，表明：「**休想**對我唉聲嘆氣：拿出女人的骨氣來！」於是我努力。我的身體也很努力。但是，肚子裡有兩個正常尺寸的寶寶和兩個胎盤在同時長大，相信大家都同意，這**絕不正常**。

我沒有拿自己和碧昂絲相提並論的意思（騙人的，基本上這是我一生的目標），不過我和她都懷了雙胞胎，有過類似的經歷。因為肚子裡有兩團各不相同的基因，我的身體不停脹大，有如電影《巧克力冒險工廠》（*Willy Wonka's Chocolate Factory*）裡變成巨大藍莓的小女孩紫羅蘭。我每個星期都變得更圓，有一次，一位好心的鄰居告訴我，才一個下午我就變大了好幾公分。我和碧昂絲一樣，懷雙胞胎的時候增加二十七公斤，我是個身高一六〇的哈比人，而且十年前的這個時候，我還在和厭食症奮戰。

我喘不過氣，不只是比喻，也是真的無法呼吸，因為現在容納肺的空間變小了。懷孕期間，心臟的工作量會增加五成，我很熱，**一直很熱**。我像沙米亞咚（Psammead）*一樣鼓漲漲，我再也無法躺下睡覺，也無法坐直，因為我的體型已經超過身體能夠負荷的程度了。消化也變得很困難。頭尾兩邊都是*。我的恥骨變得像果凍，因為我是「高風險高齡產婦」，因此每週都要去醫院做檢查，醫院發給我輪椅，浴室裡也安裝了扶手。走路的時候，感覺就像有好幾把刀切割我的腹部，大家都很擔心我們母子三人會撐不下去，於是在產前兩個月，我開始臥床安胎。

我躺在床上，用一大堆枕頭撐起四十五度角——這是不會壓到寶寶，也不會壓到內臟的角度，勉強還算舒服。每天都這樣。我的髖部和尾椎長了褥瘡——因為長時間承受壓力，導致皮膚與皮下組織潰瘍。我上下床都需要有人幫忙，也會有人定時來幫我翻身，很像烤架上的豬排。這個階段，我自己一個人能做的事只有思考、感覺、回憶以及……煩惱。我的寶寶能活下來嗎？我能活下來嗎？萬一T必須獨自養育兒子，會發生什麼事？萬一就算我們的身體撐了過去，心靈卻撐不過去，那又會怎樣？我讀過《黃壁紙》（*The Yellow Wallpaper*）[1]，我知道會發生什麼事。

我的世界只剩下四面牆壁。朋友會來探望。但大部分的時候只有我一個人。這時候我已經夠瞭解自己了，知道自己正站在崩潰邊緣搖搖欲墜。於是我寫東西，直到再也寫不下去，因為疼痛太劇烈，我很累，寫出來的東西變成kj8f7g***%0q9rjw/;fu’ yfw.f（太後現代，不符合現今的文學喜好）。

我提醒自己，這只是過渡時期，兩個月之後，我就會有兩個寶寶。我提醒自己，在許多（許多）方面，我幸運到沒天理——與世界歷史相比，這點苦根本不算什麼。我提醒自己，很多人的生活比我更慘，而且永遠不會好轉。問題是，「我」不太相信「我」（「我」的疑心病就是這麼嚴重）。為了證明，我專心投入研究悲傷的短篇歷史。這麼做，一、沒有聽起來那麼枯燥；二、很適合擴展視野。此外，三、應該附帶警語，正如我們在第6章所發現的，生長在一九八〇、九〇年代的人，我們所學的「世界歷史」很不詳盡。於是我從頭開始[2]。

我發現，埃及、中國、巴比倫古文明將悲傷視為邪靈附身，並且以體罰或挨餓的方式「驅逐」邪靈。所以，你知道，至少沒有人認為我被惡魔附身，真是慶幸。古埃及也有所謂「徘徊的子宮」這種理論，後來變成「歇斯底里」（Hysteria）這個詞，來自於Hystera，在希臘文中是「子宮」的意思，當時的人認為，可以用來解釋擁有子宮的人所發生的所有情緒過度激動症狀。他們

*作者註：這是伊迪絲・內斯比特（Edith Nesbit）所創作的童書《五個孩子與沙精》（*Five Children and It*）中的奇幻生物，稍微說一下，以免年輕人沒聽過。（譯註：日本曾將這本童書改編為卡通，在臺灣上映時翻譯為《沙米亞咚》。二〇〇四年曾改編為電影《沙仙活地魔》。沙米亞咚幫人實現願望時，會整個身體鼓漲起來再縮小。）

*作者註：我發現……無法**坐在**馬桶上的時候，上廁所會變成一樁大工程。

相信，因為子宮在人體內「徘徊」，導致堵塞，造成各種疾病以及不好的情緒。

古希臘和羅馬的見解也沒有多高明，不過，當時的醫生猜測情緒低落可能是身心兩方面的問題，因此，病患可能會得到很適合放在Instagram上的處方：體操、按摩、特殊飲食，並且要經常沐浴以減輕症狀。在西方醫學之父希波克拉底（Hippocrates）的著作中，**憂傷**被視為一種「疾病」，因為「體液」失衡所導致。希波克拉底認為，我們的身體是由四種物質組成：血液、黃膽汁、黑膽汁，以及——精彩的在後面——**黏液**。任何身體的不適或疾病，都是這些液體其中一個過量所導致，而醫生的工作，就是以通便或放血的方式讓體液恢復平衡（可想而知，希波克拉底應該不常和小孩相處，根據我的經驗，他們的身體百分之八十都是黏液，但他們依舊活蹦亂跳）。

到了中世紀，感覺悲傷基本上等於上帝討厭你。中世紀歐洲的教士將憂傷視為生活罪孽的象徵，必須贖罪。所有人念十遍聖母經。十四世紀喬叟（Chaucer）寫作的《坎特伯利故事集》（*Canterbury Tales*）當中，絕望與冷淡被視為與懶惰脫不了關係——這是七大罪之一。「過度哀悽」纏身，或是情緒低落，這樣的人無法善盡好基督徒應該完成的責任，因此很可能會落入煉獄（這也太嚇人了吧，喬叟？）。

文藝復興時期的作家與哲學家看待悲傷的態度，比較沒那麼狠，他們認為悲傷與創造力有關，因此非常熱衷於「受苦的藝術家」這種想法。許多文藝復興時代的男性也相信，悲傷的人比較**接近**上帝（面對現實吧，在那個時代，根本沒有人想知道女性的想法）。一五九〇年，作家艾德蒙・史賓賽（Edmund Spenser）甚至將悲傷描寫為信仰虔誠的標誌。我驚覺這樣的想法實在太雙重標準，因為在十六世紀時，英國開始加入奴隸買賣——後來更成為大西洋兩岸人口販賣生意的霸主——因此絕對不缺「悲傷」。十六世紀對悲傷的看法與喬叟恰恰相反，他們認為「快樂」的人很可能沉迷於某種邪惡的癖好——例如性愛或酗酒。這真的很慘，因為在一五九〇年代，一加侖的啤酒被視為日常所需——像麵包一樣。英國海軍的所有官兵，每天都會配給到**八品脫**的啤酒（高級的歐洲人可能看不懂，八品脫就是四點五公升）[3]。換言之，他們全都醉醺醺。

很可惜，我高中學的中世紀歷史戛然停在這裡，家裡的書也只講到十七世紀。不過拓展視野確實有幫助，我想繼續下去。於是，為了繼續「和自己對話」，我必須先去找別人對話：倫敦瑪麗王后大學（Queen Mary University）情緒歷史中心的歷史教授，湯瑪斯・狄克遜。狄克遜在他的著作《哭泣大英：英國眼淚史》（*Weeping Britannia: Portrait of a Nation in Tears*）[4]中探討眼淚的歷史，以及英國人堅毅忍耐的傳統，並且從歷史的角度推廣情緒的重要性。「很長一段時間，對許多人而言，人生非常悽慘——原因很多，例如極高的嬰兒死亡率——我們可以從歷史學到如何面對悲傷。」他告訴我。

例如，在十七世紀，人們認為兒童、女性與老人的天性比較愛哭，但是一般而言，哭泣是會招來白眼的。那個時代另一個盛行的觀點則是，流汗、流淚與下雨**基本上**是同一件事：全都是蒸汽化成水，無論在身體或大氣中。這表示流出「眼睛水」並不是你的錯，只是有一點不雅觀，只要好好管理身體就能避免。

到了啟蒙時代，由於科技進步，思想家開始以機械的觀點思考人體的功能，他們將悲傷視為人體機器的「故障」。不過，十八世紀英國科學家喬治・凱恩（George Cheyne）提出一個理論，認為「憂傷」是因為機械化讓當代人得到太多舒適、奢侈的享受。他們在大地上辛勤工作的時間不夠多：太常坐著不動**思考**。為了反制這種可怕的墮落，老喬治所開的處方是：素食（顯然他自己也無法遵守）。「十八世紀時，憂傷也被稱做『英國病』，」狄克遜告訴我，「因為氣候潮濕、空氣汙染以及太會流汗。」顯然英國人是以很會流汗聞名的*。

一七八九年，法國大革命爆發，學者瑞秋・修伊特（Rachael Hewitt）在《情感大革命》（*A Revolution of Feeling*）[5]中稱其為「鑄造現代心智的十年」。她提出假設：現代人所知道的情緒，其實是法國人被蛋糕/貧困惹毛的結果（這是我自己的闡述）。「法國大革命被描述為『感性的人道主義』，」狄克遜解釋，「英國人將法國大革命視為『感受的邪教』，並且在短時間內變得『慘無人道』。當時普遍有一種感覺，『看看**感受**太多的下場！』於是，英國人很自然地群起反對：『我們不是天主教徒。我們不是**外國人**……』」

將悲傷變成「非我族類」才會做的事，這種狀況在英國內部也出現了。狄克遜告訴我，一位醫學專家認定「激動憂傷」的毛病在「賽爾特族群與女性身上較為常見」。我告訴他，身為愛爾蘭天主教徒的女性後裔，我隨時可能會因為激動憂傷而爆炸。還記得嗎？達爾文認為眼淚「沒用」。唉，他也說過：「英國男人很少哭，除非在極端哀痛的強大壓力下，否則有淚不輕彈；而在歐洲大陸，男性隨時都會毫無顧忌地流淚。」[6]十九世紀開始，帝國主義的力量帶有濃厚的種族偏見，積極推廣歐洲人比較「高等」的奇怪想法。「在那個時代，眼淚的地位和闌尾差不多，」狄克遜解釋，不分男女都是如此，「過去遺留下來的無用殘留。」對男人而言，是一種惱人的多餘累贅，身為「弱者」的女性，則是令人遺憾地無法避免流淚。不過，那個時代依然有很多值得哭的事，嬰兒死亡率依然很高，許多人活得很苦。

一八四〇年，查爾斯・狄更斯出版了《老古玩店》（*The Old Curiosity Shop*），小妮爾的命運讓全國上下一掬同情之淚*。「狄更斯生存的時代，嬰兒死亡率之高，我們很難想像。」狄克遜指

---

*作者註：後來我的波蘭編輯非常可靠地告訴我，至今英國人依然享有很會流汗的盛名（「噢，沒錯，我們認為英國人超會流汗！」「噢。真多謝……」）。

*譯註：書中的主角與孫女小妮爾相依為命，因為希望孫女能過好日子，於是主角一心想要發財，不料反倒中了高利貸的奸計，失去了財產與店鋪。主角被迫帶著孫女離開倫敦過著顛沛流離的生活，最後妮爾因為身心俱疲而死亡。

出。那個時代，每個人一生當中，都會失去一個兒子或女兒——很多人不只失去一個。到了十九世紀末，英國的死亡人數當中有四分之一是嬰兒——而且死亡對所有人一視同仁。狄克遜發現一個受過良好教育的富裕家庭，七名子女當中有五人死於猩紅熱，實在是悽慘到難以想像。由於人口爆炸，加上都市化的範圍逐漸擴大，越來越多的人收入僅能餬口，生活環境往往很不衛生。

我想進一步瞭解維多利亞時代的英國，於是聯絡艾克賽特大學（Exeter University）的約翰・普朗基特教授。他告訴我：「教堂墓園一旦滿了，就得另外找地方埋葬屍體，於是死亡成為都市計畫的一部分。死亡無所不在，成為持續的公開話題。」一八四〇年，正式開始由醫生開立死亡證明，在那之前，大家習慣以視覺判定死者身分，摸摸臉頰確認是不是真的死了。面對如此短暫又殘酷的人生，許多人只能告訴自己這是「上帝的計畫」，默默全盤接受——基督徒受苦受難的偉大傳統。但是維多利亞時代的人也有儀式——為了減輕哀痛而進行的象徵性活動。研究人員證實，**在經歷任何種類的失去之後，無論是失業、失戀或失去親愛的人，儀式能夠幫助我們接受哀痛**。哈佛大學二〇一四年進行的一項研究發現，哀悼儀式很重要，可以幫助人們找回控制感[7]——

新冠肺炎期間，封城導致無法舉行葬禮，許多人因此親身感受過。相較之下，維多利亞時代的人有大量的儀式，幫助他們面對大量的失去。

由於生活逐漸富裕，中產階級崛起，葬禮變得盛大奢華——狄更斯小說《孤雛淚》（*Oliver Twist*）的主角奧利佛・崔斯特（Oliver Twist），他的第一份工作，就是擺出哀傷無依的樣子走在靈車前。當時的人普遍會舉行守靈會，維多利亞時代的人遵守許多習俗與傳統，為死去的親人哀悼：時鐘必須停在死者嚥下最後一口氣的準確時刻，這樣活著的人才能「往前走」。必須用布蓋住鏡子，以免死者分心而受困在活人的世界，而且喪葬期間本來就不該關注個人外表。遺體搬離屋內時，必須頭部先出去——以免死者「回頭」帶走其他人。

此外，還有遺體攝影。「比較廉價的攝影技術問世，更多人可以留下家人的影像——作為緬懷的紀念品。」普朗基特教授表示。攝影時通常會將遺體布置成睡著的樣子，不過，也有人會以笨拙的手法將遺體直立或擺姿勢，製造出還活著的假象[8]。我用Google搜尋了一下圖片，看完我就後悔了，我的直覺得到證實：有點詭異。

維多利亞時代的濫情與感性，給予人們表達情緒的語言和手勢，以及幫助他們度過情緒的各種行為與儀式——雖然這些「情緒」很多時候依然有男女之別，感情被視為「陰柔」。狄更斯還有另一本悲慘的小說，一八八四年出版的《董貝父子》（*Dombey and Son*）。主角董貝喪妻，但他不但沒有難過，而且還迅速續絃，這是當時的習慣。女性喪夫必須哀悼兩年，但男人的期限短多了，只要為亡妻哀悼三個月（畢竟男人要做大事嘛……〈翻白眼〉）。寡婦喪夫之後，第一年必須穿全黑，布料大致上是皺綢——很硬、會刮皮膚，特色是黯淡會吸光——滿一年之後，才能換上比較「輕」的服裝，主要是灰色或深紫色，這時也可以使用樸素的首飾，通常是黑玉或頭髮。不是**裝飾**頭髮的首飾，而是**用頭髮做**的首飾。人類的頭髮。事實上，是亡夫的頭髮。通常會做成花圈的樣子，或是裝在金胸針裡。死亡紀念品的拉丁文是memento mori，意思是「記住你的死亡」，現代人或許會覺得怪，但這就像我們把心愛之人的骨灰做成鑽石一樣。

維多利亞女王在一八六一年喪夫，她更是把死亡紀念品做到極致。她命人建造一座高達五十四公尺的黃金神殿，裡面放著亡夫的坐像——也就是倫敦肯辛頓花園裡的亞伯特紀念亭——以及正對面可以容納五千人的皇家亞伯特音樂廳。維多利亞用餘生哀悼丈夫，整整四十年。

「不過，即使在亞伯特過世的那時候，文化已經開始改變了。」普朗基特教授說。「新世代覺得這種鋪張的哀悼太老派，加上倫敦數次爆發霍亂疫情（一八六六年的最後一場疫情，奪走了超過五千人的生命），因此，大肆哀悼已經不可行了。」在美國，南北戰爭（一八六一至一八六五）犧牲了六十二萬人（當時總人口數為三千五百萬），成為美國史上代價最大的戰爭。第一次世界大戰（死亡人數介於一千七百五十萬到四千萬之間），然後是一九一八年的流感大爆發

（五千萬），這些歷史慘劇造成的死亡人數太過巨大，不得不停止舉行奢華的葬禮與儀式，因為這種悼念方式已經不可行了。

第一次世界大戰摧毀了一整個世代的人生，然而，即使戰爭結束了，創傷依舊在。敵對雙方的數萬名年輕人爬出戰壕回家，依然受戰爭後遺症所苦：失去視覺、聽覺、語言能力，甚至癱瘓、嚴重失眠、無法平復的焦慮、顏面抽搐、慢性腹痛。醫生找不出生理上的損壞，因此無法解釋這些症狀，於是一九一五年，醫學期刊《刺胳針》（*The Lancet*）用「砲彈恐懼」（Shell Shock）描述這些士兵經歷的創傷。其實他們大可以用另一個已經存在的詞，然而，正如同德國波鴻魯爾大學（Ruhr-Universität Bochum）的史多楊・波普基羅夫（Stoyan Popkirov）刊登於《英國醫學期刊》（*British Medical Journal*）的文章〈不同的砲彈、同樣的恐懼〉（Different Shell, Same Shock）[9]中所寫的：「砲彈恐懼出現之後被視為功能性障礙，突顯出『歇斯底里』絕對也會影響男性，而且人數非常多。」在戰爭傷害上添加「女人的毛病」這種羞辱，任何男人都受不了。於是繼續沿用「砲彈恐懼」這個詞*。罹患砲彈恐懼的人當中，有五分之四從此無法繼續軍職工作，只能默默與創傷搏鬥，因為承認「弱點」會被認為「沒有男子氣概」。哀痛與悲傷再次成為禁

*作者註：《精神疾病診斷準則手冊》直到一九八〇年代，才刪除「歇斯底里」這種病。

忌。另一種象徵堅毅強壯的英國文化取代軍隊，主宰了英國人處理（或者該說不處理）悲傷的態度：公學。

小說家佛司特（E.M. Forster）在一九二六年的一篇文章〈論英國人性格〉（Notes on the English Character）中指出，英國公學製造出的年輕男性擁有「發展傑出的體格、發展良好的頭腦、發展不足的心靈」[10]。或許有些人不清楚，公學不是公立學校，而是學費昂貴的私立寄宿學校，現今英國依然存在。雖然只有少數人會接受這個體系的教育，但是對整個國家的影響卻非同小可，因為許多負責管理國家的人都是公學出身。英國寄宿學校是獨特的文化現象，對於英國社會造成極大的影響，因此在討論「悲傷」的歷史並且擴展視野時，不得不提上一筆。

英國人口當中，只有大約7%就讀私立學校[11]，不過多年來，這些人口統計上的少數卻在國會中占了很多席次[12]。自從一七二一年開始有首相這個職位之後，共有五十五人就任，其中六成都念過寄宿學校[13]——而這之中有36%就讀伊頓公學（Eton College）。寫作此書時，英國首相是伊頓畢業的波里斯・強森（Boris Johnson）。他在十一歲時離家就讀寄宿學校[14]。這很重要，並非因為這些人有多少優勢，而是因為在一些重要的方面，他們遭到**剝奪**。記者喬治·孟比奧（George Monbiot）將寄宿學校稱為「英國獨特的虐待」[15]，在寄宿學校中，不分年齡的男性被教導不要展露弱點或情緒（他們將這兩者視為同義詞）。

心理治療師喬伊·夏佛倫（Joy Schaverien）在二〇一一年發表於《英國心理治療期刊》（*British Journal of Psychotherapy*）[16]的一篇文章中提出「寄宿學校症候群」（Boarding School Syndrome）這個詞，用以辨識那些年紀很小就離家就讀寄宿學校的孩子，在成人之後所遭受的長期心理問題。她表示，幼年寄宿的影響就像依法接受離家安置，差別在於這是父母自願的。甚至**花了大錢**。夏佛倫表示，**過早與家庭分離，會導致深層發展性傷害、成人之後的情緒壓抑問題，甚至造成一種創傷後壓力症候群**。許多家長抱持傳統觀念，認為這樣的分離就像「割傷之後結痂」，能讓孩子長大之後變得更「強悍」。然而，獨自在「昂貴的監獄」（一個曾經就讀寄宿學校的人如此形容）裡度過塑造人格最重要的那些年，所造成的後果非常深遠。

我曾經和幾個寄宿學校畢業的人交往，現在回想起來，他們全都有夏佛倫所描述的問題。他們所存在的世界也和我從小生長的環境完全不同[17]。因為我的口音聽起來煞有其事，所以那些人上當了，為我打開黃金大門。雖然只有一點點，而且只是為了評估我的資格（結果發現我沒資格），因此我稍微瞥見了「另一邊」的生活。離開《休息一下》雜誌之後不久，我去一家格外高級的雜誌社應徵（我的職業生涯起伏超大），那本雜誌的名字裡有個不發音的S。來面試我的編輯一看就是上流人士，貴氣的腔調幾乎聽不見子音。他只問了我兩個問題：

一、「妳中小學念哪間學校？」

二、「令尊中小學念哪間學校？」

我的回答分別是「有修女的學校」和「不知道」，這樣的答案顯然不及格。我沒有得到那份工作，無法加入那些自信滿滿的男男女女，他們散發出同志情誼，同時也保持一定的距離。我因為沒有念「正確的學校」，所以不具資格。

當然啦，每家寄宿學校的風格都不一樣，也並非所有寄宿生都是沒有心的空殼。之前討論道歉的習慣時，我訪問過作家亨利・希金斯，他本身也曾經是伊頓的寄宿生，他堅持道：「當然，每間學校都不一樣——有不同的文化與價值觀。但我有情緒的時候，從來沒有人叫我不准表現出來。」

「除了打板球的時候？」我問，想起他之前說過，在球場上絕對不可以表現出弱點。

「除了打板球的時候。」他承認。「不過，我認為會有這種問題，去念寄宿學校的人本身也是原因。很可能他們的家庭本來就不鼓勵表露情緒，甚至會因此遭到責備。我認識一些人，他們在寄宿學校很不快樂，但是他們在哪裡都不快樂。」

我懂他的意思。不過……可能過度嚴謹、壓抑情緒的家庭＋制度化的（通常）單一性別教育制度＝需要很多年的心理治療。

一八八二年，阿斯科特的聖喬治寄宿學校，一個八歲的男孩因為弄壞校長的帽子，加上從櫃子裡偷糖而遭到鞭打。「依照伊頓公學的作風用樺樹枝鞭打，這是學校課綱中最大的賣點。」他寫下[18]。那個男孩名叫溫斯頓．邱吉爾。他後來成為大眾文化中，象徵英國堅忍風格的代表。

我目前所訪問的人當中，很多認為英國人太壓抑都是邱吉爾害的。他絕對不是歷史上的完人，他相信種族階級、優生學，甚至在「大英帝國主義者當中，也屬於比較殘忍、粗暴的極端」，傳記作家理查．托耶（Richard Toye）在他所寫的《邱吉爾帝國》（*Churchill's Empire*）[19]中如此描述。許多心理學家一致將矛頭指向這位前首相，認為他在戰爭期間的演說與辯論，等於在推廣壓抑情緒，並且認為他對英國——甚至延伸到美國——的影響非常重大。為了挺過第二次世界大戰，邱吉爾鼓勵英國人擺出勇敢的表情，保持冷靜、繼續前進（雖然這兩句話不是他說的，但絕對衍生自他的精神）。儘管他本人體會過憂傷與陰暗情緒，然而，他鼓勵英國人把一切鎖在心裡，所造成的影響甚至波及到現代——至少專家都這麼說。不過，狄克遜提醒我：「邱吉爾很愛哭。」

一九四〇年三月，邱吉爾就任首相，他告訴內閣：「除了鮮血、勞力、眼淚、汗水，我沒有其他可以貢獻。」邱吉爾不只私下哭，也會公開哭。「例如說，下令摧毀法國在非洲的艦隊時，他就哭了。」狄克遜說。「他觀賞電影《忠魂鵑血》（*Lady Hamilton*）時也哭了。」那個故事在描述愛瑪・漢彌爾頓哀悼情夫納爾遜將軍之死，顯然這是邱吉爾最喜歡的電影。「他看過八、九次，還強迫身邊所有人都去看。」狄克遜說。儘管如此，在歷史上為「藝術」哭泣一直是比較能接受的。

為藝術哭泣，表示我們不是為自己而哭：我們是為了別人的苦難而哭。這種哭泣比較「高尚」，但一樣能帶來解放，眼淚教授艾德・芬格霍茲表示。我們可能一整天都表現出「堅強忍耐」的模樣，但是當被藝術品觸發情緒時，我們覺得可以自由表達出來。乾淨俐落：可以控制。因為我們只要「停止藝術」而去做其他事就好。畢竟還在打仗，「我們」必須設法撐過去。還有其他很多封鎖情緒的合理動機。例如，宣洩悲情的管道太少，很少有人願意聽，因為他們也都在受苦受難。更何況，還有很多工作要完成。因此，一整個世代的人從小就認為「咬牙苦撐」是最好的選擇

——不說就沒有傷害。

要維持國家的光榮，大家就不能表露情緒，我們自我定義的標準，就是要和歐洲大陸相反——例如不要像法國大革命時期那樣。狄克遜寫道：「這種英式堅忍與敵軍的『可悲丟臉』形成強烈對比，戰地記者報導德軍與日軍將領向聯軍投降時流淚崩潰[20]。後來，歐洲的勝利帶來一波喜悅的淚水，在集中營關了好幾年的枯瘦男女回到家——其中包括我爺爺。不過，他從來不提那時候的事，而且後半輩子都堅決保持開朗樂觀。」

二十世紀中期，由於神經科學的進步，讓精神科醫生與心理醫生得以一窺我們的大腦如何運作——不再靠瞎猜，也不再推給邪靈附身。科學家確認，化學與電波都會影響我們大腦的活動，大腦不同的部位負責不同的行為與情緒。因此，到了二十世紀後半，我們終於獲准哭泣，但最好不要在大庭廣眾之下。

一九七〇年代，人們的態度再次改變。嬰兒潮世代長大成人，這個世代的人比較經常接觸情緒：比較溫柔，勇於反抗經歷過戰爭而習慣壓抑情緒的父母。狄克遜指出，這個年代的英國比較沒有開創的英雄，不過，當紐卡索聯隊（Newcastle United）贏得英格蘭足總盃（FA Cup）冠軍時，當時還是隊員的「男人中的男人」巴伯・史托克（Bob Stokoe）流下歡喜的淚水。「一九七〇年代的成年男子，也會因為美國鄉村民謠女歌手瓊・拜雅（Joan Baez）的歌曲而感動落淚——開除草機不小心碾死刺蝟，也會讓他們落淚。」狄克遜說。因為他的介紹，我讀到了菲利普・拉金（Philip Larkin）的詩〈除草機〉（The Mower）[21]，這首詩成為我第二喜歡的拉金作品。「感受」再次被視為可以接受。不過，也不是沒有問題。

嬰兒潮世代出生於一九四六到一九六四年之間，他們一般會教導孩子要更敞開心胸，強調自我肯定的重要。「這個時代開始重視保護自尊，」心理學家納森尼爾・赫爾表示。「我們開始將快樂放在最高的地位。」我們獲准可以有「感受」，但最好是「感受」**快樂**。

到了一九八〇年代，美國心理學家保羅・埃克曼（Paul Ekman），將悲傷列入人類的六種基本情緒──另外五種是憤怒、恐懼、快樂、驚訝、厭惡（不過，現在重新將厭惡定義為經由學習而來。例如，當兒童和黏液一起出現）。於是，**感到**悲傷不再是道德缺陷，但是讓孩子悲傷，卻逐漸成為一種#育兒失敗。

黛安娜王妃英年早逝，失去了一個對所有人都如此重要的人，舉國上下都在哀悼，據說因而催生出一種前所未有、更加敏銳的感性[22]。〇〇年代帶來了一波實境秀熱潮，包含賺人熱淚的背景故事──甚至可說是**全靠**這些感人故事拉觀眾。《X音素》（*The X Factor*）或《英國達人秀》（*Britain's Got Talent*）之類的節目，要求評審展現情緒並且流淚。原本使用雪莉兒・寇爾（Cheryl Cole）這個名字的藝人「雪莉兒」，她在狄克遜那本很學術性的書《哭泣大英：英國眼淚史》裡占了半頁的篇幅，不但有照片還有詳細分析，書中說她「深諳流淚評審的精髓」[23]，而且「哭得很漂亮」，令人羨慕。

「重點在於，」狄克遜解釋為什麼放這張照片，「現在所有人都會哭。而且可以是因為古人認為『雞毛蒜皮』的事。」

不過，根據眼淚教授的研究加上我自己的調查，我很想在這裡放個但書：「不是每個人」。不是**每個人**都會哭。不過，會哭是好事，對吧？至少比完全沒感情好多了，對吧？

「呃……」狄克遜猶豫了一下。「無論什麼理由都可以哭，這是一種很大的奢侈。」他終於說。「地緣政治的狀況很可能會改變，到時候就沒有這麼好命了。」**噢，老天**。這也表示，過去一百年來，我們已經忘記了如何應付大事。因為一味追求快樂，而且失去了傳統的悲傷「儀式」，我們比以前的人更不會分辨、接受、體會正常生活中的傷痛與苦難。至少西方世界大多如此。

而脈絡很重要。「**眼淚來自於我們對世界的信念，因此情緒並非全世界都一樣**，這很重要，」狄克遜說，「這牽涉到文化相對論。」

我們所做的事，別人不一定會做，為了更透徹地理解悲傷，瞭解如何應對，我們必須跨出邊界，拿掉文化偏見的觀點。

繫好安全帶吧……

12 更加拓展視野

哀痛是無法逃避的，當發生時，最好的作法就是團結一心，展現人類的情感連結，而不是更加分裂，或假裝什麼都沒有發生。

自從離開英國，我花了很多年的時間調查世界各地的快樂觀。我在《尋找全球幸福關鍵字》（*The Atlas of Happiness*）[1]這本書中寫了一些獨特的文化概念。但我其實也可以寫一本書，探討世界各地的悲傷觀，以及其他文化如何應對。因為我們有很多需要改進的地方，而世界各地都有許多奇妙又啟發人心的儀式，能幫助人們以更好的方式面對悲傷。我們可以學到很多。

以希臘為例——最近幾年，這個國家也發生了不少難過的事，但是他們的文化**傾向於表達情緒，而不是壓抑**，這幫助希臘度過難關。在希臘，哀悼是一件盛大、公開的事，希臘人傳統上相信，一起哭泣能夠加深人與人之間的羈絆。一位希臘朋友經常提醒我：「不管多難過的事，說出來就少一半。」在不丹，火葬場設立在城市中央，兒童從小就知道，失去與死亡是無法避免的。

西班牙的老派作風，會讚嘆放在玻璃板後面的死者，並花時間陪伴死者，沉思生命與死亡。而西班牙東北部加泰隆尼亞地區送葬時，會將遺體放在客廳正中央的展示棺中，這樣家屬就可以花一整天的時間陪伴死者。猶太教的習俗則是若有一等親過世，便必須哀悼一週，也就是所謂的「坐七」（Sitting Shiva），以這種方式向死者表達尊敬。印度教則是在人死後要哀悼十三天，並在結束後舉行祭奠儀式（Sraddha），之後每年忌日都要舉行。

各國文化的儀式難免會互相矛盾，甚至彼此衝突，不過，哈佛大學的研究人員發現，**重點並非做什麼——而是有做**。二〇一四年的研究也發現，我們甚至不需要相信或認同儀式，一樣能夠得到儀式的幫助，順利度過哀悼，獲得控制感。正如法國社會學家艾彌爾・涂爾幹（Émile Durkheim）在一九一二年所寫的：「因為哀悼，而能走出哀悼。」[2]任何種類的儀式都有幫助。但西方許多文化卻欠缺儀式。

像現在這樣儀式非常少的情況，歷史上從來沒有過。但我們需要這些集體儀式幫助我們表達情緒。而且其他國家還有不是為了哀悼死亡而進行的儀式。巴西有一個國定假日專屬於Saudade——這是葡萄牙語的詞彙，意思是「憑弔、緬懷曾經有過的快樂」；甚至也可以單純只是「我們曾經希望能擁有的快樂」。想不到吧？一整天的假日，用來感受人生不如意的悲傷。在南韓，為了幫助大家體會生命的美好，一些公司鼓勵員工舉辦生前葬禮[3]。員工先觀看影片，裡面全都是比他們過得更慘的人——罹患末期疾病的人、戰爭受害者——然後寫信給親人，最後躺進木棺裡思考人生，感恩目前擁有的一切。

澳洲原住民托雷斯海峽島民（Torres Strait Islander）傳統上會以「神靈的觀念架構」——或稱為「庫倫帕」（Kurunpa）——理解各種情緒；而庫倫帕是原住民生活中的生命力量與核心。當遭遇創傷、哀痛與失去、社會混亂、傷痛與絕望，庫倫帕（神靈）就會受到傷害[4]，世界上超過三億七千萬的原住民遭到不當對待，「傷痛」從來不會缺貨。澳洲原住民與托雷斯海峽島民因為精神疾病入院治療與自殺死亡的比例高出兩倍——十五歲到十九歲之間的自殺率更是高達五倍[5]。不過，從二〇一九年開始，醫生評估澳洲原住民與托雷斯海峽島民時，**會採用納入文化差異的工具**。這種工具稱為PHQ-9憂鬱自我評估量表，原住民文化版是以原本的量表為基礎並加以修改，例如：「過去兩週的時間裡，您是否感到不快樂、憂鬱、真的很不舒服，**您的神靈是否感到悲傷？**」精神健康與說出「負面情緒」至今仍有殘留的汙名存在——尤其是澳洲原住民與托雷斯海峽島民男性——醫界希望新的量表有助於擺脫這種汙名。這種看待世界的方式，擁有不可思議的強大力量（此刻您的神靈是否感到悲傷？）。

在毛利文化中，壓抑情緒，無論好的還是壞的，都是與「哈卡」（Haka）對立。所謂的「哈卡」是一種集體歌曲的儀式，伴隨著動作，通常是跺腳、吼叫以及強烈的手勢——紐西蘭的橄欖球國家隊「黑衫軍」將這種儀式帶到全世界觀眾眼前。但哈卡的意義並非侵略。對毛利人而言，堅強與展現情緒是一體兩面。哈卡的作用是讓身心靈重新連結。我認識的一位毛利教師如此描述：「很多人不知道自己有一種混亂的能量，哈卡能夠協調這種能量，然後以人們能夠理解的方式歸還能量。」傳統上，這種儀式只存在於毛利族社群，但現在大部分的紐西蘭人很早就開始在學校學習哈卡，無論是不是毛利族人。二〇一九年發生基督城清真寺槍擊案之後，為了悼念犧牲者，毛利委員會特別請人編了一支新的哈卡，宣示反對仇恨的立場，並且紀念槍擊案犧牲者（請見書末附註）[6]，全國所有人都團結演出。

哀痛是無法逃避的，當發生時，最好的作法就是團結一心，展現人類的情感連結，而不是更加分裂，或假裝什麼都沒有發生。

南非有個概念叫做「屋班圖」（Ubuntu），也是基於這種想法，他們相信全人類之間有一種羈絆，以及「因為你存在，我才得以存在」的信念。大主教戴斯蒙・屠圖（Desmond Tutu）將屋班圖作為一種理論概念推廣，而現在他的孫女儂布美列蘿・穆基・紐曼內，也是《日日屋班圖》[7]這本書的作者，接續了祖父的遺志，繼續推廣屋班圖，同時也將非信徒納入。

「我感覺到世界上許多地方都在抗拒悲傷，尤其是美國和英國。」紐曼內表示，她在美國長大，但是居住過美國、南非、英國。我們見面時，她告訴我：「如果將美國與南非的哀悼方式做比較，就能更清楚看出。在美國，舉行葬禮之後，大家就會期待你回去上班，認為你的哀痛『結束』了。」不過，正如屠圖主教所說：「人無法選擇要不要受苦。」我們所有人都難逃苦難折磨，因此最好學習如何處理。「在南非，我們比較擅長慢慢感受悲傷，」紐曼內說，「我們會彼此扶持。這就是屋班圖。」同理心是關鍵：「**當身邊的人感到悲傷時，我們也會悲傷。我們不會一直想要『解決』悲傷，我們可以單純去感受。**有時候我們需要這樣。」

人生並非總是順遂，但一些文化有儀式與方法能幫助人們面對。中文的「幸福」翻譯成英文時經常用「Happiness」這個詞，但其實幸福不是快樂的意思，而是好的人生——充裕滿足、不虞匱乏、富有意義。**幸福的人生不見得輕鬆、愉快；人生或許艱辛，但是有意義。**

人類學家凱瑟琳．盧茲（Catherine Lutz）研究西太平洋的伊法利克族（Ifaluk），這個民族的文化強調非暴力、合作、分享[8]。生活在小島上的種種限制，讓他們必須對人類同胞展現同情與體貼，他們將這一切總和為一個獨特的概念「fago」，意思是同情、愛與悲傷——全部包含在裡面。

從語言可以瞭解關於一個文化的種種，英文表達尷尬的詞彙非常豐富（mortification難堪、

shame羞恥、discomfiture狼狽、awkwardness彆扭——換言之，史上最慘的交友網站自我介紹），威爾斯語有更多詞彙用來描述刻骨銘心的愛，與隨之而來的痛苦。Hwyl的意思是強烈、沸騰的情緒與狂熱，而Hiraeth則是類似思鄉的痛楚感受。波蘭文中，Żal的意義結合了愛、失落、悲傷、懊惱、後悔、怨恨、惆悵**以及**憤怒——「加上這中間的所有情緒」（波蘭出版公司的人告訴我的）。據說這個詞也蘊藏著波蘭苦難的歷史。捷克語中的Litost，則是「突然看清自己有多悲慘所造成的折磨」——有如歌舞伎的絕望面具（和小孩相處過的人一定能懂：小孩在哭的時候，如果看見自己的倒影，就會立刻十倍狂哭）。Litost對於捷克這個國家的性格是如此重要，捷克作家米蘭·昆德拉（Milan Kundera）甚至說：「我很難想像，沒有這個詞要如何理解人類的靈魂。」[9]

還有日本。這幾年我為了工作，在日本停留過一段時間。「侘寂」（wabi sabi）——欣賞缺憾與無常之美——這個觀念給了我難以估量的幫助，讓我能撐過最近的艱難時光。另外一個概念則是「物哀」（mono no aware），也就是「人間萬物所引起的感慨」，這個詞用來形容對所有生命、人生轉瞬即逝的短暫，以及生存徬徨的憐憫與同情。「物哀」包含著哀悽與一種平靜的認命與接納，知曉世間的人事物皆有終結——這個詞的含意非常複雜，在英文中找不出相應的詞彙。

史丹佛大學文化與情緒實驗室的心理學家吉妮·蔡認為，我們可以從東方文化獲益良多，在東方，同時感受到正面與負面情緒是一件很正常的事。她介紹我去看一篇論文，其中提到當日本的學生在獲得成功時會感到複雜的情緒。「一方面，他們因為成功而欣喜，然而，另一方面，他們也害怕會造成別人的困擾，」她說，「這是因為他們深信自己要對別人的感受負責。」身為集體社會的一分子，會有一種患難與共的意識，最近越來越熱門的「淚活」（rui-katsu）現象也是發源自日本，也就是「尋求眼淚」，一群人聚集在一起看悲傷的影片，一起好好哭一場[10]（日本也有「哭泣美男」ikemeso danshi這種服務，意思是「哭起來很美的男子」，女性會付錢幫他們擦眼淚[11]，只是讓大家知道一下……）。

東方與西方文化中，面對悲傷的方式有顯著的不同。但是，要以全球脈絡真正瞭解悲傷，我必須進一步認識那個橫跨東西的國家：俄國。

這個國家帶給世界契訶夫、屠格涅夫、托爾斯泰、果戈里、高爾基、納博科夫、杜斯妥也夫司基、普希金，可想而知，一定很擅長「悲傷」。俄語中充斥著各種悲傷的語彙：toska（靈魂的劇痛）[12]、dusha naraspashku（坦露的靈魂）。「俄國人認為，悲傷會讓人變得**更好**。」尤莉雅・錢索瓦・達頓博士（Dr. Yulia Chentsova Dutton）說，她是美國喬治城大學（Georgetown

University）的助理教授，出生在俄國。錢索瓦目前在探索共通性傾向、文化腳本、情境線索交互作用產生的情緒。我透過Skype訪問，她立刻告訴我，在俄國，人們不但允許悲傷存在——甚至還非常重視：「我們相信悲傷會讓人成長。」她認為這種觀念與東正教脫不了關係，還有將悲傷、受苦視為德行的文化模式。「我們有種觀念，因為耶穌基督受過苦難，所以苦難能夠讓人更親近上帝。」

即使不信教也一樣？

「一樣，」她告訴我，「這種文化非常強勢，因此這樣的觀念早已深植人心。」

在研究中，俄國的成年人說他們「重視悲傷，父母也希望子女經歷悲傷」。錢索瓦表示。「他們認同『悲傷有助於人際連結』，或『悲傷有助於讓人欣賞生命的豐富』這樣的觀念。」俄國父母會特地讀「悲傷的書」給孩子聽，以幫助他們體會悲傷，錢索瓦告訴我幾個連幼童都知道的著名故事。其中一個的主角是個小女孩，她的球掉進河裡漂走了，她哭得很傷心。另一個則是一首詩，一個兔寶寶玩具被扔在雨中淋得濕透[13]。第三個故事則是一個玩具熊從窗戶掉出去。**噢，我們快笑死了！**

「小孩子學到要同情故事裡的主角，」錢索瓦說，「但他們的苦難悲傷並沒有減輕。不只如此，他們還**享受**悲傷。」她說了另一個故事：一個小男孩的爸爸在第二次大戰期間離家參戰。

「故事的最後，士兵從戰場上回來，大家舉行了盛大的宴會。」她告訴我。「但這個男孩的爸爸死掉了——所以沒有回家[14]。故事的結局讓人覺得像肚子挨了一拳。我第一次讀這個故事的時候才五歲。」

我思考了一下兒子的睡前故事。大部分的書裡，故事的高潮都是佩佩豬在泥巴坑發生了狀況，但結局皆大歡喜。永遠皆大歡喜。不過，如果只讓孩子接觸皆大歡喜的結局，是不是反而對他們有害？我們是不是沒有幫他們做好面對現實的準備？錢索瓦認為是這樣沒錯。

「在英國和美國，大家對悲傷抱持敵意。童書中就算寫到悲傷，也會立刻解決。而在俄國，我們願意和悲傷做朋友。」她告訴我，小時候有一次她想給老師留下好印象：「我決定最好的辦法，就是擺出陰鬱的模樣，這樣老師就會覺得我是個用功又貼心的好學生。十一歲的我已經知道，微笑只會造成不好的印象。」

我聽說俄國人很小就被教導不要微笑。不過，微笑真的這麼讓人不贊成/皺眉頭嗎（原諒我玩雙關）*？

「沒錯。」她說。她不微笑。「俄國父母最常訓斥小孩的一句話就是『不要笑』。」因為俄國很重視悲傷，以及隨之而來的思考。「在美國，如果問大家，在開始一項作業之前想要怎樣的情緒，是『快樂』、『悲傷』或『沒有情緒』呢？我們發現，他們全都會回答『快樂』或『沒有情緒』。」但是在俄國，大家都說他們**希望**在開始作業之前感到悲傷，因為他們知道這樣有助於讓他們專注。「這些理論很難證實，不過許多學生都認同悲傷有助於專注，而且對於社交互動有廣泛的好處。」我們在悲傷的時候比較可靠，甚至比較**可愛**。

錢索瓦有個女兒，她從小在美國長大。「但我很努力在她心中培植俄國的堅忍。」她告訴我。不過真的很難：「美國反對讓兒童感受不自在、無聊、悲傷、痛苦，社會壓力非常大。」錢索瓦回憶有一次回「老家」，她女兒和鄰居小孩一起在森林裡玩耍，結果大家都被蕁麻刺到。「我女兒哭著跑回家，因為腿被刺到所以很難過，」她說，「但俄國小朋友覺得她很扯——他們的反應是：『被刺到又怎樣啦！這是冒險的一部分呀！要吃苦！感覺疼痛、感覺悲傷，這樣才會長大！』」

我學到，在俄國文化中，悲傷是好事。**悲傷可以教育我們，即使會很痛**。我們不該一味保護孩子躲避疼痛，也不該把死亡當成小事，因為這樣對他們（我們）沒有幫助。我向錢索瓦道謝之後掛斷，暗自下定決心。

*編註：原文為 frown upon，字面上為「皺眉頭」的意思，而整個片語表達「禁止、不贊成」的意思。

沒問題，我想著，我能做到。痛苦幫助我們成長。對我而言是真正的肉體疼痛。悲傷有價值。甚至有使命。於是我集中注意力。

我醞釀。

我等待。

我培養出……這種全新的感覺是什麼？似乎有點類似……等一下，不會吧？難道是**耐性**？

三十八週，醫生認為我腹中巨大的雙胞胎「夠大了」，於是我被推進手術室。醫生拔出一號嬰兒，我終於可以呼吸了。幾個月來第一次，我可以順暢呼吸。我鬆了一口氣，哭了出來。T昏倒了，被扛出手術室。儘管如此，一定沒問題，我告訴自己。

就這樣，我的生命展開新篇章，兩個新生命誕生。

13 臨界點

我們嚴重低估了既要上班又要育兒的工作量與困難度，她們努力在核心家庭環境中養育孩子，但事實早已一次又一次證明，這樣的環境完全不適合，因為難以做到而且容易造成孤立。

混亂。很長一段時間，生活無比混亂。我和T咬牙硬撐，絕不能鬆懈：現在沒有出錯的空間。兩個嬰兒尖叫哭鬧、學步幼兒尖叫哭鬧。我抱起一個哄，另外兩個哭得更凶。周而復始。如果我們通力合作，像軍隊那樣一個口令一個動作，所有人都能順利吃飽、穿好衣服、偶爾洗個澡，順利度過一天，沒有染上任何傳染病。我很好（**「我很好！」**），因為我愛他們三個。但他們不見得彼此友愛。還沒有。頭髮火紅的三歲幼童立刻對新來的兩個懷抱猜忌，問了好幾次能不能「把他們還回去」。我告訴他「永遠不行」，他非常難過。

一位新加坡朋友說，這兩個孩子是幸運的「龍鳳胎」：一男一女。我覺得很幸運。三年半前，我還以為永遠不會有孩子。現在我有三個。深呼吸。有時候我會看著他們，心中感到無比驚嘆：一個「精力旺盛」的幼兒，和兩個剛出生的小動物，他們兩個如此親近，有時會互吸對方的手指。一旦他們醒來，又是一場混亂。

雙胞胎中的男孩和我小時候一模一樣：讓人想咬一口的圓潤臉頰，大腿擠出一圈圈肥肉，像個米其林寶寶。我的女兒瘦瘦小小，眼睛又圓又大，金髮，非常好動，而且感覺有點熟悉。最後是我媽終於說出她像誰，說出我們全都不敢說的話：她很像我妹妹。可想而知，這件事讓我媽很激動：她又重新看到死去女兒的臉。我也覺得很激動：看著我的女兒，卻看見我妹妹的臉。她過世的那天是我最早的記憶，儘管當時我才兩歲九個月。真是怪異又悲傷。她和哥哥在一起的時候感覺更奇怪，因為哥哥長得像我。

我媽稱呼我女兒「小天使」。這讓所有人都很不自在（「感覺好像她死了！」），於是我拜託她不要再這樣。她改掉這個習慣，我們所有人才稍微鬆了一口氣。

雙胞胎過了七個月的關卡——也就是我妹妹過世的年紀——我們才終於又放心了一點。當他們開始學走路的時候，又是另一個沒人說出口的里程碑——那是我開始有認知的年紀。我強烈意識到他們（可能）會記住今後發生的所有事。不過我們沒事。當然啦，每一天我們都精疲力盡，但是至少在情緒上，我認為自己能應付。我的孩子和我媽的孩子不一樣。儘管如此，看著迷你的我和迷你的妹妹手牽手搖搖晃晃、走來走去，依然有種奇異的感動。

雙胞胎男生被安排了要動一次小手術，必須全身麻醉。那天早上已經夠辛苦了，一方面因為手術前必須禁食，所以必須看好一個孩子，同時還要對另一個孩子解釋，為什麼她的雙胞胎哥哥今天不在家。這是他們第一次分開。我不知道怎麼辦到的，但我成功把女兒從我的腿上掰開，哄小兒子上車。到了醫院，他要去做手術的準備。醫院人員要求我戴上像浴帽的東西進手術室，我兒子立刻察覺不對勁。

「不要帽子，媽咪！」他皺起鼻子。

「媽咪不能不戴——」

「不要**帽子！**」這次他喊得更大聲。這不是造型建議，而是命令。

「醫生說我要戴——」

「**不要帽子，媽咪！**」

接下來他看到麻醉用的面罩。「**不要**那個！」

我努力解釋。

他開始哭。麻醉氣體啟動。醫生要我把他牢牢抱在腿上，固定好雙手以免他拉扯管子。

「不要臭臭面具！」他開始尖叫，在我懷裡拚命抗拒。麻醉醫生和三個護理師來幫忙抓住他。

「罷託，媽咪！」（兩歲的孩子難免臭奶呆）面罩噴出氣體。他驚恐地看著我。

為什麼要這樣對我？

「對不起……」

接下來他不再求助。

媽咪沒用，媽咪不能保護我。

他用最後一絲力氣想要掙脫：**就算逃不掉，我也要在醫院裡跑給你們追……**醫護人員抓緊他。他停止掙扎，哭聲越來越小。四肢停止踢打。終於，他全身癱軟。我懷裡抱著十六公斤的小寶貝（沒錯，他很重。他和我小時候一樣是結實的幼兒）。

四個醫護人員把他從我身上抱走，我的心跳差點停止。

「不能由我抱嗎？不能讓我把他抱上手術臺嗎？不能讓我留下來陪他嗎？」

「不行。」他們回答。「他不會有危險。」

他們要求我離開，但我的身體不願意配合，黏膩的無助感讓我無法動彈。我的頭腦知道這只是個低風險的手術，只是我兒子必須接受全身麻醉。我心中屬於史前動物的部分以為我剛剛看著他死去。不只如此，過程中我還幫忙了。此外，我剛剛也看著一個長得很像我的孩子失去生命、全身癱軟。我的史前腦嚇壞了。

我想起演員羅利・基尼爾（Rory Kinnear）在一次受訪時說過，演哈姆雷特非常辛苦，因為「身體不知道只是在演戲」。最原始的我不知道這只是麻醉。原始的我認為，我的孩子死了。等他醒來的時候，我試著想像我媽當年的感受。然後我急忙停住，實在太痛苦了。

兒子醒來之後，對我和世界多了一份戒備。他變得害怕入睡，半夜會哭著醒來——家裡其他人也全部跟著醒來。

每天晚上都這樣。

早上，我們起床，我在燕麥粥裡加上維多麥，做出孩子們最愛的混搭早餐，「維多粥」。我們找出鞋子、外套、襪子，努力撐過一天。到了洗澡時間，刷牙（又要刷！）、換睡衣、講故事、睡覺。重複。然後T出門上班，剩下我一個人。

每天早上四點半到六點之間，我會被「我噓噓了！」這句話吵醒。三個小鬼胡亂吃幾口維多粥，然後我擦掉桌子/地板/椅子/臉蛋上那些甜甜的黏糊；挑選三套衣服；幫三個孩子刷牙；開始三次協商。「好，可以，你可以帶劍子。還有樂高。不行，今天輪到哥哥背佩佩豬包包。不行，不能帶榔頭去學校。因為老師說不行。不行，泰迪熊才不『熱愛危險』呢……」我送他們去托兒所，工作，在書桌上吃午餐，去接孩子，然後回家煮飯/去文具大賣場/清潔體液（「剛剛我好想噓噓喔！」「好喔，馬上來！等一下，你說『剛剛』是什麼意思？」我去拿拖把）。

現在工作也不一樣了。有天下午，我接到一通電話：「瑞典發生炸彈爆炸事件，妳可以去採訪嗎？」他是知名大報的國際新聞總編，而我的回答是：「不行！我的牧羊人派還在烤箱裡！」現在我是自己的老闆，但還是像以前受雇於人的時候一樣忙，不過收入少了很多。一篇研究很熱心地告訴我，職場媽媽的壓力比其他人多18%[1]，有兩個孩子的職場媽媽，壓力更是增加四成。單親媽媽或有三個小孩以上的媽媽，壓力肯定更大。我一點也不覺得奇怪，不過，我卻因為立刻點頭贊同而感到內疚。我竟然還抱怨。**我明明這麼幸運**，我知道。我告訴自己不要不知感激。一次又一次。我繼續努力。

第十一版的國際疾病分類（International Classification of Diseases，ICD-11）將「過勞」納入為職場現象[2]，主要症狀是感到精力衰退或精疲力盡；精神上對工作越來越疏遠，或是對工作抱持負面看法或嘲諷譏笑；專業效能降低。過勞的正式定義，則只限定於職場，並且「不可用於描述生命中其他領域的經驗」。不過，育兒也是工作。如果除了育兒之外還要上班賺錢，那麼，過勞的可能性更是大得驚人。然而，男人味十足的「過勞」這個詞不適用於職場媽媽。我們只有「奔忙婦女症候群」（Rushing Woman's Syndrome）。

這是最近才出現的新疾病診斷，由營養生物化學家莉比・偉佛博士（Dr. Libby Weaver）提出，她認為「忙碌」的問題讓現代女性變得悲慘、生病、荷爾蒙失調。有人找我寫文章評論這個新疾病，但我拒絕了兩次，因為我四處奔忙，所以沒空為了寫文章探討而四處奔忙。編輯依然追著要我寫。我問：「為什麼一定要我寫？」電話那頭傳來悶悶的咳嗽。我懂了：我寫。

我很難得有機會因為公事和幾位很有趣的人一起外出用餐，第二天醒來，想到又要沒完沒了地清理維多粥，我就覺得好可怕。我很後悔，我不該和那些有趣的人討論資源永續、政治經濟，因為現在我好想念那些談話。

我讀了一大堆書籍和文章，主題都是：「省時生活小妙招！」或「找回生命的重心！」，我依然懷抱極大的希望，或許裡面的內容能夠「拯救」我。這些書籍全都是男人寫的，至於他們的家人，頂多只會在獻詞出現一下，例如：「我之所以能夠完成這本書，都要感謝〈妻子名字〉的支持」，或「爸爸週末不在家就是為了寫這本書喔！」這些書的作者全都不是養育幼兒的女性。很可能是因為她們已經快要整個人沉進維多粥了。我這一代的女性都聽過這個承諾，我們可以「裡外兼顧」，在生兒育女的同時，也保有知識分子的生活。那麼，是我太貪心了嗎？野心太大？兩者都有？或許吧。不過……我對家務的標準非常低：我只煮最基本的菜色，打掃的準則是「如果不做這些事，會不會有老鼠？」，而且我還把孩子送去托兒所。儘管如此，要完成所有工作，依然是不可能的挑戰。

小孩會吵架。長子依然討厭弟弟妹妹弄亂他的玩具／房間／人生。正在學步的雙胞胎原本什麼都彼此分享，現在卻難以忍受對方用自己的東西。細小憤怒的聲音吵個不停。我小時候從來沒有人會對我吼叫。我的「家庭」——我和老媽，偶爾還有橘背包男——沒有人會大吼大叫，我們只會生悶氣或轉移注意力。但現在，幾乎時時刻刻都吵個不停。隨時有人在吼叫，不然就是亂大小便作為抗議。

又一天過去了，我可能有時間可以洗澡，也可能沒有。焦慮的感覺不停侵擾，有如尖針或小調歌曲，讓我眼睛後面很痛。我整個人被掏空了。每天都有一大堆煩心的事，塞車、電費、繳稅、洗衣，我開始變得有點暴躁。夜裡難以入睡，睡著之後又被三個小孩輪流吵醒，每次醒來都很難重新入睡，只能望著天花板好幾個小時。我看著凌晨三點到來的次數，遠超過不知道已經三點。四點也同樣熟悉。到了五點，我知道再過一個小時就會有人醒來，所以根本不必睡了。到了早上，我全身痠痛，勉強伸展一下之後下床，又開始新的一天，一寸一寸被淹沒。

羅素・佛司特（Russell Foster）是牛津大學晝夜節律神經科學中心教授、睡眠與晝夜節律神經科學研究所主任。二〇一九年十二月八日，他接受《荒島音樂》節目訪問時，告訴主持人蘿倫．拉維恩（Lauren Laverne），即使只是短期的睡眠中斷，也會造成嚴重腦部障礙：「我們會失去將記憶歸位，並處理資訊的能力；也會失去想出創新方式解決複雜問題的能力。我們會失去同理心。」他接著說：「疲憊的大腦會記住負面的事，忘記正面的事。」聽起來感覺很熟悉。難怪我心情不好。

「睡眠也可以清理腦中堆積的廢物。」神經科學家迪恩．伯奈特表示。「像是神經運作過程產生的自由基、化學降解*所產生的各種細胞碎片與游離物質、大腦新陳代謝所需的所有東西，以及大腦運作產生的所有副產品，全都會在睡眠時清除。因此，如果不睡覺，這個過程就不會發生。廢物堆積，堵塞大腦，最後就無法運作。」

我無法運作。我開始覺得非常、非常沮喪。

睡眠不足的問題太嚴重，我甚至開始產生幻覺。一開始是顏色，然後是家具在不該動的時候動起來。接著是車輛，感覺像有變換車道，但其實沒有。通常只有服用迷幻藥的人才會有幻覺（藥的名字就夠明顯了吧？），不然就是罹患精神病、思覺失調症、失智症。不過，長期睡眠不足的人也很容易產生幻覺[3]。確切的原因還不知道，不過，一般認為是腦部負責視覺的部分故障，

*編註：Chemical Degradation，指經過一系列化學作用，使複雜的分子逐漸分解成簡單分子的過程。

也可能是多巴胺的濃度受到影響，甚至是因為大腦實在累壞了，所以進入全新的意識狀態。要避免累到出現幻覺，就要學會辨識睡眠不足的初期徵兆——從情緒改變到失去耐心，越來越煩躁，難以專注。當出現這徵兆時，就該以睡眠為優先[4]。我也很想睡覺，但生活不讓我睡。於是，漸漸地，我的眼前失去色彩。有如電影《綠野仙蹤》倒反的版本*。我被困在堪薩斯。而且沒有狗。

不會吧，我想著。不會又來了吧？但鳥兒不再歌唱，有一天，太陽變得如此慘白，我幾乎看不出那是太陽。

T回家，叫我去看醫生。我很不願意，有三個理由。第一，我是英國人，很不願意「大驚小怪」。第二，我住在丹麥，但丹麥語依然很破，很多醫生會因為這樣不高興（現在我真的不需要更多罪惡感）。第三，只有一位醫生不在乎我的丹麥語有多爛，因此被正式分配給我們家，問題是，他長得太帥了，而且人又好。他和我講話的時候，會因為同情而稍微淚濕雙眼。過去四年，我有點愛上他了。結果就是，現在我很不想見到白馬王子醫生。

T堅持要我去。

幻覺中的車子不停變換車道。

於是我去了。

我懷抱一絲希望，說不定我得了什麼熱帶疾病，只是一直沒有被診斷出來，只要服用抗生素就能迅速解決。我希望醫生能「修好」我，我的毛病不是「生活」所引起的，無論如何絕對不是。我雙手抱頭坐在悶熱的等候室裡，覺得舌頭厚重、咽喉緊縮。滾燙的淚水從我的眼睛跌落地毯，留下一個個深灰色圓形痕跡。這時，護理師叫我的名字。

白馬王子醫生看我的表情，好像他也要哭了。然後他開始一一詢問憂鬱症問卷裡的問題，現在我已經很熟悉了。憂鬱症有九種主要症狀，必須出現五種以上並且持續超過兩週，才能「順利」診斷為憂鬱症。不過，別人的症狀中可能有四種和我不一樣，只有一種相同，但我們依然會被診斷為同一種疾病。很怪，對吧？原因在此：一九七四年，哥倫比亞大學有一位年輕教職人員，名叫羅伯・史匹策（Robert Spitzer）。有天，上級交給他一本環裝的一百五十頁手冊（也就是《精神疾病診斷準則手冊》第二版，一九六二年改版），交代他負責更新診斷手冊裡的資料。更新之後的就是第三版，接下來幾十年，美國和全世界的數百萬精神科醫生都會使用。可想而知，

*譯註：一九三九年版的電影《綠野仙蹤》當中，堪薩斯的部分以黑白畫面呈現，奧茲國則是彩色畫面。

這是令人畏懼的巨大挑戰，但史匹策欣然接受。二〇〇七年，美國精神科醫生丹尼爾・卡拉特（Daniel J. Carlat）訪問史匹策，問他為什麼將將憂鬱症診斷的最低門檻訂為五項，史匹策回答：「這是討論出來的結果。我們詢問臨床醫療人員與研究人員：『你們認為患者必須符合多少項症狀，才能被診斷為憂鬱症？』然後我們隨意抓了五這個數字。」

注意：**隨意抓了**。

卡拉特接著問史匹策，為什麼選五而不是四或六。卡拉特如此描寫史匹策的反應：「他注視我的雙眼，心虛地笑了一下。『因為四感覺不太夠。六又太多……並沒有一條準確的分隔線，可以讓人篤定地說：這就是能做出正確診斷的完美數字。』」[5]因為每個大腦都不一樣。而精神病學是不完美的科學。

「我們對大腦的生理運作幾乎一無所知。」尼爾森・傅萊莫博士（Dr. Nelson Freimer）承認，他是加州大學神經行為遺傳學研究中心主任，也是精神病學教授。「真的就是沒有夠好的證據，可以制定出憂鬱症的特定理論。」

不是有很多尖端技術和各種鬼東西？我問。就連磁共振造影也沒辦法？

「沒辦法，」他說，「這些全都無法給我們確切的答案。我們依然沒有太多線索。有些人會認為不是這樣，但我覺得他們太樂觀。」醫生只能以他們所能掌握的東西進行治療。

《精神疾病診斷準則手冊》第五版是二〇一三年更新的，相較於一九五二年的初版，現在包含的「障礙」種類多達三倍，頁數增加七倍。增加了這麼多，難怪美國精神衛生研究院（National Institute for Mental Health）現在宣稱，一年當中，美國成人每四人就有一人罹患可以診斷的精神障礙[6]，世界衛生組織公布的全球統計數字，也差不多相同[7]。二〇一八年，英國國民健康署公布了一份廣為傳播的報告，內容探討兒童與年輕人的精神健康，他們發現，五歲到十九歲的兒童與年輕人當中，每八人就有一人符合至少一種精神障礙分類，例如憂鬱症或焦慮症。

不過，別忘記：診斷本身是**隨意抓的**。

精神健康機構「人人都有病」（A Disorder for Everyone）以及「安穩之地」（Safely Held Spaces）指出，**很少有證據可以證明這些非常真實又艱難的感受，真的是化學失衡與基因遺傳導致的「障礙」或「疾病」。他們認為，這些問題可能只是生命中的經歷所造成的**，例如創傷、失落、忽視、虐待，以及更廣泛的社會因素，例如失業、歧視、貧困、不公。心理醫生露西・強斯東博士（Dr. Lucy Johnstone）提倡將**悲傷去病化**，她說：「當我們面對精神或情緒有問題的人，**我們不該問『你有什麼毛病？』而是該問『你發生過什麼事？』**。」如果把「我們發生過的事」變成一種精神疾病，等於否認那是正常人生的一部分。

所有人都曾經發生過不好的事。

白馬王子醫生告訴我，我可能得了憂鬱症（「妳絕對符合診斷標準！」「呃……謝謝喔……」）。「不過，話說回來，也可能只是生命暫時有點困難。」這正好是我最不希望他說的話。因為，既然是「人生」，那我能怎麼辦？罷工？逃跑？躲避「#看我多好命」的超級幸運「人生」？

我想到我所認識的那些非自願不孕的男男女女，只要能有孩子，他們絕對願意赴湯蹈火。而我卻在這裡唉聲嘆氣。罪惡感重重壓在我的胸口，讓我呼吸困難。怎麼會這樣？

一九七五年，三位社會學家喬治・布朗（George W. Brown）、蒂莉爾・哈里斯（Tirril Harris）以及瑪瑞・倪・布洛查因（Maire Ni Bhrolchain）所主導的一項研究發現[8]，女性罹患憂鬱症的因素中，風險最大的是照顧三個五歲以下的幼兒。看來不只我一人有這種感覺，好像應該要拿出來討論才對。因為如果作為女人、母親變得太過困難，這難道不是問題嗎？看到女性照顧三個五歲以下幼兒容易罹患憂鬱症的研究結果，我不禁在想，其中有些人說不定根本沒有憂鬱症：她們很可能只是長期精疲力盡。「第二輪班」的精神與體能消耗讓她們累壞了，家務與照顧在身心方面都會造成極大的消耗：做便當、照顧家人健康、打掃。這份工作沒有福利、沒有薪水、沒有升遷。這份工作從一九八〇年代就有社會學家進行探討，但直到現在，依然莫名地難以說出口。**我們嚴重低估了既要上班又要育兒的工作量與困難度**，然後當職場媽媽紛紛油盡燈枯的時候，大家卻又感到驚訝——她們努力在核心家庭環境中養育孩子，但事實早已一次又一次證明，**這樣的環境完全不適合，因為難以做到而且容易造成孤立**〔走下發言臺〕。

白馬王子醫生沒有自告奮勇幫我帶孩子，讓我可以去參加寂靜瑜伽度假營。白馬王子醫生沒有找我一起私奔去遙遠的地方住蒙古包。白馬王子醫生淚汪汪地告訴我，我有兩個選擇：心理治療或藥物治療。

14 信任專業

我們全都必須打開那個裝滿困難的箱子。

如果我們夠幸運，有人能幫忙，那麼就該接受。

就算有人比我們更慘（永遠會有人更慘），也不必因為接受幫助而感到內疚。

「心理治療」或「藥物治療」？就這樣？沒有蒙古包？也沒有瑜伽？我期待白馬王子醫生會重新看看電腦螢幕，發現還有第三個選項，例如「好好睡一覺」；或是「送她一個改造人幫忙做家務」；或是「聯絡《酷兒的異想世界》（*Queer Eye*）製作組」。沒有喔，只有兩個選項：心理治療或藥物治療。

我住在丹麥，這個國家目前在經濟合作暨發展組織（Organization for Economic Cooperation and Development，OECD）的二十八個會員國中，抗憂鬱藥物使用量排名第七[1]。丹麥有將近五十萬人在服用抗憂鬱藥物——而全國人口五百六十萬人[2]——所以我有很多同類。在英國也是，根據國民健康署的數據，二〇一八年開出了七千零九十萬份抗憂鬱藥物的處方箋（二〇〇八年的數據是三千六百萬份，明顯地增加了）[3]。美國自從一九八六年開始，抗憂鬱藥物的使用量成長了三倍。

現在，服用藥物的人數遠超過從前。我們真的變得更憂鬱嗎？還是說診斷下得太快？太喜歡開藥作為解決方法？以上皆是？難道不是因為現代生活太辛苦？**所有人都過勞？**

「許多人指出——而且是有根據的——二十、三十、四十、五十年以後的人，會覺得我們現在工作的方式非常瘋狂。」神經科學家迪恩·伯奈特表示。「有些人認為，因為現代人創造出的世界有太多壓力與新事物，導致我們心靈時時刻刻遭受轟炸，於是以憂鬱、焦慮作為表達，其實這樣是健康的。」心理分析師亞當·菲利普斯（Adam Philips）接受《衛報》採訪時表示：「之所以有這麼多憂鬱的人，是因為對許多人而言，人生真的很憂鬱。」[4]

自動化與網路時代，照理說應該要讓我們有更多休閒時間。然而，在許多方面，現在我們所做的事，比父母那一代更多。**數位世界以及隨之而來的自由，反而讓我們永遠處在待命狀態**。我們線上購物，商品出錯的時候和客服機器人吵架。我們在超市自己刷條碼結帳。我們自己規畫度假行程、訂票、訂飯店；我們自己辦登機、自己印出行李條和登機證，無數的日常工作以前都會由別人處理——銷售助理、送牛奶的人、超市收銀員、旅行社、地勤——現在全都要自己來。毫無疑問，整個社會都在朝精神健康問題前進。「快樂行動」（Action for Happiness）組織的創辦人之一馬克・威廉森博士（Dr. Mark Williamson）表示：「在許多案例中，焦慮與憂鬱都是完全自然、可以理解的，只是反映出身處的現實狀況。」一個朋友察覺現代生活令他難以忍受，於是開始減少使用螢幕裝置的時間，並且戴上耳塞、眼罩以降低四面八方的刺激。我很想每天抽出幾個小時加入他，反制我們每天習以為常的壓力。但我做不到，於是只好選擇降低每天對一些東西的需求。

醫生開的處方，是最常見的抗憂鬱藥SSRI：選擇性血清素再吸收抑制劑（Selective Serotonin Reuptake Inhibitors）。神經傳導物質，也就是化學信差，負責大腦神經元之間的溝通，而其中最重要的一種傳導物質就是血清素。在正常狀態下，當血清素釋放出來，會對大腦中的受體起作用。如果一口氣釋放太多，就會被神經末梢回收再利用。然而，當我們感覺憂鬱的時候，血清素濃度會降低，因此SSRI藥物會阻擋這個回收的過程。於是血清素不會被吸收，而是延長存在的時間，繼續接觸受體，因此能對情緒產生更多影響。

「有一段時間，最主流的理論是單胺氧化酶假說（Monoamine Hypothesis），」伯奈特告訴我，「這種理論認為會產生憂鬱症，是因為某些種類的神經傳導物質缺乏或太少，例如血清素。」不過近年來，單胺氧化酶假說逐漸退流行。「這個理論不足以解釋，」伯奈特說，「因為，除此之外還有很多問題。或許憂鬱症真的與缺乏傳導物質有關，不過，為什麼？為什麼這些傳導物質效率這麼低？是什麼導致的？更之前的原因是什麼？單胺氧化酶假說並沒有真正解釋發生了什麼事。」精神病基因學家肯尼斯・肯德勒（Kenneth Kendler）甚至進一步說：「單胺氧化酶假說根本狗屁不通。直接證據**非常**不足。」

SSRI藥物會立刻提升血清素的量，但改善情緒的效果，要過幾個星期才會感覺得到。這是為什麼？

〔**科學聳肩**。〕

既然SSRI藥物能增加在腦中活動的血清素，而血清素讓我們覺得愉快，那麼，如果所有人都服用SSRI藥物，豈不是全世界都很快樂？

「不會。」伯奈特斷然說。

「沒有憂鬱症」的人服用SSRI藥物，對情緒毫無影響。如果我們沒有憂鬱症，也沒有憂鬱症病史，那麼，即使血清素濃度降低，我們的情緒也依然如常。只有當我們罹患過憂鬱症，或是正在受憂鬱症所苦，SSRI藥物才會有效。牛津大學的精神藥理學家*菲爾・柯恩（Phil Cowen）以大

*作者註：精神藥理學家Psychopharmacologist，這麼長的字絕對能贏得拼字比賽第一名……

腦上的「傷疤」[5]解釋這個殘酷不合理的現象：一旦曾經有過憂鬱症發作的病史，大腦中的路徑就會受到破壞，導致我們未來更容易發作。

也就是說，基本上，我的大腦有著一生都不會消失的疤，有如一條條陰暗可怕的末日小溪？

多謝了，科學……

很多研究都顯示，SSRI並非治療憂鬱症最好的藥，但是這種藥接受度最高、副作用最少，伯奈特說，因此成為醫生最常開處方的藥。但還有其他藥物。「一些治療憂鬱症與相關症狀效果最顯著的藥物，副作用也最嚴重。」他說。「因為藥效太強，所以通常只用在難治型憂鬱症，或者是因為憂鬱症而已經身心耗竭的病患，他們會說：『唉，我寧願忍受副作用也不要繼續憂鬱。』」

不過抗憂鬱藥物的另一個特點，是停藥很痛苦，禁斷症狀漫長又難受。一些專家認為，如果以「血清素不足」的角度解釋抗憂鬱症藥物的療效，會導致終生用藥成為常態——可以理解，畢竟一想到未來大腦內的血清素可能「缺貨」，大家都會怕嘛[6]。二〇一九年，一位服用SSRI藥物的婦女，在進行隨機對照試驗時說：「我就是需要服藥。對我而言，憂鬱症不是心理疾病，而是生理疾病。我的身體無法製造足夠的血清素，所以我吃藥補充。」[7]

二〇一九年的研究當中，只有一半的受試者願意「考慮」停止使用抗憂鬱藥物。這反映了我的經驗。過去，我曾經因為害怕未來會「沒有血清素」，所以即使已經不必服用了，我還是繼續。

既然血清素不足的說法沒有幫助，單胺氧化酶假說也已經遭到棄絕，而未中小溪「腦部疤痕」的理論又太令人沮喪，以致於無法深入思考，那麼，是否還有其他理論？奏樂、鋪紅毯！因為真的有！（**小鼓敲一輪！**）歡迎**神經可塑性（Neuroplasticity）**登場！不，這不是最新的超能動畫，而是在神經元之間建立新生理連結的能力。有如腦中巨大、美麗的蜘蛛網。

伯奈特解釋，當人感到憂鬱時，腦中特定部位基本上會衰竭：「這些部位會失去為適應環境狀況而變化的能力，」他說，「我們知道罹患憂鬱症時，神經可塑性會降低。」這表示我們的思考會變得僵固：「大腦改變與適應的能力都下降，憂鬱的狀況持續。」伯奈特說。這可能是古早時代傳下來的自保機制（「劍齒虎剛吃了我家所有人：接下來就輪到我了。現在好像不太適合開始畫新的洞穴壁畫/計畫放空一年……」）。不過，當我們陷入憂鬱症的魔爪時，這種機制沒有用。**抗憂鬱症藥物會增加神經傳導物質，往往也會改善神經可塑性**；或許正是因為如此，藥物提升傳導物質濃度之後，要過很長一段時間才會產生效果。

不過，有個我第一次得知的新奇消息：雖然抗憂鬱藥物有助於在神經元之間形成新的生理連結，但另一種不用吃藥的方式也有用。「抗憂鬱藥物對神經可塑性有作用，不過心理治療也可能發揮同樣的效果，因為可以鼓勵病患使用大腦不同的部位。」伯奈特說。「那些系統、網路都在，只是因為發生狀況而遭到壓抑，不過，認知行為治療之類的心理治療方式，幾乎可以達到重新啟動的效果，這種治療能提供一種科學建構的框架。雖然不是每個人都適用，不過對很多人確實效果不錯。」他介紹我幾篇研究報告，裡面列入病患的見證，他們原本認為，認知行為治療「很蠢又沒用」。「不過他們嘗試過之後，都表示非常喜歡。」

另外，也可以使用心理分析的方式，找出造成創傷的根源。「深入潛意識，並且自問：『為什麼是我？為什麼是現在？是什麼造成的？』」伯奈特說，不過他對這種方式比較存疑。「各門各派有太多不同的招數，許多案例顯示，一個人的精神健康狀態，不一定是受到特定創傷影響；不見得有什麼重大事件，所以找出重大因素也沒用，因為不一定存在。」

至少心理治療不會有嚴重副作用，我反駁。

「偽記憶症候群不算嚴重？」**算你狠**。「確實會發生。」伯奈特告訴我。「專業心理醫生告訴你，你人生中發生的創傷造成這所有問題，只是你一直壓抑——大腦的創造力非常強，最後你可能會告訴自己：『噢，這樣嗎？說不定是喔……』然後就製造出更多問題。」

當我們情緒低落的時候，完全不該搞什麼自我激勵或自我正向宣言，想都別想。根據二〇〇九年的一項研究，**自我評價低落的人在重複正向宣言之後，反而會覺得更糟**[8]。我訪問了主導這項研究的專家，加拿大安大略省滑鐵盧大學的心理學家喬安・伍德（Joanne Wood）。我問她，為什麼這個結論很少有人知道？為什麼還是有那麼多人，每天一大早起來就大喊一聲「你最棒！」之類的自我激勵？她告訴我：「一些擁護正向思考的人強烈反對我的研究結果。再者，大家實在太想要相信，所謂的專家告訴他們正向思考有用，而且直覺上好像很合理，加上大部分的人不明白科學實證有多重要。」也就是說，**當我們悲傷的時候，如果只是告訴自己要快樂起來，那樣反而會讓自己更加悲傷**。

憂鬱症本身會時好時壞。「有時候很嚴重，然後又好起來。」精神病基因學家肯德勒這麼說。早在一八九〇年代所進行的研究便發現，如果不加以治療，憂鬱症發病通常會持續大約六個月。「不過，對於那些人生已經偏離軌道的人，我個人認為不太適合跟他們說：『等上六個月自然會好。』」加州大學神經行為遺傳學研究中心主任尼爾森・傅萊莫博士說。「我認為這會導致憂鬱症被貼上標籤。因為這句話暗示病患應該『振作起來』。」

對許多人來說，在憂鬱症發作的狀況下過完六個月，是難以忍受的痛苦。傅萊莫告訴我，自從三十五年前開始接受精神科訓練，他很早就感受到隨著憂鬱症而來的絕望：「我負責的一位病患，他並非從年經就有憂鬱症問題——他是經歷過兩次戰爭的老兵，當時他住院接受我的照顧，他和家人都以為這樣應該很安全。但最後，他還是自殺了。」中國的一項研究也發現，如果憂鬱症沒有獲得治療，兩年後會出現更嚴重的復發。

治療精神問題，應該要用藥物還是非藥物的方式，爭論非常激烈。不過，這樣反而可能導致選擇其中一邊的病患遭到更多「羞辱」，而且這種爭論也完全畫錯重點。肯德勒說：「憂鬱症是所有精神障礙中最辛苦的一種——說有多苦就有多苦。」既然連專家也不確定為什麼我們會罹患憂鬱症，也不知道該怎麼解決，**那麼，病患尋求他們能夠得到的治療方式，也絕對不需要感到羞恥**。沒有服用抗憂鬱藥物，不代表我們比其他人「高尚」——同樣地，服藥的人也沒有比別人偉大。就算我們自以為「高人一等」，也不會比需要藥物的人少焦慮一點。**所有人都一樣慘**。在這方面，精神疾病倒是真的做到了不分階級貧富。

因此，伯奈特認為，**治療憂鬱症應該結合藥物與心理治療**：「抗憂鬱藥物**加上**心理治療。過度依賴抗憂鬱藥物確實是個問題，我不否認。不過，如果妳是家醫，必須在六個月的心理治療與一包藥丸之間做出選擇，資源嚴重短缺的醫療服務，往往會選擇藥物。這是很現實的問題，不只是意識形態之爭。」

他認為現今的精神醫療服務「基本上是委員會設計出來的馬。不過呢，妳知道，如果妳想要一匹馬，結果卻得到駱駝，還是可以用駱駝完成很多事。依然可以拉車、依然可以載貨。妳還是有一隻四條腿的動物！」我無法爭辯，而且，這樣至少可以用正向的眼光看待現存制度。或許我們確實太急於用藥。許多、許多人無法接受心理治療，這也很不公平。然而，以心理治療作為解決方法也不是萬靈丹。「即使錢不是問題，我們依然無法讓所有人接受心理治療。」傅萊莫表示。「世界上任何地方，都不可能找到這麼多具備高深技術的心理治療師。」有鑒於此，傅萊莫轉而尋找其他解決方法。他在加州大學領導一項已經進行十年的研究計畫：「憂鬱症大挑戰」，超過十萬名病患加入，他們的目標是在二〇五〇年提出成果，幫助減輕一半現存的憂鬱症負擔，並且在這個世紀末徹底消除。

野心真大，我告訴他。

「我知道。」他回答我。儘管如此，他似乎莫名地有信心：「我們找來了各方面的專家：神經科學、遺傳學、心理學、經濟學、工程學——包羅萬象。我們正在努力辨識導致引發憂鬱症的基因與環境風險因素，然後再設計出更好的治療方式。」一方面，他希望深入探索電痙攣療法，簡稱「電療」（Electro-Convulsive Therapy，ECT），與抗憂鬱藥物為何有效，同時也要研究如何以高科技手段觀察、監測並治療病患，避免每次發作都越來越嚴重。意思就是，讓一般的「悲傷」不至於會惡化成更嚴重的問題、憂鬱症狀不至於發展成臨床憂鬱症。因此，他考慮將「生活形態介入」（第三部會有進一步討論）納入治療憂鬱症的選項，作為現行兩種固定療法之外的選擇，讓病患除了「服用抗憂鬱藥物或和心理醫生一起坐在房間裡」，還能有其他治療方式。

傅萊莫指出，美國食品藥品監督管理局（Food and Drug Administration，FDA）最近核准使用氯胺酮（Esketamine），這是一種鼻噴劑，是能夠刺激情緒的麻醉毒品K他命的衍生物。這算是重大里程碑：「三十年來，第一次出現治療憂鬱症的真正新藥。」

K他命捲土重來？而且還是合法藥物？這簡直是二〇〇〇年代媒體圈盛行的拉K文化重新抬頭……

我再一次想著：**野心真大**。

「此外，現在有充分的證據顯示，即使是透過網路進行，心理治療的效果一樣好。」傅萊莫說。「這就是我們需要的：可以負擔的心理治療，並且讓原本無法取得的人也能得到。」這真是我聽過最崇高的目標。

對我而言，這一次我可以選擇心理治療。我非常慶幸。因為心理治療必須排隊等候（不意外），因此我選擇短期服用抗憂鬱藥物。還算有效啦。不過，至少我覺得在心理治療——其實我沒有非常想做——開始前，自己有做了一些準備。以前我接受心理治療的經驗有好有壞。心理治療昂貴、費時，而且會對情緒造成很大的負擔。

運氣好的人，或許可以第一次就僥倖找到合適的心理治療師——如果是這樣，算你走運，千萬別讓他跑掉。不過也可能遇上很不合的醫生，每週一小時和他一起關在不透氣的房間裡，會讓人覺得生不如死。或許你每週吐出八十英鎊，結果卻只是花一個小時待在飄著湯味的工作室裡，忍受難熬的沉默，偶爾對方還會像機器人一樣，用詭異的動作緩緩眨眼。只是舉個例而已。也可能醫生全身八成的面積都覆蓋著絲巾，頭抬得有點太高，讓人覺得很高傲。不然就是把你的名字搞錯（嗨，「詹姆斯」！），也可能是個自以為什麼都懂的男人，莫名其妙地堅持說你的戀情之所以破局，是因為前任厭惡性行為（「他每次完事都會立刻跑去洗澡，對吧？等不及想洗掉那些體液，對吧？」我：「呃，沒有喔……」）。

我從來沒有躺在沙發上接受治療。預先知道會哭的時候，我就不搽睫毛膏（防水的也不行，哭久了會讓眼睛很癢）。不過我可以告訴大家，不用帶面紙，因為心理治療師都大批進貨。安排行程很重要。千萬不要在重大治療過程之後，直接去開會或見小孩的老師。如果恰好出太陽，就算只有微弱的一點點，也很適合準備太陽眼鏡，等哭完可以戴。

榮格派心理分析師詹姆斯・賀立斯（James Hollis）在他的著作《人生下半場：如何終於真正轉大人》（*Finding Meaning in the Second Half of Life: How to Finally, Really Grow up*）[10]中，他寫道，很少有人會將心理治療當作優先選擇。他觀察到，通常大家都會先逃避現實。**我們會盡可能裝作一切正常，做一樣的事，卻期望奇蹟會發生，出現不一樣的結果。**然後，我們企圖麻痺自己——工作、性愛、血拚，以及其他各種上癮行為都會出現在這個階段。最後，才終於承認自己有問題，不得不去接受治療，否則我們肯定會對心理醫生敬而遠之，保持至少方圓五英里的距離。

對陌生人敞開心靈的風險很大。但我下定決心要這麼做。

播客主瑪麗娜・佛格大推心理治療。她告訴我，她的兒子威廉過世之後，心理治療給她很大的幫助。「諮商揭露了我自己絕不會察覺的問題，」她說，「例如，無法在孩子面前哭泣。如果父母不哭，等於告訴小孩他們也不能哭。這真的非常重要。」心理治療如果做得正確，應該是一個沒有批判、嚴格保密的情境，讓人可以暢所欲言、坦露脆弱。

喜劇演員兼BBC廣播四號臺主持人羅賓・因斯（Robin Ince）也認為，心理治療很有幫助。他在三歲那年發生車禍，他的母親因此陷入昏迷，造成他過度警覺，並且受冒名頂替症候群（Imposter Syndrome）所苦。「我找過很多神經科學專家和心理醫生，他們全都說：『在那麼小的年紀遭遇災難，當然會有影響。』我只覺得，噢，老天，煩死了！把我的問題歸咎於童年，這未免太方便、太敷衍。世界上有很多人遭遇過更慘的事，我不想把自己的問題看得那麼嚴重。」這樣的想法我也有過。不過，因斯找的心理醫生全都認定他應該已經在接受治療了，於是他終於接受暗示去約診。

「當然啦，我覺得整個過程非常不舒服。」他說。但他撐過去了。「接受心理治療是我人生中話最少的時候。」他告訴我。「我不用擔心別人覺得我無趣。我可以整整十五分鐘不說話，然後花五分鐘一口氣說出我想講的事。我的心理治療師很棒，她能夠分辨我是不是在表演。她不會容忍我表演。我會擔心重複說同一件事很煩人，但我發現做心理治療的時候，這麼做**才是對的**。有時候，在外人眼中微不足道的小事，卻可能影響你的一生。」他說。「我們不該因為說出我們如何成為現在的模樣，而感到羞恥。」

心理治療師茱莉雅・山謬在《悲傷練習》中寫道：「你絕對不必在心理治療師面前隱瞞自己有多難過。他會陪伴你一次又一次探討同樣的問題。」[11]

我被說服了，決定去見一個人。姑且稱他為「卡士伯」吧。我們走進他的諮商室。**準備被眼淚淹沒吧！我想大喊。我有很多眼淚等不及要流！**

牆壁上掛著一幅放大列印的漫畫，原本刊登於《紐約客》雜誌，作者是羅伯特・曼科夫(Robert Mankoff)。畫中，一個心理治療師對病患說：「搞清楚，我不可能讓你快樂。不過我可以用非常權威的方式描述你的悲慘。」

看來我們應該很合拍。後來我上網搜尋這句話，發現可以把這幅漫畫印成浴簾。這絕對有助於每天提醒我人生慘兮兮的現實。

我一坐下，他立刻說：「好，全部告訴我吧。」

「全部？」

「從頭開始。」

於是我說了。我們談我媽。我們談我妹妹。我告訴他，我最早的回憶就是發生「非常悲傷的事」那天早晨。沒有人告訴我妹妹過世了，她已經不在了，大家都很難過。我告訴他我爸爸的事。「他不是壞人。他甚至不是壞爸爸。他只是**沒有做我的爸爸**。」我說出他離家的事。說著說著，我緊張大笑。

「妳為什麼笑？一點也不好笑。」

「對。」我說，因為真的不好笑。

他問我，努力這麼久，一再嘗試又失敗，好不容易終於成為媽媽，我有什麼感受。於是我告訴他。

他說我似乎很喜歡掌控一切——意思就是「太超過」。我激動地為自己辯解，想說服他我不是控制狂：「我只是熱衷於控制。」不過他不吃這套。

他猜想，我選擇的上癮方式應該是厭食症，而且甚至不是從我的外表判斷。「這是妳想要『做得更好』的事。妳是完美主義者。」

他問起工作的事，我告訴他每次都要連續好幾個月獨自在房間裡寫作是什麼感覺。他懷疑我覺得書本和文字比人好相處：寫對話比真人對談輕鬆；寫人生比真正去過生活容易。他說出一些我自己早就知道，但其他人似乎完全沒有察覺的事：我把工作當成掩蔽。我以工作為藉口保持距離。避免依附。他發現我經常說「有意思」，很想知道我和家人朋友在一起的時候，是否也會這樣。

「當然……？」

他溫和地暗示，我傾向於以理性看待事情，以知識的角度解讀、分析，「而不是去**感受**」。

他認為我藉由忙碌製造出情緒上的距離。用忙碌作為麻醉劑。他說我恐懼親密。

我不自在地沉默許久。遠處傳來狗叫聲。

「或許我只是把界限守得很好？」我弱弱地反擊。

「或許妳就像古早年代的銀行，手邊有個緊急按鈕，一按就能放下鐵柵欄，避免任何人太接近？」

連打兩次臉。

我經歷過排斥，知道那是什麼感覺。我知道相愛的人也會不愛了。我不喜歡這樣。卡士伯能理解。

「妳爸爸離家這件事，讓妳學會不能信任別人。被任何人拋棄，都會對自信心產生影響。所以現在妳不敢信任，也不敢太靠近任何人。」

我回想之前的戀情，當時我常覺得自己被人觀察，甚至細細研究，這種感覺讓我很害怕。只差一步就要墜入愛河的那個階段、那種迷迷糊糊的感覺，比什麼都令我恐懼。第一次聽到對方說「我愛妳」，我總是會有一種暈眩反胃的感覺。我覺得很難受——甚至嫌自己不知感恩，這句話竟然沒有讓我「更快樂」。而且我也不向對方說這句話。

兩個月之後，我問卡士伯：「為什麼？為什麼這件事現在才產生問題？」

「因為妳身心俱疲。因為妳從小就相信，只有成為完美的人才有資格被愛。因為現在妳有小孩，而且他們不聽話。因為就算他們很不乖，依然能得到愛。妳很難接受。」他解釋，基本上，我內心那個四歲的孩子嫉妒得要命。我感到可恥又悲傷。嫉妒自己的孩子，感覺像是罪大惡極的禁忌。不過確實會發生，遠超過我們的想像。心理治療師菲莉帕・派瑞（Philippa Perry）在她的著作《一本你希望父母讀過的書》（*The Book You Wish Your Parents Had Read*）[12]中寫道：「嫉妒自己的孩子並不奇怪。」派瑞認為，要解決這個問題，就要想一下我們覺得孩子幾歲的時候最難搞，然後回憶自己在那個年紀時的生活是什麼狀況。

就是這個，我心裡想。就是因為當年我沒有好好處理的那些事。那些被我壓抑、埋藏的「悲傷」。哼，我不會重蹈覆轍。

我有種解脫的感覺，因為有人看見我，有人聽見我，認同我，給我哀悼的許可，讓我終於可以悲傷。希望我能快點掌握這門藝術，以免養壞我的孩子（反正這裡做對了，別的地方也會出錯！）。我不會假裝心理治療很有趣，一點也不。不過確實有幫助。

那天晚上我睡得很好。天亮時，我幼小的女兒爬上床，把頭靠在我臉上。這是她目前最喜歡的睡姿。如果可以，她願意永遠這樣。最好能抱住我的雙手。我很不舒服，但我沒有動。這一刻，我不想要任何改變。

繼續治療幾次之後，卡士伯說他認為我暫時靠自己也可以了。他有如電影《歡樂滿人間》（*Mary Poppins*）裡的魔法保母（只是穿著圓領毛衣）——就這樣消失了。沒有他，我很害怕，我怎麼有辦法應付——「人生」？不過我別無選擇。而且我做得到。

好的心理治療師能夠瞭解我們，相當快速，而且——有時候——勝過我們自己。他們會挖掘出創傷。**他們可以舉起一面鏡子，然後給我們工具，讓我們能夠應付映在鏡子的東西。**

我們全都必須打開那個裝滿困難的箱子。如果我們夠幸運，有人能幫忙，那麼就該接受。就算有人比我們更慘（永遠會有人更慘），也不必因為接受幫助而感到內疚。如果懷疑自己可能有憂鬱症狀，應該去看醫生（即使醫生太像白馬王子）。如果我們需要持續性的幫助，但是卻無法取得心理治療服務，我們依然能得到支持。我們依然需要說出我們的「悲傷」。如果不能依賴專業，那麼，我們就需要一個像「吉兒」的好伙伴。就是當我們困在鳥事頻道超過兩天，願意來幫我們關機的那個人。我來解釋一下……

15 伙伴制度

如果有心事，就該找人說。

不要寫在社群媒體上，不要在Instagram上發表長篇大論，

也不要在臉書狀態上寫些讓人滿頭問號的內容，而是真的去找一個人訴說。

現在時間是星期二早上九點，我們在手機上交談的內容類似這樣：

我：鳥事頻道持續超過兩天了。

吉兒：咖啡？

我：二十分鐘見？

吉兒：**豎起大拇指的表情符號。或許接下來還會有一連串：跳舞女人〔為什麼？〕、秀肌肉的手臂、一杯咖啡。**

我把手機放進皮包，終於安心了，再過二十分鐘，鳥事頻道就會煙消雲散。

鳥事頻道是我和朋友的暗號，意思是我們內心的獨白：我們腦中那個惱人的廣播電臺，不停嫌棄所有事——所有人——都超討厭。包括我們自己。鳥事頻道的播放清單範圍很廣、風格多變，從憂傷糾纏的不滿碎念（放一首酷玩樂團的歌吧），到那種不斷悸動的焦慮，讓人想要在沮喪中拔光頭髮（電音舞曲）。所有人偶爾都會轉到鳥事頻道。但是萬一轉臺鈕卡住——或是發生故障而比平常更常轉到鳥事頻道——那麼，這時候就該去找情緒維修工——朋友了。

鳥事頻道故障報修之後，我們配著咖啡探討世界上的種種紛擾，呃，其實是我們的煩惱。她說的時候我聽。我說的時候她聽。我們兩個都不會企圖幫對方「解決」。我們只是對信任的人說出心事，抒發一下。傾吐之後，我們雙方都會覺得輕鬆許多。**那些「悲傷的事」並沒有消失，但至少拿出來吹過風了**。就像舊大衣一樣。自從魔法保母卡士伯消失，不再是我日常生活中固定出現的人物之後，我發現這個制度越來越好用。我知道這一次，我真的（真的）不能再獨自面對未來的「悲傷」。於是我揪了幾個伙伴，成立了這個團體，我稱之為《**就算悲傷，也還是能夠幸福**》伙伴制度。

伙伴制度最早源自於美國陸軍，為了讓士兵在進行危險軍事任務時保持安全而設立。根據韋氏大字典，這個詞最早出現於一九二〇年代[1]。水肺潛水的時候，一群人會彼此互助合作進行「伙伴潛水」，這樣萬一發生緊急狀況，他們可以互相幫忙或救援。除了潛水蛙鞋很好玩，卡著鹽的頭髮很酷，玩潛水的人還有另一個我們可以效法的優點。潛水運動最廣為人知的首要規則，就是「絕對不可以獨自下水」——這句話也很適合用在生活中，只要稍微改一下就好：「**絕對不可以獨自生活**」。潛水時「最完美的伙伴」往往是多年老友，或我們能夠安心託付生命的人——對於我們這些在陸地上活動的人，這也是個不錯的主意。

伙伴制度也適用於另一個高度危險的生死場域：童軍團，全世界的男女童軍都使用伙伴制度，幫助小朋友學習合作、生火、賣餅乾、避免在森林裡迷路（看你屬於哪一團）。就像美國歌手芭芭拉・史翠珊（Barbra Streisand）那首歌〈人們〉（People）所說的，人需要人。

美國精神科醫師布魯斯・培理在他的著作《遍體鱗傷長大的孩子，會自己恢復正常嗎？》（*The Boy Who Was Raised as a Dog: And Other Stories from a Child Psychiatrist's Notebook*）[2]中寫道：「多年來，精神健康專業人員告訴大家，就算沒有社會支持，人們也能保持心理健康，就是那種『除非你愛自己，否則沒人會愛你』的想法。」但事實上，培理醫生寫道：「除非過去和現在有人愛你，否則你不會愛自己。愛的能力無法在孤立中建立。」

柏拉圖與亞里斯多德都認為，友誼是作為人類的根基。我們必須把事情說出來，尤其是悲傷的時候。就連心理治療師茱莉雅・山謬也同意，說出悲傷的事「不一定要找心理治療師」。她說：「最重要的是，要找一個不會打斷你說話的人。」這樣能幫助我們發展出對狀況的敘事，正如山謬所解釋：「把話說出來，感受也會跟著浮現。」

如果有心事，就該找人說。不要寫在社群媒體上，不要在Instagram上發表長篇大論，也不要在臉書狀態上寫些讓人滿頭問號的內容，而是真的去找一個人訴說。伙伴，或可以經常來關心的朋友。雖然對很多人而言，這件事說來容易，卻很難做到。

比起在社群媒體或透過通訊軟體傳訊息，面對面談話感覺比較可怕，「社交焦慮」是越來越嚴重的問題。根據美國焦慮症與憂鬱症協會（Anxiety and Depression Association of America）的資料，美國大約有一千五百萬人有社交焦慮症[3]。而電話恐懼症（或「電話恐懼」）的定義，是不願或害怕打電話、接電話，雖然自從有電話以來就有這種障礙（一九二九年，詩人羅伯特・格雷夫斯〔Robert Graves〕便曾經寫過害怕使用電話的問題）[4]，但近年來，有這種症狀的人卻暴增。二〇一九年，英國對上班族所做的調查發現，40%的嬰兒潮世代民眾與70%的千禧世代民眾，會在電話鈴聲響起時，產生焦慮的念頭[5]。

當我們漸漸減少語言交流，改為使用簡訊、電子郵件、社群媒體評論，必須進行談話所引起的焦慮，也越來越嚴重。當我們編寫數位訊息時，我們有時間思考、編輯，讓內容變得完美，談話卻必須在當下進行。我經常會擔心有沒有「說錯話」，一旦「說出口」就不能挽回了（看吧，我是「正在痊癒中的完美主義者」）。

二〇一九年，我寫這本書的時候，許多專家擔心更容易接觸科技產品這件事，會加深人們的焦慮，尤其是智慧型手機、平板與電腦幾乎無所不在。緊接著，新冠病毒疫情爆發，封城造成大家不得不學習以數位方式聯絡。於是我們努力學。Zoom、社群軟體Houseparty、Microsoft Teams，這些原本是只有科技高手和年輕人會用的東西，現在連老爺爺、老奶奶也用得十分得心應手。我在Zoom上用菲爾．柯林斯馬克杯喝紅酒，吃著薯片配酪梨醬，加入Houseparty上短暫的猜謎熱潮，為同樣短暫的WhatsApp扮裝熱潮穿上草莓裝。大家都在網路上聯絡，久而久之，真正可以見面的時候，我反而覺得害羞。不過，我們也能克服這個問題。就像肌肉一樣，我們可以訓練自己在社交情境中的韌性，透過我們所能使用的方式聯繫。

大部分的心理治療師都會建議使用「暴露治療」（Exposure Therapy）——也就是少量接觸我們害怕的事物，慢慢增加直到最後**可以接受**。因此，如果我們害怕講電話，應該先試試通話三十秒。接著慢慢增加到一分鐘。然後兩分鐘。最後，將時間增加到我們認為聊天所需的長度。另外也要記住，其實我們往往高估了在社交情境中（真正）搞砸的嚴重程度。康乃爾大學（Cornell

University）的湯瑪斯・吉洛維其（Thomas Gilovich）教授領導的一項研究發現，**我們嚴重高估別人發現我們出糗的可能性[6]。我們也太低估談話對象喜愛我們、想和我們相處的程度——他們將這種錯覺稱為「喜愛差距」(the liking gap)[7]。談話結束之後，對方喜歡我們往往超過我們自認的程度。**另外，倘若社群媒體製造出世人全都活得超精彩這種印象，千萬記住：社群媒體製造出的只是「印象」，不是「事實」。

在我寫作的當下，沒有人知道疫情造成的孤立會對人們造成怎樣的長期影響，不過，一些專家預測下一波疫情將是「寂寞」。美國國家科學院（National Academy of Sciences）的一篇報告中[8]，發現孤立與焦慮脫離不了關係。華盛頓大學聖路易分校的研究人員認為，寂寞在精神健康問題當中名列前茅[9]。欠缺穩定的社交連結會造成飲食不當、飲酒過量[10]以及高血壓——對健康的危害不亞於抽菸[11]。

封城剛開始時，網路上瘋傳一個迷因圖，描述人在孤獨的時候，往往會以食物、酒精、運動作為排解（選你最愛的毒品：「大吃」、「大喝」、「大肌肌」）。這三項我都曾經（嚴重）沉迷過，因此我特別當心。曾經染上毒癮的哲學教授佩格・歐康諾表示：「人際關係在上癮的脈絡中非常重要——無論是戒癮之後的生活或節制管理。」對於疫情，她表示：「隨疫情而來的孤獨、恐懼、驚慌、焦慮、憂傷——以上全都有——我認為會讓非常多人走上成癮的道路。原本已經戒癮的人，應該也有很多會重拾惡習。」

疫情期間，對我幫助最大的，就是每天上WhatsApp和朋友聊天，以及固定用FaceTime視訊。我覺得不太理想，因為沒有擁抱帶來的催產素，也沒有面對面接觸的喜悅，不過現在只能用這種方式，而且每次聊完之後，我都會覺得舒服很多。

我們不能讓時間倒流：現在智慧型手機已經是生活的一部分了（甚至成為一些人雙手的延伸）。**雖然科技可能會造成我們對真正的交談感到焦慮，但也可以作為有用的工具，讓有意義的交流變得更容易。**例如那個陰雨星期二的鳥事頻道簡訊，有如虛擬的「蝙蝠俠燈號」，讓我們重視的人知道我們需要他們。有如按下緊急按鈕，讓親友知道我們有困難。

這正是手機應用程式「我不好」（notOK App）背後的概念，這是一個免費的精神健康求救程式，由美國喬治亞州的一對姐弟——漢娜與查理・盧卡斯（Hannah & Charlie Lucas）所開發。漢娜・盧卡斯十五歲時，罹患姿勢性直立心搏過速症候群（POTS），造成她很容易昏倒。從那之後，漢娜就很害怕獨處。她擔心萬一突然昏倒，身邊又沒有其他人在，會發生可怕的事。她的擔憂變成焦慮症、憂鬱症、自殘。一次自殺獲救之後，她告訴媽媽：「真希望有一個按鈕，只要一按下去，別人就會知道我不好。」[12]她的弟弟當時十一歲，他從七歲就開始學寫程式（#也太強），於是他開始編寫應用程式的框架。他們一起去上課學編碼，做出一份十五頁的創投簡報，說服父母出資雇用開發人員（「我們甚至在報告後留了十分鐘QA時間」）。他們的母親蘿賓・盧卡斯幫忙找到願意接受分期付款的開發人員，六個月後，他們做出了這個應用程式。「我不好」應用程式的使用者需要支援時，只要按下一個鍵，就能一次聯絡五個人——五個伙伴。

為什麼是五個人？我問。

「我們覺得五個人應該夠多，這樣就算其中有人剛好沒空，也還有其他人可以幫忙。」查理在Skype上告訴我。「要是人數上限太多，大家又會因為沒那麼多朋友而造成社交焦慮！」Z世代果然不一樣。

「我不好」程式會發送簡訊給事先約定好的五個朋友，內容是：「嗨，我不好。請打電話、傳簡訊給我，或者來找我。」並且附上使用者的衛星定位資料。「真的很有用。」漢娜說。「每次我需要幫助的時候，都會有人關心。」她立刻會感覺到安心、有依靠。「這個應用程式給我安慰。」漢娜說，她認為也能幫助其他人。

二〇一八年，這個應用程式在Google Play和App Store上架，現在擁有八萬七千名用戶，其中包括受進食障礙、焦慮症、上癮問題所苦的人。現在，這對姐弟正在研發「我不好」應用程式第二版，並且獲得資金，可以拓展到全球。「到目前為止，我們得到的回應都很正面。」漢娜說。「有些人無法親口告訴別人他們不好，但依然需要向別人尋求支持。因此，我們想讓這個過程變得輕鬆一點。」因為我們全都需要伙伴。根據美國心理衛生協會（Mental Health America）所蒐集的資料，同儕支持對於改善生活品質與健康有很大的幫助[13]。哈佛大學從一九三九年開始進行「成人發展研究」，並一直持續至今，其中明確指出「良好人際關係讓我們更快樂、更健康。就是這樣」。

查理認為五是最適合的數字，這個直覺非常正確。牛津大學演化心理學教授羅賓・鄧巴領導了一項持續多年的研究，探討社會紐帶。他們發現，我們需要五個親密好友、十五個一般好友，而外圍友人則最多可以到一百五十個。「每一層都對應著獨特的情緒親密程度，以及獨特的聯絡頻率：分別是一週一次、一個月一次，以及大約一年一次。」鄧巴告訴我。「可能是因為，創造特定感情濃度的紐帶需要投注特定長度的時間。如果太低，那個人的親密度就會掉到下一層。」

而要形成有意義的情感連結，最大的障礙就是距離。根據社會學家貝瑞・威爾曼（Barry Wellman）與史考特・渥特利（Scott Wortley）的研究，人去見朋友的路程時間上限，最長是三十分鐘[14]。「無論是走路、騎自行車或開車，三十分鐘就是上限。」鄧巴說。這份研究是在疫情爆發前做的，因此，如果有五個親密好友住在距離半小時的地方，每週可以見一次面，那當然很好，不過，當發生任何全球/個人危機時，一般還是建議：盡力就好。

每週和五個朋友見面，乍聽之下似乎相當簡單明瞭，不過，在忙碌的現代生活中卻比登天還難。很多人都做不到。在英國，超過九百萬人——將近五分之一的人口——認為他們「總是」或「經常」感到寂寞[15]，四分之三的人說，不知道有事的時候該向誰求助。**承認寂寞這件事背負著汙名，導致我們最需要的時候，卻無法尋求幫助。**根據一項二〇一八年所做的研究，美國超過四十五歲的人當中，有三分之一說他們「長期寂寞」[16]。加州大學甚至做了一份寂寞量表，評估寂寞與社交孤立的主觀感受[17]。重大的人生事件——即使是那些看似快樂的事——似乎都會引起一波強烈寂寞。英國有32%的新手父母說他們「總是」或「經常」感到寂寞，這我感同身受，孩子剛出生的那一陣子，確實很容易感到孤獨。感情結束則是另一個會引起強烈寂寞感受的關卡，而且並不奇怪。剛離婚或分手的人當中，33%表示自己「總是」或「經常」感到寂寞，而剛失去親人的人當中，超過一半不知道該向誰求助。許多人感到寂寞，而且不知道該怎麼辦。因為要取代已經失去、或填補從不存在的那些關係，就必須建立新的情感紐帶。而要做到並不容易。

成年之後，如果搬家去全新的地方，會很難交到當地的新朋友。我媽媽六十多歲搬家，一切都得從頭來過。為了製造出新的社交圈，她花費了很多精神與心力，非常累人：每週去酒吧猜謎比賽當志工，加入羽球社，以及每天和婦女健行團（其實她們人很少，走起來根本不像一團）拿著北歐健行杖在地上敲出喀啦喀啦的聲音。我媽很擅長社交，儘管如此，她依然感到辛苦。比較內向的人可能遇到第一個考驗就會垮了（我媽遇到的考驗，是被羽毛球打到眼睛，多謝關心），但她沒有放棄，終於在新的鎮交到新朋友。

傳統上，成年後被迫交新朋友，往往是因為工作而不得不如此。然而，零工經濟、不固定座位辦公、開放設計辦公室，這些都讓人更難在工作場所形成有意義的連結——也就是**交朋友**。就連一些新的住宅在設計時，也會特別保護個人隱私，以致於我們越來越難遇到鄰居。所有熱愛澳洲肥皂劇的人都知道，「早上友善揮揮手，能讓一天更美好」，因為「好鄰居就是這樣變成好朋友」[18]。失去了這樣的交流，不只是少了隔著花園籬笆或圍牆聊八卦的機會，還會失去更重要的東西。

我有些好友最近不常見面，不過，卡士伯、布魯斯·培理、芭芭拉·史翠珊都提醒我：我需要人。我需要我的伙伴。而且，我認為、希望、**知道**，我的伙伴也需要我。因為他們許多人都變得有點怪怪的。就在新冠病毒爆發之前，我和同齡的朋友剛過完具有里程碑意義的生日……我們的人生在很多方面都開始崩解。

二〇一二年的電影《四十惑不惑》（*This is 40*）讓我相信，步入中年之後，**或許會因為財務而煩惱，得應付難搞的青少年，或自己一不小心意外懷孕，但大家還是會有一頭豐盈秀髮**（像電影中的保羅・路德〔Paul Rudd〕和萊斯莉・曼恩〔Leslie Mann〕那樣），每天在加州豔陽下悠閒度日。

然而，現實中的四十歲同樣有財務煩惱、意外懷孕（打勾），但是我認識的人頭髮都開始走樣，而且到目前為止，情況有如陰雨綿綿。現實中的四十歲，我們罹患慢性病、失去親人、全球疫情爆發、精神健康出狀況，一個接一個，我身邊的人墜落絕望深淵。因此，**無論什麼年紀，我們都需要朋友**。我敢說，當友誼最輝煌精彩的那一段結束之後，我們會更需要他們。學生時代那些年，我們每天都會見到朋友——從小學到大學。那之後，通常會有婚禮、姐妹淘派對、告別單身派對。到了三十歲的時候，我們可能建立了穩固的社交網路，背負的責任也相對較少，因此可以和朋友出去玩。聚會、聯絡感情、花上整整四小時聊個沒完。然後，婚禮越來越少，責任越來越重。

到了四十歲，我們和朋友見面的時間可能減少了，卻比之前更需要他們。我的朋友大多長時間工作，而且除了工作之外還有別的責任，然後，在所謂的「休閒時間」堆積更多壓力。當狀況開始變得不對勁，我們竟然還感到驚訝。有幾個朋友將高強度間歇訓練或重訓當成信仰。他們舉起槓鈴，對鏡中的自己說「嗯嗯嗯嗯嗯啊！」。許多人買了自行車。有些去刺青。我最近一次出門，發現鎮上至少有五家刺青館，而且鬧區還有用帆布搭建的「快閃」刺青站——我認為相關單位應該沒有想清楚。有些人沒去刺青，但是搞婚外情。一個朋友離開她的伴侶和新戀人跑了，他非常……**養眼**；幸虧如此，因為這兩個人語言不通。另一個朋友的婚外情對象，長得簡直是殺人犯的範本（想像一下八〇年代的連續殺人魔）。這還只是女性的例子而已。

一個男性朋友四十多歲開始瘋狂喝酒，因為喝得太誇張，有一次，他老婆發現他凌晨在自家前院花園大便（「**為什麼**？你為什麼做那種事？而且還選在**秋海棠**旁邊！」）另一個在喝了兩瓶紅酒之後吵著要離婚。他老婆告訴他：「你休想離婚，給我滾去客房睡。」第二天早上，他什麼都不記得。另一個變成宅男，朋友想盡辦法要讓他離開房間，但他只想躺在床上吃甜點回憶童年。

「柯林，要不要來樓下？（他的名字不是柯林。）」

「今天晚上不行，我在吃草莓天使慕思。」

「好喔……」

到底怎麼回事？

「這是典型的『中年危機』。」記者麥特・羅德告訴我。他在這場冒險中的參賽經驗比我多五年（他四十五歲），在《泰晤士報週日版》寫專欄探討男人的困擾。「表面上，中年男性似乎沒有什麼值得別人同情的地方。」他說。「妳知道，我們是所謂的『好命人』。照理說一切都應該沒有問題。」他說得對。應該這樣才對。我想再次強調，這些問題只存在於富裕的第一世界國家，如果二〇二〇年教了我們什麼，那一定是：從不復記憶的久遠年代開始，白人中年男性一直占據特權地位，根本沒有什麼好抱怨的。然而……自從羅德二〇一九年開始寫那個專欄，訪問了數百位「看似功成名就」的中年男性，他們住在漂亮的房子裡，老婆善解人意，平均擁有二點四個孩子，「但他們全都慘兮兮」。

二十多歲的時候，我們有「潛力」。四十多歲的時候，我們應該已經徹底發揮了才對。要是沒有做到，我們會很難過。要是做到了，而我們依然不滿意，那麼，我們一樣會很難過。我們都在享樂跑步機（Hedonic Treadmill）上奔跑——人類固有的傾向，即使經歷了改變人生的重大事件，無論正面或負面，我們依然會迅速回歸到相對穩定的快樂標準。也可能就像專家所說的那樣，快樂曲線是U字形，人到中年自然會落到最低點，無法避免。不過羅德自有一套理論：「要『解決』這個問題，我們必須搭乘時光機回到過去，告訴自己不要把學校的狗屁當一回事。」

抱歉，你說什麼？

他解釋：「從很小的時候，英國的學校就教我們一定要贏。乖孩子有獎勵。從很小的時候，孩子就被要求在教室裡要坐好不亂動。學校將表現良好與成就綁在一起。」根據我的研究，全世界差不多都採用這樣的教育方式。「學生沒有空間去思考『這件事真的能讓我快樂嗎？』當然啦，現在不至於像小說《安琪拉的灰燼》（*Angela's Ashes*）裡悲慘貧窮的生活背景，不過壓力還是很大……」羅德說。我點頭。父母希望我們成功；學校希望我們成功；很少有人要我們挑戰這種思想。羅德說：「離開學校之後，你會覺得自己做到了所有要求，但你依然不快樂。」於是你去工作（依然不快樂），談戀愛（也沒用），或許甚至結婚生子。

「大家期待孩子出生之後，男人應該不受任何影響繼續過日子，這也很瘋狂！」羅德說。過去四十年來，對父職的要求大幅改變（感謝老天）。羅德有三個兒子，他盡可能從孩子一出生就親力親為照顧。「不過，每次孩子出生，我都只有一個星期的陪產假。」他告訴我[19]。「我的長子佛雷迪出生時，分娩過程非常艱難——從一開始就很危險，產程更是持續了整整五十四個小時。一開始是家中生產，最後在醫院進行緊急剖腹。但三天後我就得回去上班。然後，我必須扛起賺錢養家的角色——許多男人依然覺得這是自己的責任——接著，回到家又要立刻進入「爸爸」模式。你只能埋頭苦撐。」羅德說。「因此，到了四十歲之後，你會突然開始想，人生這樣真的是對的嗎？許多人也會想：呃，真的**值得**嗎？不值得。」

我懂他的意思，但我告訴他，有一些女性朋友也變得瘋瘋癲癲。

「不過至少她們可以說。」他回答。

來這招？

「到現在，男人還是不談情緒問題。」他堅持。

他們還沒有採行伙伴制度。

「每次我和中年男性進行深度談話，到了某一個點，他們總是會變得有點緊張。因為他們不想思考自己是否快樂。他們甚至不想討論，因為他們擔心會越想越質疑。他們擔心會鬱悶到早上下不了床，」羅德說，「因此，他們寧願不談。」

我很好奇，這個問題是否和男人所受的教養有關，他們的父母用什麼態度談論痛苦或尷尬的事。我問羅德有沒有和父親討論過情緒。他搖頭。很用力。

「**我從來沒有**和我爸深入談論感受，傳統就是這樣。」羅德告訴我，小時候常看的影集《男人壞壞》（*Man Behaving Badly*）或《歡樂酒店》（*Cheers*）裡，常有那種「插科打諢」的老套情節，到目前的現實中依然很常見，真是令人沮喪。「每次在酒吧聊到一些比較嚴肅的事，一定會有人跳出來開玩笑想『炒熱氣氛』，不肯好好聽完。」他說。「想像一下，有個人告訴朋友他得了癌症，才剛講三句話，對方就開始說蛋蛋笑話。這種狀況很常見。」

啊，用幽默當作防禦機制！這招我也用過。

羅德也做過這種事。「每次我亂開玩笑岔開話題，都會有人跟我說：『不要一發生為難的狀況，就搞笑混過去。』」他拉拉領口，似乎因為丟臉的記憶而有點熱。「不過我從來不聽，因為，唉，不想表露太多內心的時候，搞笑混過去是輕鬆的辦法。」他說。「不過男人必須能夠開口說心事，我很積極推廣這個概念。」

理查・克羅希爾也這麼認為。還記得理查嗎？男性因素不孕的發言人，很想和太太生小孩的那個人？他們有好消息了。第二次的試管嬰兒成功了。這當然很棒。不過，我問他是否也像我一樣感到內疚。覺得自己背叛了同伴，跑去#為人父母的陣營。

「嗯，『倖存者內疚』，絕對有。」他說。「當然，我說什麼也不會放棄當爸爸的機會。不過，至少現在我知道男性因素不孕的痛苦，所以我很謹慎。我只告訴少數幾個人終於能當爸爸我有多開心、多興奮。我認為這件事很重要，我們應該學習以更好的方式說出感受——尤其是男性，尤其要找朋友說心事。不然要朋友做什麼？有時候，身為男人是我們自己最大的敵人。因此，現在我會說出我的感受——因為我親身經歷過，這樣真的很有幫助。」

◊

倫敦人、二十八歲的傑克．貝克斯特（Jack Baxter）與三十二歲的班．梅伊（Ben May）也大力推廣伙伴制度。貝克斯特告訴我：「在理想的世界裡，我和班成為朋友的原因，只因為他幫我理髮，而且我們同樣熱愛足球。不過，事實上，我們之所以認識，是因為我們都失去了最好的朋友，也同樣屬於那個沒有人想加入的團體——喪父俱樂部。」二〇一五年，貝克斯特走進梅伊的理髮店，不久前他父親因為皮膚癌過世，而梅伊的父親則罹患腦瘤不久於人世。「當然啦，一開始我們聊足球。」貝克斯特說（他是熱刺隊的球迷，而班支持南漢普頓隊）。「不過，很快我們就聊起各自的父親，結果發現我們的父親很像，都是老派的大男人作風，喜歡看體育比賽、喝啤酒。」

以梅伊的方式形容，就是：「正宗老古板。」

貝克斯特的父親喜歡建身。「他的體重超過一百公斤，這輩子只哭過少少幾次。他很強悍。他甚至說，重訓的經驗讓他更能面對癌症治療，因為他準備好承受痛苦。但我沒有準備好。」他記得，當時自己覺得非常生氣，因為太不公平了。「從小到大，我們從來沒有談過感情或情緒的事，因此當我爸生病，我不知道該如何處理這些情緒。我只是感到非常憤怒。」貝克斯特從事影視工作，「這個行業充滿穿西裝的高大男子，對悲傷不屑一顧。這個行業充滿自大——但是在哀悼的時候容不下自大。我找不到可以坦承情緒的地方。」貝克斯特只有一種「男性」典範，而且是「有毒」的那種，「妳知道，就是那種認定『真男人不會悲傷』的陽剛思想。」

梅伊感同身受：「自小我家就從來不談情緒的事——我們只會互相發脾氣。」梅伊在他父親過世之前，接受了一年半的憤怒控制治療。「那真的很有幫助。」他現在回想。「因為我爸過世之後，我感到非常強烈的哀慟——至少我知道那是哀慟。我沒有莫名其妙對路人發火。我父親走的時候，我明白其實我非常悲傷。」

梅伊的職業是理髮師，現在會有客人特地來找他，因為他們知道可以和他說悲傷的事。「尤其是男人，」他說，「他們往往依然不敢表達自己的感受。」梅伊一週大約要幫五十個人理髮，其中絕大部分的人都是想來傾吐。「一開始可能先聊足球，」梅伊說，「不過消息傳出去，就會吸引想聊心事的人。現在，大家都透過社群媒體知道我的故事，也知道我會和他們談悲傷的事。他們知道，我很可能會提起死去的父親。」

有沒有客人因此覺得不舒服？我問。

「我才不在乎呢！」他說。**「既然很難過，就更要講出來。這很重要。因為感受很重要，沒必要覺得丟臉。」**

貝克斯特認同：「我們想成為新世代的男人，樂意說出我們的情緒，不怕在別人面前哭。」理髮廳是個很適合起步的地方。撒瑪利亞會（the Samaritans）的一項研究發現，理髮師和髮型設計師平均一年會花兩千個小時聆聽顧客分享他們的煩惱[20]。對理髮師說出心事，將理髮廳當作男人可以放心說話的「安全空間」，這並不是什麼新鮮事，只是現在正式被認可為男性精神健康極為重要的一環。

在美國，一位社會企業家羅倫佐・路易斯（Lorenzo Lewis）發起了「傾訴計畫」（theconfessproject.com），這是一個全國性的非營利組織，加入的理髮師會提醒有色人種男性精神健康的重要性。透過為期十二個月的訓練課程，理髮師學習積極聆聽（Active Listening），並且使用正向詞彙，對抗精神健康問題的汙名。在英國，湯姆・查普曼（Tom Chapman）是提倡精神健康的運動人士，同時也是一位理髮師，他正在開發一套有臨床醫學支持的訓練計畫——理髮談心（Barber Talk）——教育英國髮型設計師支持客戶與社區。

好友艾力克斯過世之後，住在托其鎮的查普曼創立了「獅子理髮聯盟」（Lions Barber Collective），幫助男性談論精神健康，並且拍攝了一部紀錄片，探討男性自殺問題，片名是《一百七十萬英鎊的髮型》（*The £1.7 Million Haircut*）。這個片名的由來是根據英國衛生部的數據，當因為自殺而失去一條生命，等於損失一百七十萬英鎊[21]。以金錢計算生命的價值，這種想法令我難以接受，但查普曼這麼做，是為了表明一件事：「如果用失去一條生命的代價，來投資獅子理髮聯盟，那麼，我們可以訓練超過一萬三千位理髮師，每週將『希望』的訊息傳達給兩百二十萬人。」他說。「這些理髮師全都具備知識，知道如何幫助別人。」

根據世界衛生組織的數據，全球每四十秒就有一人死於自殺[22]，而自殺的總人數當中，英國有75%是男性[23]，美國則高達78%[24]。非裔美人社群中，自殺高居死亡因素第三名[25]，而在英國，自殺是四十五歲以下男性最主要死因（英國國家統計局數據）[26]。然而從古至今，男性都不善於求助。男性健康論壇（Men's Health Forum）所做的一項問卷調查發現，大部分的男性從來沒有去看過家醫[27]，許多人表示，如果有精神健康問題會羞於承認。

傾吐與傾聽能夠拯救生命——這是情緒上的雙贏。

我絕對沒有為男性特權辯護的意思。然而，我認為如果不能也給予男性情緒上的平等，就不算真正達成性別平權（我也願意慷慨分給他們其他東西：性別薪資差異、生理期、生產、更年期，意者請洽……）。

我和T討論這件事，他認同一部分：他確實晚上會睡不著，煩惱萬一他失業要怎麼付房貸（憑作家的收入，要在丹麥養活一家五口真的非常勉強）。

T相當擅長敞開心靈（我的婆婆是加拿大人，第一次見面時，她就跟我保證過：「這孩子藏不住心事的！」）。儘管如此，他承認：「聊這些事就像跳舞：要摸索試探。」和男性朋友說出心事必須先做好評估，確認對方不會批判你，甚至嘲笑你。

信任別人等於「在信心上跨出一大步」，T這麼說。「就好像你將整把拼圖拋向半空，看著它們在眼前一片片四散墜落。」

但你還是會這麼做？我問。

你還是會冒險說出心事？

他點頭。

為什麼？

「不開口怎麼會知道？」他聳肩，然後又補上一句，「就像我們北方人常說的：『怕臊的娃子討不到果子。』」*

有道理。

*作者註：我來翻譯一下「北方話」，意思是：「膽小的孩子拿不到點心／糖果」。

16 需要支持網

即使是最少量的社交互動，也能帶來很大的歸屬感與正向效應。與陌生人交談，能讓我們感受到人類的「理解」，甚至覺得自己被接納。

所有人都需要更常求助，誠實看待我們脆弱的一面——敞開心靈主動尋找可以支持我們的「伙伴」，而我們也可以支持他們。**如果要真正處理好悲傷的感受，那麼，我們需要支持網。我們必須對信賴的人說出我們的問題與感受。**

許多人不善於討論精神健康問題、壓力、軟弱（尤其是英國人，尤其是我這個世代和更早的世代）。我們的教育、訓練、職業，都可能影響我們是否願意敞開心靈。而有一群人需要特別提到一下，這群人承受的風險更高。

將「不能犯錯」加上「超級堅強」，就製造出完美風暴……也就是醫療專業人員。亞當・凱在擔任實習醫生時寫的日記，後來出版成為《棄業醫生的秘密日記》（*This Is Going To Hurt*）[1]一書。內容既爆笑又催淚，記錄了身為實習醫師的血淚，他們經常面對生死無常，卻很少能得到心靈上的支持。我很想知道醫生如何面對「悲傷」，於是我訪問了凱。他證實「支持」這部分確實嚴重欠缺，他也告訴我，實習醫生有七年的時間必須「輪調」，前往國內各地最好的醫院學習。「至少理論上是這樣，」凱說，「只是，他們沒有考慮到這種作法對人的衝擊有多大。一年一次，所有人都要調動，你不得不拋下好不容易建立的支持網。」這種制度對人際關係也是一大考驗。「運氣好的那年，你和伴侶的距離可能只有六英里，運氣不好的那年，可能會相隔一百六十英里。」凱在《棄業醫生的秘密日記》中寫到的那位伴侶已經和他分手了。「分手原因很複雜，」凱說，「不過，我的工作確實是重要因素。我很想知道醫生的離婚率有多高。」[2]

T的前女友是醫生。她在各方面都好得沒話說，不過她在動完難度很高的手術之後，會變得欠缺同理心。可以理解。凱知道為什麼會這樣：「醫生很像在走鋼索：你不希望醫生是沒血沒淚的精神變態，但是，說出壞消息時自己先哭的醫生也不行。於是，大部分的醫生寧願表現得太強硬，也不要太軟弱。同情心疲乏，絕對是一種防衛機制。」除此之外，還有黑色幽默。凱的書中收錄了很多不該塞進人體孔洞裡的東西（最令人難忘的，應該是那顆健達出奇蛋），而且笑話與醫療結合的歷史久遠。「世界各地的醫生都很愛說搞笑小故事，」凱說，「因為醫生必須設法應付壓力，而好笑的故事很有幫助。」相較於醫療界常用的其他應對機制，幽默算是健康的選擇。他告訴我很多醫生飲酒過量，而且空閒時間往往會使用「娛樂藥物」。「大家都想盡辦法要應付壓力。」凱的辦法是寫日記。

有用嗎？

「以應對策略而言，**絕對不夠**。」他說。「不過，寫日記可以幫我修補心靈的裂縫。但是最後失效了。於是我再也無法承受。」

凱的書中最令人心痛的一段——沒讀過這本書的人應該寥寥無幾吧？不過我還是描述一下好了——發生在二〇一〇年十二月五日。

一位產婦臨盆時，發現有前置胎盤的狀況——也就是胎盤覆蓋子宮頸內口，必須先娩出*——之前沒有診斷出來。凱開始進行剖腹產手術，但最後寶寶死了；產婦流了十二公升的血，而且必須切除子宮。這些全都不是凱造成的（「所有醫生都會做同樣的選擇，並且得到同樣的結果。」他寫道），但他無法接受這樣的慘劇，深受打擊。整整六個月，他無法大笑也無法微笑。

現在回想起來，凱認為那時候他應該要去看心理醫生：「不過，我們習慣了不問也不說，因此，最需要的人往往得不到幫助。」凱沒有將這件事告訴任何人。家人朋友都以為他崩潰了。事實上，他算是真的崩潰了。他告訴我，之後很多年，當時的畫面依然會在腦中閃現：「甚至變成我睡眠循環的一部分——真的，直到我終於說出來。」而他終於能說出來，是在書出版之後，距離事發已經七年了。

「一開始，要說出來真的很難。」他說，然後又糾正。「到現在還是很難。真的會引發疼痛。不過，後來回憶閃現的狀況停止了。」家人朋友這才終於知道他離開醫界的真正原因。

他們有什麼反應？

「他們很生氣，」他說，「或者該說**很失望**，我竟然把他們當外人，沒有告訴他們這件事。不過其實是我自己的問題：我選擇不說。」接著他解釋：「雖然是我自己的問題，不過我所受的醫療訓練也有影響。我們被要求要強悍。」因為醫生不該流露情緒。在那個世界，醫生甚至不該感受到情緒（我的淚眼汪汪丹麥醫生例外）。

凱說，到現在依然偶爾會有人傳訊息給他，或是在打書活動之後親自跑來找他，叫他要「強悍一點」。「也有人說我很假。」他說。

我很想知道，那些人是男的還是女的。

「全都是男的。」凱告訴我。**嗯哼**。也有男性醫生聯絡他，罵他「沒有懶趴」。「他們認真相信醫生就該那樣。」他說。「我找他們討論該如何關懷實習醫生，他們卻說：『喔，我懂你的意

＊編註：胎兒、胎盤和胎膜等從母體內產出來。

思，不過既然要當醫生就該自己吞下去。』問題是，吞了一次又一次之後，絕對會造成傷害。這等於是緩慢凌遲處死。」

為了要應付衝擊，並且處理壓力與悲傷，凱告訴我，現在他必須「遺忘」一些醫學界教他的東西：「我必須忘記怎麼『吞下去』，改為學習說出讓我擔憂或不快的事，這樣才對。我必須提醒自己，對另一半說出：『我今天很不順』，既不軟弱也不奇怪。」

給醫生心靈支持的方式也必須改變，凱說。「你需要持續的支持網，一組關心你的人，這樣當事情不順利的時候，才會知道可以去找誰。在更緊急的狀況下，當發生非常嚴重的問題時，你需要安全網來接住你。」用一般人的說法就是：**你需要伙伴**。

凱的書掀起熱潮。贏得四項國家圖書獎，賣出兩百萬本，這本書真的非常棒，值得這所有榮耀。不過，最特別的則是，凱的故事在世界各地都得到迴響，現在已經翻譯成三十七種語言。我們在波蘭的出版社是同一家，他們說：「他在波蘭很熱門，在其他所有國家也一樣。」

凱寫這本書的時候，原本只希望能打動英國讀者，因為他們熟知國民健康署的作風。「不過，世界各地的人都說這些故事同樣會在他們的醫院發生。」凱說。「最終的關鍵還是作為醫生的經歷。無論去到哪裡都一樣。」和凱談過之後，我領悟到：太過堅毅忍耐不只是「英國的問題」，而是「應對機制」的問題。因為這種性格，英國建立了帝國。為了培養這種性格，成立了英式寄宿學校，而戰爭更讓這種性格臻至完美。不過，全世界各地的醫生也都是這樣。

我和媽媽聊起訪問凱的事。她熱愛所有醫療相關的影視作品，實境影集《一分鐘生一個》（*One Born Every Minute*）她看了無數次，萬一真的遇到狀況，她自認絕對有辦法獨自接生三胞胎（「連村子裡酒館的猜謎會我都和醫生一組呢！好幾次。」）可想而知，我媽已經讀過凱的書。她也特別關心我為寫作這本書而做的調查。她稱之為「我們的故事」——她說得沒錯，確實是。因此，她十分熱心地想知道書中的內容。

那是封城之前她最後一次來看我，只是當時我們不知道接下來很難見面。不過，我們難得有機會好好聊天。那天下午，我們一起準備晚餐爐烤料理要用的蔬菜，一邊削皮、一邊講話——她負責馬鈴薯、我負責胡蘿蔔。我們勉強坐在小朋友用的高椅子上，因為檯面上堆滿了東西（燒焦的鍋子、一隻隔熱長手套、沒吃完的蘋果、幾個溜溜球，加上一支扳手），而大人坐的正常椅子上滿是書本、玩偶，還有早餐大亂鬥留下的維多粥，已經硬掉了。

我告訴我媽麥特・羅德的理論，他認為，學校害很多人在世界上非常辛苦。我告訴她，有個

「伙伴」能有助於平安度過艱難時刻。我說出凱的經歷以及我的理論，關於醫生、寄宿生，以及「堅毅忍耐」作為建立帝國、熬過戰爭的應對方式。

我媽點頭說：「有道理。」她努力挖馬鈴薯上一個特別頑強的芽眼，同時對我說：「第二次世界大戰的時候，妳爺爺被關在義大利的德國戰俘營，他發現除了他之外，其他活下來的人全都念過寄宿公學。」我以前就知道他進過戰俘營，雖然從來沒有人談這件事（多大的改變）。但我不知道活下來的人都念過公學這件事。「顯然他們比較能夠忍耐那樣的環境。」我媽補上一句。我想起歷史學家湯瑪斯・狄克遜在書裡寫過，在大戰期間，人們十分推崇「英式堅毅」，並且變得更加根深蒂固。我媽用削皮器熟練地一挑，芽眼飛出來掉在桌子中央。「妳爺爺發誓，只要能活著回家、生出兒子，一定會送他們去念寄宿學校。」她隨口說。

「哇。噢。等一下，他確實有兒子不是嗎？」

「對。」

「我爸……」

「對。」

「我爸念過寄宿學校？」

「對。」

我一下子傻了。

「妳不知道？」她看著我。

我怎麼會知道？我們家的人總是什麼都不說！從來不說！我怎麼會知道？

她放下削皮器，用擦碗布擦擦手，調整一下眼鏡，然後拿出手機，用食指搜尋他念的那所學校，然後給我看網站上的介紹。

那間學校感覺很荒涼。照片裡沒有樹，但我總覺得拍攝時一定颳著大風。建築很堂皇。簡介裡說，這所學校擁有輝煌的歷史，成立於十六世紀。我的家族沒有輝煌的歷史（別生氣喔，家人）。爺爺肯定拚命賺錢、存錢，才有辦法送我爸去念那間學校。

「他幾歲開始寄宿？」我問。

「八歲。」

我的第一個念頭是，比首相強森更小。然後我才驚覺，**八歲耶！**竟然這麼小就和家人分開——離開熟悉的一切——真是難以想像。我猜測，爺爺想像中的未來一定很慘烈，以致於認為必須把八歲大的兒子送去念寄宿學校，才有機會生存。那個世代的人在戰爭中長大成人；那個世代的人相信，只要不說就不會造成傷害。於是沒有人談論悲傷。我爺爺從來不談。他的子女也一樣。現在，他兒子的女兒不禁在想，「**說出來**」這件事，或許真的**有意義**。

我很想知道，現在我媽對那種什麼都不說的習慣有什麼想法。從小到大，「開朗樂觀」一直是我們的固定模式，當情緒撕裂靈魂的時候，要用幽默化解。狀況不好的時候，就設法轉移心思。覺得難過就去吃片餅乾。真的非常難過的時候，我們就吃餅乾並且**找事情忙**。小時候家裡有很多餅乾，而且我媽總是忙個不停。她有正職工作，獨自扶養我，而且還擠出時間參加學校的所有活動，無論是話劇還是體育比賽。現在我明白了，當年的她忙得不可開交，其實是為了防堵悲傷。

真的、**真的**非常悲傷的時候，難免會壓抑不住，這種時候，我們會假裝是因為毫不相關的事難過，卻絕口不提真正讓我們痛苦的事（有次我媽告訴我，她哭是因為電視節目《春日守望》〔*Springwatch*〕裡的翠鳥寶寶孵出來了。真的很感人）。

「我們只是……不談這些事。」她告訴我。「不過，現在我懷疑，這麼做真的能減輕痛苦嗎？我認為可能反而會變得更糟。」

談論悲傷一直以來太過禁忌，以致於很多人就算想說，也找不到正確的話語。就算我們成功想出該怎麼說，也很難找到願意聽的人。至少我媽在八〇年代的經驗是這樣，當時她寂寞、哀痛，卻沒有人可以傾訴。

「大家都不想聽悲傷的事或死亡的事。他們會覺得不舒服。所以我很寂寞。」

她告訴我，我妹妹剛過世一星期的時候，她已經在家裡關了好幾天。後來，她終於鼓起全部的勇氣穿上藍色圓點吊帶褲，帶我去參加教堂舉辦的幼兒親子聚會。我們一走進去，所有人都安靜下來。其他媽媽一看到她就往兩邊躲開，彷彿她是穿著吊帶褲親子裝的摩西。沒有人看她。她們匆忙轉開視線，彷彿接觸到她的眼神會汙染她們，好像她們會被「傳染」到悲傷。幾個孩子比較大膽，讓我和她們一起玩，不過我媽始終一個人站在旁邊。上個星期，這些女人還排隊搶著玩她的寶寶，現在孩子死了，她也遭到排擠。「那之後沒過多久，我們離開教堂走路回家。」她告訴我。我媽拿起削皮器，開始處理另一顆馬鈴薯，然後接著說：「我猜大概就是因為這樣，我才會放不開那個熱點家電（Hotpoint）的維修工……」

等一下，什麼？熱點家電，賣洗衣機的那家公司？我努力回想我媽一路拋下的線索：寄宿學校、我爸、情緒……熱點？

我想來想去還是不懂。於是決定直接問。

「我沒有跟妳說過熱點男的事？」她似乎很驚訝。

我非常篤定地告訴她，她從來沒有說過熱點男的事。

「噢，那好吧……」她開始解釋。我媽告訴我，她懷我妹妹的時候剛好洗衣機故障，熱點幾次都派來同一個維修工（那個時代的客服才是**真正**的服務）。後來我妹妹出生了，洗衣機又故障（「家裡有新生兒，要洗的東西很多！」），所以熱點男又來了。

「我記得以前我去泡茶的時候，他都會幫忙抱蘇菲、哄她玩。」他修好洗衣機。我妹妹死了。我爸回去上班，我媽只能靠自己，親子聚會的其他媽媽對她避之唯恐不及，生怕悲劇會傳染。

「我只是真的——」她哽咽。

我倒了一杯水推到她面前。

「我需要和見過她的人聊聊。曾經陪她玩、照顧過她的人。朋友也好，隨便什麼人都好。但我總覺得沒有人能聽我說。於是我打電話去熱點公司，告訴他們洗衣機又故障了。因為這樣，我只好自己把洗衣機弄壞。」

「妳**弄壞**洗衣機？」

她點頭。

「怎麼弄的？」

她不太記得了（「大概是用棍子？」）。

「不過他來了。我告訴他——發生的所有事。」

這句話懸在空中幾秒，直到我有辦法開口問：「妳告訴他什麼？」

「我告訴他，那天只等了不到二十分鐘，救護車就來了，兩位急救人員努力想讓她的心臟恢復跳動。」她哽咽。我端起那杯水一口氣喝光，因為喝太快而有點反胃。她繼續說：「然後警察來了。接著是醫生、法醫。最後是牧師和葬儀社。我告訴他，遺體被帶走之前，我坐在嬰兒房的地上抱著蘇菲，而妳走進來說：『媽咪，蘇菲在睡覺，把她放進嬰兒床吧。』我很想跟妳解釋發生了什麼事，但我不知道該怎麼說。連續好幾個小時，我回答所有人的提問，最後用她的毯子把她包好，交給警察帶走。然後妳外婆來了，把我們帶去她家吃烤雞。星期一妳爸就去上班了。」

她的聲音顫抖。她告訴我，妹妹的葬禮過後，洗衣機再次「故障」。

「熱點男來了，我們又聊了很多。我告訴他，屍體檢驗完成後，我想去看蘇菲，但每個人都勸我最好不要——他們說驗屍……**非常徹底**。我告訴他，蘇菲的棺材很小，是白色的，裡面鋪了天鵝羽絨，其實我負擔不起那樣的價格。天鵝羽絨！」她搖頭。「我還記得，那時候我問葬儀社的老闆：『真的有必要嗎？』他說：『妳應該想給孩子最好的吧？』」

現在，我們兩個都哭了。

我很生氣，葬儀社老闆太可惡，那年我媽才二十七歲，而且傷心欲絕，他竟然趁她最脆弱的時候，惡意推銷**天鵝羽絨**。怎麼會有人做這種事？她怎麼可能承受？她怎麼有辦法承受？我不確定。但她辦到了。現在依然繼續承受。她比我所想的更勇敢，也比她自己所想的更勇敢。

她告訴我所有「死亡行政」的過程。一堆文件、一堆表格：法醫處的粉紅表格、下葬前辦理死亡登記的綠色表格。四個成年男子扛著我妹妹的棺材進教堂。「真的很荒謬，因為我自己就抱得動。我多想自己抱她進去。」

我媽告訴我葬禮的過程，結束後大家會一起吃小黃瓜三明治，然後準備「繼續前進」。

「但我做不到。」

當然。

「陌生人口中最可怕的問題就是：『妳有幾個小孩？』因為他們絕對不想聽到：『兩個，可是一個死掉了。』」

我覺得好像肚子被踹了一腳。我媽後來告訴我，她經常有這種感覺。我想起茱莉雅・山謬說過的話：「人雖然死了，但關係會繼續下去。」我們不只因為那個人死去而哀悼，也在哀悼原本可以和他一起度過的未來。生命中斷。突然間，那個沒有人想加入的俱樂部發了會員卡給我們。我媽知道她永遠是會員。

等到我好不容易能夠說話，我問她：「這些事，妳全都告訴熱點公司的維修工？」

她點頭。

我們拋下削皮的工作，一起大哭，哭到頭抽痛、腦子縮水。我心中想著，雖然很怪，但這樣對我們有好處。

我媽需要找人訴說。她需要伙伴。她找到熱點男（「感謝老天賜給我們客服。」）。我們全都有自己不同版本的熱點男——當我們處在最低潮，最需要拯救的時候，那個伸出援手的人。

很多人從小就被教導不可以和陌生人講話。不過，或許我們應該多和陌生人講話。二〇一三年，心理學家伊莉莎白・鄧恩（Elizabeth Dunn）進行了一項研究，發現**即使是最少量的社交互動，也能帶來很大的歸屬感與正向效應**[3]。**與陌生人交談，能讓我們感受到人類的「理解」，甚至覺得自己被接納**。事實上，我們向陌生人傾吐的機會比想像中多，從班・梅伊那樣的理髮師，到飛機上鄰座的乘客。哈佛社會學家馬力歐・斯莫（Mario Small）的研究發現，我們經常和關係並不親密的人討論重大問題。可能是因為他們擁有相關知識，也可能單純只是因為他們**剛好**在身邊[4]。他們就像一塊空白的畫布：不認識我們，沒有偏見。有幾次，我也曾經是那個陌生人，一個訴說秘密的對象。人們不敢對親密的人訴說，可能是怕他們擔心，也許是怕他們會說出去，或者是怕會有嚴重後果。**但我們全都需要有人聽我們訴說。**

伙伴制度最理想。不過，如果我們還沒有找好伙伴，那麼，好心的陌生人也很有幫助。如果現在你還沒有遇到你的熱點男，以後也會遇到。一個心胸寬闊、願意和善對待你的人，他們不會想太多，因為這是對的事。如果我媽的熱點男能看到這本書，我從碎裂的心底深處感謝他，謝謝他陪伴我媽。謝謝他願意聆聽。

第三部

悲傷的時候可以這樣做

關於第三部

我又來了。這個故事裡屬於我的戲分快結束了——幾乎已經快趕上人生的進度。現在要來說說當我們感到悲傷時，該怎麼做才能好過一些。不是「不再悲傷」，而是好過一些。目標是感覺「好的悲傷」、「有幫助的悲傷」以及「促進改變的悲傷」。這也是給我們一個機會，避免正常、健康的悲傷惡化成更嚴重的問題。

這一部要談以文化作為治療、暖氣戰爭、跳進冰水。為什麼花時間親近自然可以幫助我們好好悲傷，探索身心平衡與身心俱疲的對照。智慧手機悖論；為什麼身體的韌性可以成為內在的力量；「積極接受」有多重要。此外，我們都需要為別人盡一份力，採取行動，站出來給予支持。現在就動起來。

特別介紹：一隻名叫德瑞克的海豹、裸泳愛好者、立槳衝浪，以及關於鷹嘴豆泥的超級好消息。登場嘉賓：莫札特、傑克・強森（Jack Johnson）、詹姆斯・沃曼（James Wallman）、斯文德・布林克曼（Svend Brinkmann）、費德理克・道格拉斯（Frederick Douglass）、瑪麗・沃斯通克拉夫特、《小婦人》裡的喬、氣象心理學家崔佛・哈雷（Trevor Harley）、物理治療師布蘭登・史塔布醫生（Dr. Brendon Stubbs），方洙正（Alex Soojung-Kim Pang）要來告訴我們休息有多重要；菲麗絲・傑卡教授（Professor Felice Jacka）討論食物與情緒；艾拉・米爾斯（Ella Mills）教我們平衡；儂布美列蘿・穆基・紐曼內告訴我們如何「挺身而出」。

17 服用文化維他命

製作並欣賞藝術能提升我們的心靈，並且讓我們神智正常。藝術就像科學與宗教一樣，能夠幫助我們找到人生的意義——找到意義就能感覺更好。

第二天早上，我開車送我媽去機場。看著她離去，我很難過，同時我也只是……**感到悲傷**。那樣和她談心，讓我很心痛。我知道她也同樣心痛。不過那是好的痛，就像肌肉在使用過後痠痛。下雨了，雨滴快速落下，我的雨刷來不及清除，因此過了一下子我才察覺，讓我眼前矇矓的原因，除了雨水，也有淚水。然後我回到家。

還沒看到家人，我就聽見他們的聲音，事實上，我在街上就聽見了。這種狀況其實滿常發生。屋裡似乎發生了叛變，暴民以泥巴當武器，滿是泥土塊的靴子丟得到處都是，收音機以最大音量播放古典音樂。感覺有如懸疑影集《摩斯探長》（*Inspector Morse*）的開場。只是在我們家，

「韋瓦第」通常是披薩店的名字。

看來有人跑去玩收音機。看到收音機側面一條條花生醬的痕跡，我敢打賭，一定是雙胞胎中的男生。無論是誰幹的好事，總之，現在所有預設頻道全都不見了，古典音樂頻道取而代之。

什麼？為什麼？怎麼會？就連我都不知道如何改變預設頻道。雙胞胎中的男孩踏著重重的腳步進來，邊走邊舔手上剩下的花生醬，動作很像熊在清爪子。他對收音機一撇頭：「我按了按鈕。」

「哦。嗯，我聽到了。你按了哪個按鈕？」

「我按了……」他思索許久，然後燦笑說：「**所有按鈕**！」

這北歐風格極簡設計的收音機，是T買來放在廚房的，設計實在太酷，連按鈕都沒有**標示**，於是我只能隨意亂按「所有按鈕」，這時T進來了。

他做個怪表情，音樂太大聲，他縮了一下。「這是史帝夫．汪達的歌？」

「不是，」我瞇眼看顯示的曲目，「是普契尼……」

「噢……」

我想應該不需要，但我還是想澄清一下，我們兩個的原生家庭都不愛古典樂（有猜到嗎？）。我曾經參加過一次馬勒的演出（「音樂會」？「公演」？），但那次只是為了讓一個男生覺得我很特別（說真的，那可是馬勒——他當然覺得我很特別。我的情緒受到了狠狠打擊）。除了那次，高中畢業之後，我再也沒有主動接觸過古典音樂。但現在，我們全家人擠在收音機旁邊，有如古早的「無線收音機」廣告畫面。我無法否認，普契尼的高亢漸強曲調確實有種撫慰人心的作用，接下來那首班傑明・布瑞頓（Benjamin Britten）歌劇作品《榮光女王》（*Gloriana*）中的合唱曲〈諧和〉，也安撫了我們激動的神經。

所有沾到花生醬的表面（包括小孩）全都擦乾淨了。拖把出動對付泥巴。快煮壺啟動。然後我們坐下。聆聽。感覺到……不算是「放鬆」，而是……心靈相通。

很久以前就證實了，古典音樂確實對心理健康有幫助，一九九〇年代更出現了「莫札特效應」（Mozart Effect）這個說法[1]，也就是聽莫札特的音樂可以大幅提升我們的空間推理能力。比較少人知道的事實是，這種效應頂多只能維持十到十五分鐘。

我告訴T這件事，他冷笑一聲。「十到十五分鐘？也就是說，如果現在把我扔進迷宮，我有機會能自己走出來？」

「機會相當大。」

不過，我堅持古典音樂的好處不只這樣而已。我之前做過相關研究，所以知道音樂療法有助於降低孕婦的心理壓力、憂鬱與焦慮程度（臺灣高雄醫學大學所做的研究）[2]。另一份研究，則是來自日本京都的順天堂大學醫院（Juntendo University Hospital），他們播放三種不同的音樂給進行心臟移植的老鼠聽，分別是威爾第的「茶花女」、莫札特，以及愛爾蘭獨立音樂家恩雅[3]。他們發現，進行過心臟移植的老鼠，如果在恢復期聽古典音樂，存活的時間幾乎高出四倍[4]。

「我真的沒有瞎掰。」我對T說。

根據科學研究，在心情低落時播放悲傷的音樂，可以加強情緒效應，製造歸屬感，給我們認同，甚至幫助我們療癒。研究顯示，人憂鬱的時候更愛聽悲傷的音樂。美國南佛州大學的研究人員播放「悲傷」音樂（山謬爾・巴伯〔Samuel Barber〕的「弦樂柔板」〔Adagio for Strings〕與艾維・巴利里〔Avi Balili〕的「拉卡渥特」〔Rakavot〕）給有憂鬱症的人和沒有憂鬱症的人聽，另外，也播放快樂的音樂和中性音樂。研究人員發現，有憂鬱症的受試者比較喜歡選悲傷的音樂，因為能讓他們感到放鬆、冷靜或安慰[5]。

愛爾蘭的利墨瑞克大學（University of Limerick）所做的另一項研究則顯示，沒有憂鬱症的人在心情低落時也偏好悲傷音樂，因為悲傷音樂的作用有如「給予支持的朋友」，並且勾起苦甜交織的記憶[6]（好比第12章提過的巴西Saudade）。更重要的是，悲傷音樂也可以作為「能被接受的」轉移注意力的方式，讓我們在低落時能逃離寂靜，並且感覺更得體。雖然我很愛白蛇樂團和范海倫樂團（非常愛，多謝關心），但是在悲傷的時候，根本不會想聽快節奏音樂。但悲傷音樂可以消除寂靜，也可以陪伴我們的低落情緒或困境。**悲傷音樂包含著更多的人類苦難，給我們透徹理解的感受，讓我們覺得不孤單。**

許多人依賴這種效果，那些一天花三、四個小時聽音樂的人宣稱對他們而言，音樂的重要性勝過咖啡、性愛與電視。根據音響品牌Sonos所做的研究，38%的人表示在聽音樂時感覺毫無壓力，而只有5%的人會用「毫無壓力」來形容他們的人生[7]。有些人認為，如果古典音樂搔不到癢處，流行音樂也能派上用場。有些歌曲是因為個人因素而有特別的情緒重量，但也有些歌曲，是在遭逢悲劇之後所寫的，因此我們很難不被打動。例如艾瑞克・克萊普頓（Eric Clapton）的〈淚灑天堂〉（Tears in Heaven），就是在四歲兒子康納（Conor）過世之後所寫的。已故歌手喬治・麥可（George Michael）的〈耶穌對孩子〉（Jesus to a Child），則是獻給伴侶安塞爾莫・費勒帕（Anselmo Feleppa）的歌曲，他死於愛滋病引起的腦拴塞。費勒帕過世之後，喬治・麥可整整十八個月無法譜寫音樂，但他只花了一個小時便寫出〈耶穌對孩子〉。這首歌幫助他哀悼逝去的戀人，每次現場表演這首歌曲時，他都會獻給費勒帕。誘惑合唱團（the Temptations）的〈希望會下雨〉（I Wish It Would Rain），則是羅傑・彭澤貝尼（Rodger Penzabene）二十三歲那年被妻子拋棄之後所寫的。他想哭，想「減輕痛苦」，但男人「不該哭」，於是他希望快點下雨，這樣就能掩飾他的淚水。不過沒有下雨。他無法「減輕痛苦」，於是彭澤貝尼在一九六七年元旦自殺身亡，距離這首單曲問世才一個星期。

音樂可以擊中太陽神經叢。可以讓我們膝蓋發軟、癱軟倒地，可以帶我們回到過去，回憶並消化那些依然糾纏的情緒。有幾首歌會讓我想要停下腳步聽完。鷹眼傑利（Eagle-Eye Cherry）的〈留住今夜〉（Save Tonight）每次聽都令我哽咽（不合適的男友＋初戀＝慘烈的打擊）。妮娜・西蒙（Nina Simone）的〈不愛我就離開我〉（Love Me Or Leave Me）也是（高大男徹底實踐了歌詞）。我媽難過的時候會大聲播放她年輕時常聽的歌，她告訴我：「大多是賽門與葛芬柯（Simon & Garfunkel）和珍妮斯・艾恩（Janis Ian）的歌曲。」我一直到十八歲都住在家裡，二十多歲的時候，也和我媽一起住了很長一段時間，但是我從來沒有聽過珍妮斯・艾恩的歌，由此可見，我媽都躲起來一個人「悲傷」。不過，知道她至少還有歌曲可以幫忙消化傷痛，我感到相當欣慰。

我在丹麥定居的日德蘭村附近，有個叫做kulturvitaminer的機構，也就是「文化維他命」的意思。我去訪問那裡的主任麥克・奧德爾・尼爾森（Mikael Odder Nielsen），他告訴我，即使是比較安靜的音樂，也對狀況不好的人有幫助。尼爾森提供文化衝擊課程，幫助那些受壓力、焦慮或憂鬱症所苦的人。「我們用音樂治療師所編排的歌單幫助大腦休息，這樣身體才能跟著休息。」尼爾森說，他解釋音樂可以「降低激動」：「可以預期的音樂，甚至有點**無聊**的音樂。」

例如？他思考了一下才回答。

「傑克・強森。」

呃……我個人心情低落的時候不會想聽〈香蕉鬆餅〉（Banana Pancakes）這種歌，不過後來我試過，雖然很怪，但（還算）蠻有用的。現在我將傑克・強森當作有聲的紓壓著色本。我告訴尼爾森或許我被說服了，而他告訴我「文化維他命」的其他課程。這個機構的資金部分來自於丹麥衛生部，他們在每個城市設立計畫，鼓勵失業或因病長期停職的人參與文化活動。

「我們想知道文化是否有助於改善精神健康，降低社交孤立，幫助他們回歸勞動市場。」尼爾森解釋。他們每週會邀請符合資格的居民參加兩、三次文化活動，為期十週，觀察他們是否因此有所改善。確實有。我訪問了約納斯，他受焦慮症所苦，參加文化維他命的活動之前，他原本很怕社交互動。他告訴我，這個計畫改變了他的人生。

「他們的活動讓我走出家門，而且他們把我當成『正常人』。我不只是焦慮症患者：我是我。這個計畫讓我感覺自己又是『我』了。」

愛薇原本是幼兒園老師，她告訴我，她受壓力與長期失眠折磨長達六年。「以前當我受不了壓力的時候，經常去音樂會和博物館，」愛薇說，「但後來我不想去了。什麼都無法讓我快樂，一切都毫無道理。」這符合我過往的經歷。

「當人處在憂鬱狀態時，最早放棄的往往就是文化，」尼爾森解釋，「光是要活過這一天就夠辛苦了。我的角色是讓他們重新習慣這個世界——甚至是帶他們第一次走進世界。」

有組織、**儀式化**的聚會，事先安排好的活動，這些可以讓人們在不知不覺間重新接觸文化，並且得到文化帶來的好處：外面下雨，家裡有Netflix的時候，我們不會想出門社交，參與現場文化活動。然而，如果是課程的一部分，或是已經付出金錢或給予社交承諾，答應某人我們一定會去，那麼我們就比較可能會出現。尼爾森發現，那種「不知不覺」的特性，對男性特別有好處，因為他們通常比較不願意表達負面情緒和流露脆弱（都是社會制約害的）。這個計畫等於是伙伴制度**加上**儀式性——也可以說是排好時間表的文化體驗（有人不愛時間表嗎？我**愛死**了）。

奧爾堡（Aalborg）地區的文化計畫有八個項目，一開始是團體歌唱。研究證實，這個活動有助於建立社交關係並形成大團體[8]。課程包括造訪歷史資料室，學習地方歷史，「建立歸屬感，並且以自己生活的地方為榮。」尼爾森說明。參與計畫的人也會去劇場、參觀藝廊、參加創意工作坊，這些活動都已經證實有助於培養韌性[9]。他們甚至去聽奧爾堡愛樂交響樂團演出（「非常感人，」尼爾森說，「往往會有人流淚。」）。這招很聰明，因為皇家音樂學院（Royal College of Music）的研究人員發現，聽音樂有助於減低壓力[10]。

當然啦，因為封城，他們的工作受到阻礙。許多藝廊、劇場與音樂會場地都在線上轉播表演節目，但新冠肺炎依然對表演藝術造成生死存亡的威脅。BBC廣播第四頻道在二〇二〇年六月估計，大約有七成的劇場會因為無法負擔社交距離規定而關閉。疫情對藝術經濟與藝術家所造成的衝擊，將會持續影響很多年——大家都會因此感到悲傷。但我們也可以利用這個機會，好好體會文化的價值——以及有多值得維護[11]。

💧

大部分的人都有被藝術品感動的經驗。就在去年，我去斯卡根（Skagen）參觀畫展，那裡是丹麥最北的村落，從一八七〇年代就有一群北歐畫家聚集在那裡，藝術家捕捉到絕美的光線，讓我感動不已——甚至要T提醒我才記得呼吸。參觀到一半，我忽然覺得渾身不對勁，必須坐下休息。顯然這種毛病有個名字：斯湯達爾症候群（Stendhal Syndrome）或「佛羅倫斯症候群」（Florence Syndrome），這是一種因為面對太偉大的美麗或藝術，而感到暈眩甚至昏倒的症狀。這個名稱來自於十九世紀法國作家斯湯達爾（Stendha）[12]，他在造訪佛羅倫斯的時候，因為被太多美和藝術環繞，以致於「走路都怕摔倒」。這才是真正的「藝術休克」，尼爾・布坎南（Neil Buchanan）在一九九〇年代主持的熱門藝術電視節目《藝術休克》（*Art Shock*）根本小巫見大巫。有時候，當情緒鋪天蓋地而來，我們只能倒地躺下不動（我沒有去過佛羅倫斯，要是哪天去了，希望不要太慘）。

以文化「治療」並不是什麼新鮮點子。二〇〇八年，當時的英國衛生大臣艾倫・強森（Alan Johnson）呼籲將藝術列入主流醫療。二〇〇九年，皇家精神科學院（the Royal College of Psychiatrists）建議「參與藝術活動」與「發展創意」作為維護大眾精神健康的方式[13]。十多年前開始，藝術有助於身心健康的證據逐漸出現。研究顯示，「藝術處方計畫」獲得轉介人與參與者一致讚賞[14]，並且在經濟上也有幫助[15]，能夠減少看醫生的次數，而且參與者得到了可轉移技能，除了幫助他們維持健康，對工作也有助益[16]。

瑞典是北歐藝術處方的佼佼者，但澳洲在二〇一三年開辦了國家藝術與健康機構（National Arts and Health Framework），推展將藝術融入保健[17]。雖然英國在這方面依然不足，但是倫敦國王學院與倫敦大學學院聯合進行一項世界最大規模的研究，探討藝術治療對健康的影響以及可行性。在英國也有幾個區域性的初步嘗試，例如格羅斯特郡的藝術處方計畫「藝術療癒」（Artlift），以及皇家愛樂交響樂團與赫爾中風服務中心合作舉辦的「中風交響」計畫，參與計畫的病患當中，86%認為演奏音樂的療程減緩他們的症狀，同時也改善睡眠。

二〇一七年，英國的一項跨黨派報告確認藝術能維持人體健康，促進病後康復，延年益壽，改善生活品質。藝術家格雷森·培理（Grayson Perry）評論這份報告時所說的話，表達得非常好：**「製作並欣賞藝術能提升我們的心靈，並且讓我們神智正常。藝術就像科學與宗教一樣，能夠幫助我們找到人生的意義——找到意義就能感覺更好。」**[18]我現在已經有充足的證據，表明藝術能夠緩和處於社會弱勢的負面效應。二〇一五年的檢討研究發現，社區文化轉介計畫順利提升自我評價、讓人覺得自己更有力量，並降低焦慮與憂鬱。

「我們看到藝術在很多人身上見效，」安妮塔·簡森（Anita Jensen）表示，她是奧爾堡大學傳播與心理系的博士後研究員，我向她請教丹麥的藝術處方計畫。「藝術療程相對便宜——而且目前沒有發現副作用。」（除了佛羅倫斯症候群。）

文化維他命的各種項目當中，還有一個很受歡迎的課程：「分享閱讀」，在燈光昏暗的圖書館閱覽室中，成年人蓋著毯子窩在一起，由圖書館員負責朗讀，一次兩小時。這簡直是天堂嘛！以後我的生日和聖誕節都要這樣過。大部分的人長大之後就沒有聽過別人朗讀了——有聲書除外。之所以說「大部分」，是因為有些人很好命，他們的終生伴侶可愛又浪漫，堅持要為心愛的人朗讀——詩、哲學書籍、文學鉅著。我在此恭喜這些幸運的人。至於沒那種命的人，我只能說：嗯，我也沒有。我想像聽人朗讀應該是既親密又有益的經驗，而且可能很激動。愛薇跟我說過：「因為我是幼兒園老師，人生中花了很多時間讀書給別人聽，但這次我需要幫助——我覺得自己……**被照顧了**。這真的很神奇。」

有憂鬱症或因焦慮而苦的人，往往覺得閱讀很辛苦。我得憂鬱症的那段時間，很難集中注意力，也無法理解書頁上文字的意義。閱讀所需的安靜也讓我受不了。但是，聽別人朗讀不一樣——我是聽有聲書。感覺就好像有人溫柔牽起你的手，帶你去冒險（好的那種）。我利用各種時間聽：送小孩去托兒所之後回家的路上、開車、逛超市、煮飯。晚上睡不著的時候我也會聽。聽有聲書的時候，我們什麼都不用做，只要聽就好。每次聽完，我都會覺得心靈更富足。

回到丹麥，奧爾堡的議會決定將文化維他命列為重點，以後要長期執行這個計畫。另一位奧爾堡居民發起活動，希望將文化治療推廣到整個丹麥，甚至歐洲大部分地區。

斯多葛派哲學家賽內卡（Seneca）建議世人，想要過好人生，就要讀詩、看綠色物品、彈奏七弦豎琴。尼采相信**透過藝術為媒介，可以讓人類團結，所有人都可以透過悲劇得到淨化**。現在的丹麥心理學家兼哲學家斯文德・布林克曼，更是將小說奉為指引現代生活的北極星。

布林克曼正迅速成為丹麥國寶。他原本只是個「卑微的大學教授」，從來沒有引起太多注意，寫的都是學術文章，「大概只有十一個人讀過」，訪談時他告訴我。然後，在二〇一四年他出版了《堅定立場》（*Stand Firm*）這本書，諷刺傳統的勵志書籍，立刻登上暢銷榜（丹麥文書名：Ståfast）[19]。現在，布林克曼經常受邀參加丹麥電視臺和廣播電臺的節目，在國際上也嶄露頭角。

乍看之下，他似乎有點難以親近，因為他的觀點強勢、智慧過人，而且公關照都把他拍得很嚴肅。幸好訪問他時我很有勇氣，而且事實上，他比我想像中和善許多（「我不懂為什麼大家都以為我很恐怖！」他告訴我。「我對自己的看法完全不是那樣——我只是個會半夜睡不著覺、煩惱各種事情的人！」）。

自從出版了《堅定立場》之後，布林克曼成了大忙人，他成為推廣小說力量的先驅，相信小說是個人成長的終極讀物。

布林克曼認為，小說很重要，**不只因為小說是寫作優美的藝術品，也因為小說探討的課題非常人性。好的小說會檢視生命的意義，幫助我們對自身的存在保持宏觀的看法。**

小說家不只用一個角度述說，而是用不同聲音，甚至彼此衝突。小說「多聲道」的特性，能夠讓我們學會理解並欣賞別人的觀點。而這一點，確確實實「有助於心靈進步」，布林克曼表示。

18 閱讀悲傷

我們經常以為自己的遭遇獨一無二，沒有人能懂我們經歷了什麼。

不過，當我們讀過別人的掙扎與觀點，

就不會覺得自己的「悲傷」是什麼詭異稀奇的事了。

腦部掃描顯示，當我們閱讀的時候，會在心中演練所描寫的活動、畫面、聲音，刺激神經路徑[1]。閱讀也證實能夠提升同理心，幫助我們建立人際連結[2]。英國哲學家艾倫・狄波頓（Alain de Botton）在為《存在的速度》（*A Velocity of Being*）[3]一書所寫的序文中寫道：「如果身邊所有人都非常瞭解我們，那麼也就不這麼需要書了。」

但是不可能。因此我們需要書。

當我們罹患憂鬱症或受焦慮所苦，沒辦法閱讀文字，那麼有聲書可以幫忙。**故事能夠幫助我**

們不讓「正常悲傷」惡化成更嚴重的問題；我們可以將書籍當成維持精神健康的一環。根據布林克曼的說法，虛構文學作品更是如此。

小說幫助我們體會道德難題，以及世上的種種「假如」。小說讓我們質疑自己的行為與信念。就連在我們出生之前很多年就寫好的書，也有同樣的效果。赫胥黎（Aldous Huxley）在一九三二年所寫的小說《美麗新世界》（*Brave New World*）描述在未來，神奇的藥物索麻（Soma）可以抹去所有情緒上的痛苦。這是一本反烏托邦小說。然而在現代，赫胥黎筆下那個自願抹去情緒的世界似乎不再是虛構。我們尋求享樂、逃避痛苦。佛洛伊德派心理分析中的「享樂原則」（the Pleasure Principle）是指人類本能地尋求享樂、逃避痛苦，藉此滿足生理與心理需求。而科技的進步，更使得那個沒有痛苦的新世界越來越真實。如果我說得還不夠清楚，那麼現在我再次強調：這樣沒有好處。由此可見，赫胥黎的《美麗新世界》是一個非常好的例子，**證明小說能夠幫助我們思考、凸顯、預測，與設想。**

布林克曼也推薦了其他能夠幫助我們開啟「多聲道」的小說，包括狄更斯、弗拉基米爾．納博科夫*、村上春樹、賽凡提斯、米榭．韋勒貝克*、戈馬克．麥卡錫*、卡爾．奧韋．克瑙斯高*等人的作品。他說：「小說教導我們『堅定立場』，幫助我們找到生命外在的意義或透徹觀點，進而讓我們能夠堅定立場。」

布林克曼不喜歡非虛構書籍。事實上，他希望我們能放下那些書、遠離閱讀器。在《堅定立場》中（這是一本非虛構書籍——是的，他自己很清楚有多諷刺），他表示當我們閱讀傳記或勵志書籍時，我們會接收到「自我是內在與人生唯一的焦點」這樣的觀點，這些書呈現出「正向、樂觀的成功故事，邀請你沐浴在他們的榮光中」。如此一來，會讓我們更加認定人生是可以控制的。布林克曼身為衷情世俗、並且具備哲學背景的丹麥心理學家，他認為這種想法大錯特錯。如果說世上有一種秤，用來衡量揮舞啦啦球高喊「只要你夠渴望，一定能得到！」的程度，當勵志大師東尼・羅賓斯（Tony Robbins）站在一頭，那麼，另一頭站著的絕對會是布林克曼，他甚至很可能人在遠得要命的停車場，埋頭讀著納博科夫的小說。布林克曼說，傳記、勵志書：**不好**；小說：**很好，因為小說讓我們能夠理解到，存在是一件複雜又無法掌控的事。**

我感到左右為難。我全心支持小說隊（要不要做應援T恤？我這就來印）。不過，我一直覺得自傳非常好看，而且可以讓我安心。正如愛爾蘭小說家柯姆・托賓（Colm Tóibín）所說的：「要讓心情變好，就要讀發瘋作家的傳記。」[4]我所讀的傳記通常不會把「人生」包裝得漂漂亮亮。事實上恰恰相反：傳記讓我看見所有人都會失敗，我們正在奮力解決的挑戰，別人也經歷過。當我因為必須同時寫作與育兒而煩惱時，我會想起英國小說家巴拉德（J. G. Ballard）的自傳[5]，因為妻子驟逝，他寫作《太陽帝國》（*Empire of the Sun*）時，還要獨自照顧三個孩子。他最小的女兒碧雅當時才五歲。當時，他們一定全都承受極大的痛苦。我試著想像他每天的生活、他如何對子女說話、如何從父親「切換」成作家。我很想知道他是怎麼辦到的——閱讀不屬於我的生命故事時，我都會這麼做。這讓我思考、同理，並且感受到**人類的經驗竟是如此大同小異**。

有些傳記的主角打贏戰爭、發現寶藏，也有一些記錄了原本不為人知的生命歷程。很長一段時間，家庭中的事被認為不值得印在紙上，女人閱讀的東西一律被視作「低下」。但我不禁認為，傳記多少有助於改正這種現象。

小時候讀露薏莎・梅・阿爾科特的《小婦人》，看到喬放棄了又帥又年輕的羅利，最後和超蠢的老教授在一起，我總是會氣哭。不過，長大之後讀了關於阿爾科特的書，我終於更能理解喬的決定。原來阿爾科特像喬一樣，寫了很多歌德風驚悚小說。小說裡，喬透過教授的道德觀點看

*編註：弗拉基米爾・納博科夫（Vladimir Nabokov，一八九九—一九七七），二十世紀傑出小說家，著有《蘿莉塔》等作品。

*編註：米榭・韋勒貝克（Michel Houellebecq，一九五六—），法國小說家、詩人、電影導演。著有《血清素》、《屈服》等小說。

*編註：戈馬克・麥卡錫（Cormac McCarthy，一九三三—），美國知名文學家，著有《長路》、《險路》等小說。

*編註：卡爾・奧韋・克瑙斯高（Karl Ove Knausgard，一九六八—），挪威作家。知名作品為自傳小說《我的奮鬥》。

自己的作品，最後決定把稿子燒毀，但現實中的阿爾科特出版了她的小說，賺了很多錢。她只用了短短十週就寫完《小婦人》（#作者的目標），這本書自從一八六八年出版之後，從來沒有停止印刷過，也讓作家得到財富自由。儘管馬區家四姐妹全部乖乖扮演傳統婦道要求的角色，就連喬也結婚了（嫁給那個超蠢的老教授），阿爾科特本人終身未婚，晚年還寫了一些相當辛辣的女性角色，包括一個女演員假扮家庭教師色誘男主人[6]。阿爾科特收入驚人，足以養活全家。幸虧如此，因為她的父親，阿莫斯·布朗森·阿爾科特（Amos Bronson Alcott），以養家的角色而言非常不可靠，因為他的想法經常變來變去（大家不都是這樣？）而且一心想要建立烏托邦社會（阿莫斯就這是樣的人……）。深入認識《小婦人》的作者，瞭解她的使命、熱情、動機，讓我更能享受她的作品。

我第一次讀瑪麗·沃斯通克拉夫特所寫的《為女權辯護》（*A Vindication of the Rights of Woman*），是在一九九〇年代末期，當時我還是個穿毛絨衣物、愛喝啤酒的學生。這篇女性主義最原始的宣言，讓我感到怒火沸騰，也受到極大的啟發。這本書有如平裝版的魚雷，讓我想要做些什麼——什麼都好——我想成為**有用**的人。後來我讀了沃斯通克拉夫特的傳記，但我的熱忱並沒有因此熄滅，反而讓我更想瞭解她的作品。

沃斯通克拉夫特家裡有七個孩子，她排行第二，父親有暴力傾向，有一天毫無理由吊死了他們家的寵物狗。他長年性虐待妻子，沃斯通克拉夫特青少年時期，每天晚上都守在母親的房門前，希望能保護她。她無法阻止父親，但她每天晚上都不放棄。她有智慧也有勇氣。但她絕非聖人。

沃斯通克拉夫特有許多貢獻，但「分享」絕非她的長處。她有一次寫信給最要好的朋友珍，信中說她希望珍不要和其他女生一起玩：「如果不能排第一，那我就全都不要了。」[7]在寫給可憐小珍的另一封信中，她說：「如果妳今天早上來拜訪，我會視為特殊的恩情，千萬別忘記，即使妳偏愛R小姐（她的**競爭對手**），但她不可能比妳謙卑的僕人瑪麗‧沃斯通克拉夫特更愛妳。附註：我保留妳的所有來信，紀念妳曾經愛過我，但妳不必保留我的信，因為反正妳不把寫信的人當一回事。」

好狠。

進一步瞭解沃斯通克拉夫特能幫助我們明白，**我們可以既美好又前衛，而且同時也是個頭痛人物。我們可以犯錯——甚至只是做個平凡的人類**。幾百年來，女性的故事被消音，因此這件事更加重要。十八世紀女性主義興起的同時，也出現了「歇斯底里」這樣的病，用來讓我們重新閉嘴。到了十九世紀，人們普遍相信如果女性受太多教育，子宮會壞掉（我要提出異議），而且，我們全都逃不過「學術厭食症」（Anorexia Scholastica）這種疾病，女性會頭痛、罹患精神官能症、癲癇、體重大量減輕、喪失「道德」，甚至昏迷。這樣的懲罰未免太嚴重，我們只是愛讀書，而且想要維護我們的權利，讓我們可以讀想讀的書，以及隨時可以讀書。如此看來，甚至可以說傳記是女性主義的議題，也是接納包容的議題。

我想到所有多年來遭到排擠的族群——從LGBTQ＋到黑人、原住民、有色人種——如今看來，我們依然必須爭取發聲的機會。傳記給予人們聲音，讓以前沒人聽的話被聽見。例如，瑪雅・安吉羅博士（Dr. Maya Angelou）的回憶錄《我知道籠中鳥為何歌唱》（*I Know Why the Caged Bird Sings*）是經典的例子。還有費德理克・道格拉斯在一八四五年所寫的回憶錄《美國奴隸費德理克・道格拉斯人生自述》（*Narrative of the Life of Frederick Douglass, an American Slave*），他出生在美國馬里蘭州，一出生就是奴隸，後來成為最知名的奴隸解放運動先驅。他為非裔美人爭取平權，林肯希望自由奴隸離開美國，而道格拉斯挺身而出與他辯論。「我們在這裡出生，」他說，「我們要留在這裡。」費德理克・道格拉斯對後世的影響我幾乎一無所知，直到二〇一八年有人推薦我讀他的自傳。

所以，你知道了，傳記很重要。我可以繼續舉很多例子（例如：脫口秀主持人崔佛・諾亞〔Trevor Noah〕的自傳《以母之名》〔*Born a Crime*〕[8]，書中描述他在南非生長的經驗，他的父親是瑞士白人，母親是科薩族黑人，在種族隔離時期，這樣的結合最高可處五年徒刑，這本書帶給我很大的震撼）。這樣說吧：想要瞭解世界，傳記絕對不可或缺。

我把這些想法說給布林克曼聽，他承認，反對傳記是他書中最具爭議的部分（「我的編輯只對這個章節有意見。」）。不過，他解釋說其實他所謂的傳記是特定類型。「那種鼓吹英雄的傳記，以英雄征服世界作為核心的那類。」布林克曼說。

不好嗎？

「當然不好！」他告訴我。「因為一般人的經驗不是那樣——我們讀了那些故事，只會覺得自己很沒用。我們當然需要各種不同的聲音。事實上，我非常喜歡虛構自傳（以虛構手法所寫的自傳）。重點是要實在呈獻生命的真相。人生很複雜而且……**不光鮮亮麗**。」

我懂他的論點。布林克曼追隨斯多葛派，這個哲學派別認為，人不該總是只想著自己，而是應該儘可能將自己排除在外。布林克曼也是丹麥人，這個國家有一個行為準則叫做「洋特法則」（Jante's Law）[9]，他們認為沒有人可以認為自己很特別，團體比個人重要（所以才有北歐式的民主社會主義，與讓人心痛流淚的高稅率）。傳統上，北歐文化不鼓勵人們表達獨特性、宣揚個人成就。因此可以理解，傳記這種全然個人主義的文類，探討個人觀點、個人遭遇的考驗、強調**個人貢獻**，北歐人當然不會太喜歡。尤其當那個人是功成名就、光鮮亮麗、熱愛吸引眾人目光的那種人，他們企圖把自己的經驗外推成普世的智慧，卻不肯參考其他人的想法。

不過，還有另外一種思考模式，將英雄放在故事最顯眼、最重要的位置。英國作家兼潮流預測專家詹姆斯・沃曼，他因為著作《物慾窒息》（*Stuffocation*）而聲名大噪[10]，他認為所有人都應該把自己視為人生旅程的英雄。他並不是要大家把自己塞進傳統定義的英雄框架中，而是要重新定義「英雄」，讓這個詞能夠用在所有人身上。我去倫敦和沃曼見面，那是個陰雨的星期六，我們在巴比肯藝術中心喝茶，他說明什麼是英雄的旅程，以及要如何在生命中實踐。

「英雄旅程」這種敘事模式，使得所有故事幾乎都遵循同樣的敘事路線或基本情節。「英雄」受到召喚，踏上冒險旅程，第一步就是跨過那條無法回頭的界線，然後面對考驗，遇見友人與敵人。英雄絕對會遇上巨大難關，經歷一番痛苦煎熬，然後終於獲得（種種）獎賞，回家過平凡生活。神話學家喬瑟夫・坎伯（Joseph Campbell）一九四九年出版的經典著作《千面英雄》[11]中，他觀察並記錄經典的英雄旅程敘事結構，發現共有十七個階段。

沃曼告訴我，心理學家克萊夫・威廉斯（Clive Williams）讀完《千面英雄》之後，很想知道經典英雄故事的架構，是否也能應用在現實生活中。威廉斯深入思考，發現「英雄旅程」的各個階段也曾經發生在自己的人生中。他發現，這種思考模式有助於重新定義他所面臨的挑戰——當路途中出現礙事的東西或人，他不會感到絕望，而是將阻礙視為「旅程」中必經的階段：接受考驗，遇見朋友或敵人。因此，他想到英雄旅程可以作為人生的「略圖」——也就是簡單繪製的地圖[12]。

「讀到威廉斯的文章，我瞬間有了醍醐灌頂的感覺。」沃曼說，他在上一本書《你怎麼過今天，就怎麼過今生》（*Time and How To Spend It*）[13]中寫到過這個想法。「我越想越覺得有道理：英雄旅程是非常有用的方法。」沃曼相信，**只要將挫折與困難視為個人「敘事路線」中不可或缺的階段，那麼當倒楣事發生時，我們就可以更妥善面對，並且比較不那麼灰心**。「我真的覺得非常合理。」他說。

我告訴他布林克曼的理論，以及北歐人的觀點：我們不應該認為自己「很特別」，也不該成為任何大秀的主角（「甚至是我們自己的人生大戲。」）。

難道我們還不夠以自我為中心嗎？真有必要把自己變成人生旅程中的英雄？我們是不是應該多效法斯多葛派？

威廉斯不同意。

「斯多葛派全是**白癡**！我的意思是：我不同意他們的觀點。我們**當然**是主角：我們**根本上**是透過自己的眼睛看這個世界，所以不可能有其他角色。」他說。「覺得自己不是主角真的很蠢——這樣等於否認自己的存在。」他說。接著補充：「我們不過是風中的一個屁，所以必須抓住控制權。人類需要故事，我們需要成為自己故事的中心，不然還能怎樣？總不可能在自己的人生中跑龍套吧？」沃曼非常堅持：「如果覺得稱呼自己『英雄』很丟臉，不妨用『主角』這個詞。」不過，無論如何重點都是自己。如果你不是英雄，就會失去自己的身分。英文中會用「演錯情節」（lost the plot）形容一個人瘋瘋癲癲，意思就是他們失去了在自己故事中的定位。沒想到這背後竟然有科學證據。

研究顯示，有些人傾向於將自己的人生視為個人成長故事，也就是一段旅程。這種人在心靈上比較幸福，是那種日子過得很好的愉悅，而不是一直揮舞雙手的狂喜。我想起專門治療童年失親的心理學家羅斯．寇麥克，他進行治療時的第一步，就是和失親的家庭一起構築故事，解釋他們的遭遇——他們需要這樣的敘事，有開頭、中間、結尾。有些人會將艱困時光視為「終究會過去的經歷」，並且認為受苦是獲得新智慧的過程，這種人在心理上比較健康[14]。不過，這種標準敘事也有缺點，會導致那些不跟著情節走的人遭到汙名化，或是產生不現實的期望，以為只要跟著情節走，人生就會一帆風順。當我們走到故事中應該永遠幸福快樂的部分，結果卻沒有發生，那種感覺會很不愉快（請見第7章與第9章「終點謬誤」）。

沃曼相信，這種想法的好處遠大於壞處：「我自己獲益良多，」他說，「我經歷過壓力非常嚴重的時期。」他辭職寫作第一本書、並自行出版的時候，他的妻子也離職在家待產。「財務真的很困難，」他說，「我太太非常辛苦，我們的婚姻也岌岌可危。我在心裡想，該死，我要怎麼做才能解決？」他說，「這是英雄旅程典型的情節：思考如何尋求友人、導師的幫助，戰勝敵人。」

我問他，在這個分裂的時代，敵人這個概念真的好嗎？劃分自己與「他人」，將一群人視為敵人，這樣真的好嗎？

「敵人不一定是人，」他指出，「可以是任何東西，可以是吹襲的狂風，」他比比窗外，颶風丹尼斯正在肆虐倫敦中區。「也可以是**內心**的敵人，」他接著說，「不見得要是其他人。不過我們確實需要故事，而且我們必須是自己故事的重心。」

我花了幾天的時間思考這件事。我們是敘事的生物——我們需要故事，才能理解我們的人生。我們天生會想要理解我們的經驗。不只一次，我上網瘋狂搜尋「一九八二年萬聖節」，希望知道在我妹妹過世那一天發生了哪些重大事件。我想尋找意義或邏輯，來解釋為何我們會失去她。我想尋找線索，解開宇宙的謎。但每次我都會失望。那天只有一件事：一九八二年十月三十一日，「羞羞臉女孩」（The Cheeky Girls）出生。哈。羞羞臉女孩。雙胞胎姐妹加百列拉與莫妮卡・伊里米亞（Gabriela and Monica Irimia）組成的樂團，她們出生於羅馬尼亞，在英國演出。我的一個朋友在二〇〇〇年代曾經和其中一個交往，但沒有人搞得清楚是哪一個。他搭廉航易捷航空時，她剛好坐在隔壁位子。

獅子王那首〈生生不息〉（Circle of Life），就是要告訴我們這個道理嗎？

我找不到合適的故事：沒有偉大的情節讓我能理解家中發生的悲劇。好吧，至少那天出生的樂團讓我朋友登上八卦雜誌。不過，這不算什麼偉大的史詩。我擴大搜尋範圍到整個星期，發現教宗若望保祿二世出訪西班牙、阿諾・史瓦辛格登上《Life》雜誌封面。

阿諾、若望保祿二世、羞羞臉女孩？

現實人生真是毫無邏輯可循。

在這個充滿不確定、極端分化的時代，我下定決心要穩穩坐在這個灰色地帶，擁抱傳記以及小說。在我能做到的時候，盡可能找出事情的道理。我閱讀很多書。當我實在太悲傷，文字在紙上跳舞的時候，或是累到沒力氣翻頁的時候，我就插上耳機聽有聲書。這時，我會覺得重新連上線——一縷縷看不見的金絲串連我身處的世界、過去與未來的世界。我得到淨化、得到理解，而且變得更有同理心。這一切同時發生。

我的文化維他命包含小說與傳記。我覺得這樣很好。兩種文類都描寫人類生命中各種難搞的麻煩，讓人感到安慰，也有助於培養韌性。藉由布林克曼推薦的那些多聲道小說，我們可以看見自己，看見曾經遭遇的傷痛，練習推己及人。而自傳，除了那些「中產階級白直男如何賺到更多以前沒說出來的財富」之外，我們可以瞭解其他人的人生，學習將自己的人生看作一連串無法避免的考驗與挑戰。在真正遭遇之前，書本可能是我們唯一能接觸到人生困境的途徑。故事可能是我們在某個枯燥星期四的下午三點、迎面撞上悲傷之前，想像悲傷的唯一基準。所以書很值得投資。

喜劇演員羅賓・因斯也和同行的喬西・朗恩（Josie Long）合作主持播客節目「亂讀」（Bookshambles）。「我很愛書。」他說。「書是我唯一囤積的東西。每次看到新的書，我就會想，裡面一定有很多想法！人會在別人的敘述中忘我，這真的……很有用。」他說。確實沒錯。

我們經常以為自己的遭遇獨一無二，沒有人能懂我們經歷了什麼。不過，當我們讀過別人的掙扎與觀點，就不會覺得自己的「悲傷」是什麼詭異稀奇的事了。而且絕不會「演錯情節」，這絕對是好事。

單純的藝術之美也能讓我們以嶄新的角度觀察世界。之前我被悲傷狠狠灼傷，彷彿全身的皮都要不見了，我必須選擇坦露自我或穿起盔甲，而我選擇向藝術尋求治療。我開始注意到身邊的事物。優美的文句帶來出乎意料的喜悅，提振我的精神；一個特別漂亮的蜘蛛網，令我感動到提筆寫下；享用一杯真正出色的茶；明亮但酷熱的早晨讓我流下感激的淚水。一個荷爾蒙格外勃發的星期二，我在國家肖像藝廊哭得一把鼻涕、一把眼淚，一邊參觀一邊思考畫中的所有人生。所有人。所有的我們。

能夠與悲傷共處，絕不是弱點，而是力量。只要能給予悲傷所需的時間與空間，我們就不必花那麼多時間與空間陷在裡面。沒必要沉浸在悲傷中。但是，只要讓悲傷自然存在——讓悲傷自行跑完所有過程——光是這樣就有幫助。

藝術能夠迎接生命所提出的存在性挑戰，並且為苦難、失落、死亡找到意義。有時候啦。文化能夠讓顯然毫無邏輯的混沌變得有道理，帶來秩序，並且以全新的方式看待人生。有時候啦。服用文化維他命有助於讓我們的思想更深刻、細微，通常西方社會忙碌的日常會讓我們無暇思考。訪問過尼爾森、布林克曼、沃曼之後，我一邊重複聽誘惑樂團的歌曲，一邊為喬・馬區、少女時代的瑪麗・沃斯通克拉夫特與喬治・麥可哭泣，我服用了文化維他命。有些日子，當我的狀況差到甚至無法做這些事時，看場話劇或好電影也有用。只要能給我不同的觀點，讓我的想法更豐富，什麼都行。

經歷過漫長黑暗的冬季，我依靠閱讀、寫作、聽音樂逐漸康復，用全新的眼光看看四周。我躲起來舔傷口、療養，直到我覺得重新振作起來。直到我能面對世界，走向人群。

19 走出去（動起來）

即使沒有憂鬱症，運動也很有幫助，
可以避免悲傷與低落心情惡化成更嚴重的問題。
抗憂鬱藥物會有副作用，但運動沒有，而且比心理治療容易取得。

我看著光，忍不住眨眼，世界不一樣了。經過漫長、黑暗的冬季，鳥兒回來了；我家旁邊的玫瑰叢冒出翠綠嫩芽。還有……出現在天空中那個又大又亮的圓球是什麼？不會吧？難道真的是……太陽？一大片灰黑烏雲幾乎立刻飄過來遮住我的視線，但我依然為短暫露臉的陽光而無比歡喜——大自然的興奮劑——我覺得彷彿一切肯定（肯定？）都會平安順利。接下來一整天，我都踏著輕快舞步。

真神奇，我想著，天氣對情緒的影響真有這麼大？這未免太方便了吧？我的大腦真的這麼原始嗎？

「沒錯。」這是專家簡短的回答，但他很快又補上，「每個人都是這樣。」

崔佛・哈雷教授是世上少數的氣象心理學家——他的工作橫跨心理與氣象兩界——他也出過一本書：《天氣心理學》（*The Psychology of Weather*）[1]。

我向他請教，我想知道我們腦袋裡發生了什麼事，為什麼一點陽光就能讓我整天開心得像嗑了藥？

「呃，」他開始說明，「大腦是很複雜的器官，所以我們無法得知究竟**為什麼**會有這樣的影響。」（聽太多大腦專家說他們也**不知道**，我都已經習慣了）「不過，我們的演化結果，最適合的溫度是大約攝氏二十一度左右，」哈雷說，「因此，太熱或太冷都會影響我們的感受。」

事實上，一篇二〇一七年刊登在《自然人類行為》（*Nature Human Behaviour*）期刊的文章發現，攝氏二十度最讓人感到舒適、情緒穩定、樂於嘗試新體驗[2]。研究人員以預期不滿意率（Predicted Percentage of Dissatisfied，PPD）測量在任何溫度下有多少人會感到不舒服。不過，計算預期不滿意率時，建築管理人員使用的公式是一九六〇年代開發的，以七十公斤、四十歲的男性新陳代謝率與體溫調節作為依據。荷蘭馬城大學（Maastricht University）的一篇研究報告證實了我長期的猜想：大部分女性的新陳代謝率都遠低於大部分男性，而且女性喜歡的氣溫比男性高三度[3]。在職場上更是明顯，空調溫度可以引發戰爭，我工作過的所有公司，每位女職員椅背上都掛著一件「辦公室薄外套」。個人的喜好也有差別。臉書創辦人馬克．祖克伯格（Mark Zuckerberg）喜歡將臉書總部的室溫設定在冷死人的攝氏十五度，據說能讓人專注[4]。歐巴馬總統的辦公室溫度很高，一名顧問曾經在《紐約時報》訪談時開玩笑說：「簡直可以在裡面養蘭花了」[5]（他和我一定可以相處融洽，我們都喜歡像房子失火一樣的溫度／暖氣充足）。

無論我們身在世界上任何地方，有些事顯然不會改變。「一般而言，大家都討厭風，」哈雷告訴我，「但是下雪很受歡迎。至少那種期待的心情令人喜悅。不過，真正下雪的機率不高，因此難免會帶來失望。」我學到，氣溫與風會造成心情低落，不過對情緒影響最大的是濕度與日照時間。陽光普照的時候，我們會對彼此更「利社會」（prosocial），做出有益於他人及社會的行為，心理學家如是說。一項研究甚至發現，出太陽的時候，我們給小費也比較大方[6]。不過，我們也不喜歡太熱、太潮濕。

「當氣候潮濕的時候，我們會覺得不舒服，連帶心情也不好。」哈雷說。溫度、濕度會造成暴躁，幾百年來一直有這種說法（「而今天氣炎熱，狂暴之血躁動。」——《羅蜜歐與茱麗葉》中班佛力歐的臺詞）。從一九八一年的布里克斯頓（Brixton）暴動，到二〇一一年的全英暴動，高溫與濕度一直是示威暴動的催化因素。我覺得很不可思議。因為又濕又熱的時候，我連動都不想動，我會覺得全身無力、精神萎靡，什麼都不想做。

天氣悶熱的時候，這些人哪來的精神去發起暴動？

哈雷懂我的意思，但他告訴我：「濕度的影響成倒U形模式——濕度真的太高的時候，我們連床都不想下，更別說去鬥爭了。不過，在特定的濕度下，我們會感到煩躁不堪，奮起行動並且容易暴怒。」雖然不一定總是如此（例如，俄國發生革命的季節不可能濕熱）。「不過我們經常看到這樣的傾向。」哈雷說。

「當然啦，情緒受天氣影響最大的，絕對是那些因季節性憂鬱症（Seasonal Affective Disorder，SAD）而苦的人，這是缺乏日照造成的臨床憂鬱症。」他說。雖然還不太清楚為何缺乏日照會導致憂鬱症，但一派學說認為，日照量會影響大腦中褪黑激素與血清素的濃度，光線刺激會啟動下視丘。大腦中的這個部位涉及調節身體功能，包括睡眠、食慾，甚至影響情緒。季節性憂鬱症嚴重的程度，可以從患者居住的地點加以預測——而在北歐最為嚴重（我的運氣啊……）。

「反向季節性憂鬱症比較不為人所知，瞭解的更少。」哈雷告訴我。夏季漫長明亮的白日會讓病情加重，白日短暫陰暗的冬季，反而比較減輕。「目前估計，季節性憂鬱症的患者當中，大約有一成是反向。」哈雷說。反向季節性憂鬱症的治療方式，也與「正常」類型相反：盡可能待在陰暗的環境中，至少要遠離陽光、把冷氣開得很強。目前這樣的疾病對我們而言還很陌生，以致於難以理解。

丹麥的冬天實實在在地從十月一直到三月，而且根據氣候能源部的研究資料，丹麥整個十一月的日照時間只有四十四小時。一週才十個小時多一點——一天不到一個半小時。丹麥還有個詞彙，專門用來表達自家的季節性憂鬱症：vinterdepression，也就是「冬季憂鬱」（**表情符號：哭臉、雨傘、雷雨**）。

哈雷住的地方也好不了多少，他住在蘇格蘭，一個夾在兩座山中間的低谷。「冬天大約十點的時候，太陽會從一座山頭冒出來，下午兩點半就從另一座山落下。」他告訴我。為了彌補自然光不足，他準備了自然光波長的燈，並且盡可能待在戶外。「雖然有時候做不到，不過盡量吧。」他說。「但到了冬天，難免會很想窩在山洞深處冬眠。」聊到這裡，一隻貴賓狗跑來爬上哈雷的腿。「當然啦，這孩子也很有幫助。」哈雷告訴我這隻狗的名字叫阿標。「我養牠兩年了，我很愛牠。因為牠，我得到催產素，也有運動機會，牠讓我有動力走出家門——多少能看到一點綠色。運氣好還能看到樹呢……」

💧

一直以來，大家都知道養狗有助於增加活動，並且改善情緒（T發誓說他小時候村子裡有個人養了一條狗，主人為了彰顯狗狗的療癒能力，給牠取名「百憂解」）。樹木也有許多有益健康的特質——而且，甚至不用抱著樹就能體會。加州大學爾灣分校的保羅・畢夫教授（Paul Piff，這是我聽過最有趣的科學家名字）所率領的一項研究發現，當受試者抬頭看非常高的樹，只要短短一分鐘，就能感受到讚嘆，並且表現出樂於助人的行為；而看高樓大廈同樣的時間則沒有這種效果[7]。樹木一分，都市計畫〇分。

當我們徜徉在樹林中，會感到心靈平靜，日本人會進行稱為「森林浴」（shinrin-yoku）的減壓活動。森林浴不需要水，只是單純在森林裡待一段時間，就能達到放鬆的效果。森林浴背後有驚人的科學證據[8]，並且證實有助於降低血壓、壓力與焦慮[9]，因為森林的精油能增強人類的免疫系統[10]。我承認，這種說法似乎有點虛無縹緲，不過東京日本醫科大學的李卿（Qing Li）教授推出一個理論，認為樹木為保護自己不受有害微生物傷害，會釋放出芬多精——有一點類似精油。當我們吸進芬多精，也會促進身體發生變化，製造出更多自然殺手細胞，在前線抵抗病毒與腫瘤的威脅[11]。

一直以來，大家直覺知道接觸自然對健康有益，不過現在，統合分析證實了「綠色的地方」確實對身心有幫助[12]。研究顯示，花時間接觸自然對我們的心靈健康有好處，可以降低心跳、血壓，舒緩壓力，讓我們更有韌性[13]。這部分令我感到非常神奇——因為接觸自然會有風險。

我們可能會摔跤、被灌木劃傷、被蕁麻刺傷。可能會下雨。可能會很冷。可能會有各種不舒服。不過，這些危險都讓我們更堅強。**走出戶外接觸大自然，讓我們學會如何好好感受悲傷——幫助我們做好精神上的防禦工事，真正發生「大事」的時候才不會崩潰。**

丹麥阿爾路斯大學的研究發現，經常在戶外綠色環境玩耍的兒童，長大之後比較不會罹患精神障礙[14]。挪威遊戲研究人員愛倫・桑賽特（Ellen Sandseter）與列夫・肯內爾（Leif Kennair）以演化觀點，研究兒童高風險遊戲，確認這些遊戲具有「抗恐懼效果」，讓我們逐漸提升應對能力，也讓我們能夠接受更大的挑戰。不只如此，他們說：「如果兒童沒有參與適合年齡的高風險遊戲，那麼，社會上會有更多神經質與精神病的案例。」[15]

社會心理學家強納森・海德特（Jonathan Haidt）在二〇一八年與葛瑞格・路加諾夫（Greg Lukianoff）合著之《為什麼我們製造出玻璃心世代？》（*The Coddling of the American Mind*）[16]中指出，一九九四年之後出生的人（i世代或Z世代），焦慮程度與憂鬱症比例高過以往。二〇一九年，美國心理學會針對十五到二十一歲的美國人進行全國壓力調查，發現Z世代認為，自己精神健康尚可或不佳的比例（72%）遠高於其他世代，包括千禧世代（15%）與X世代（13%）。Z世代的人當中，每十個就有九個（91%）表示，他們至少經歷過一種因為壓力而引起的身心症狀，例如感覺憂鬱或悲傷（58%），欠缺興趣、動機或能量（55%）。研究也發現，Z世代認為自己精神健康狀況很好、或極佳的比率最低[17]。

《哈佛商業評論》刊登了精神健康推廣團體「心靈分享伙伴」（Mind Share Partner）於二〇一九年所做的研究，他們發現千禧世代有一半的人認為，他們曾經因為精神健康因素而離職。而Z世代則增加到75%——全體民眾平均才二成[18]。在英國，根據國民健康署數位資料庫公布的統計，Z世代因為精神健康問題而接受治療的人數急遽上升。根據二〇一八年四月的資料，十九歲以下的人口當中，有三十八萬九千七百二十七件「轉介精神科」的案例[19]。

先前的世代曾經歷過戰爭。但現代的孩子應對能力不足，因此更容易感到痛苦。當然，現在也有新的壓力——例如社群媒體，例如必須高度競爭才能進入職場，但工作環境卻不穩定，工作保障遠比不上先前的世代。儘管如此：和**戰爭**沒得比吧？根據幾項研究，現代的年輕人也更常待在室內，比起父母小時候，他們在戶外遊玩的時間只有一半[20]。這個問題很重大。相關不代表有因果，但事實如此——我們在面對危機時很軟弱。

二〇一三年進行了一項名為「瞭解韌性」的壓力研究，報告中宣稱：「壓力預防接種，可以讓人對未來的壓力源產生抗體，就像疫苗引導免疫系統對抗疾病。」[21]**如果我們不為孩子接種壓力疫苗，等於把問題堆積到以後**。走出戶外、自由玩耍，讓孩子自己設立規則，學習接受風險，克服低程度的危險（蕁麻、大樹，甚至是落葉大戰），這些很重要。

在英國，經常使用社區「綠地」的兒童不到四分之一，而成年人在小時候的使用比例則是超過50%。現在，經常在野外遊玩的兒童不到10%，前一個世代卻超過50%[22]。根據一項研究，相較於一九七〇年代，現代父母准許兒童離家遊玩的距離大幅縮短90%[23]。在美國，兒童離家遊玩的距離同樣大幅縮短[24]。英國兒童協會（Children's Society）委託進行的一項問卷調查發現，接受調查的成人當中，有一半認為兒童可以開始沒有大人陪同、自行上街的年紀，是十四歲[25]。如果父母甚至不准兒童自行在街道上行走，那麼，讓他們探索自然世界的可能性更是微乎其微。我們失去了很好的機會，正如政府顧問機構「自然英格蘭」（Natural England）的醫療顧問——家醫科醫生威廉・伯德（William Bird）所說：「可以將戶外活動視為一個大型的醫療類別，而我們還不太瞭解功效有多好。」[26]

北歐國家狀況稍微好一點。北歐與德國的森林學校經常把小孩帶到戶外，讓他們自己想辦法。在典型的丹麥托兒所，無論下雨還是下雪，兒童都會在室外遊玩，回家時身上少不了小傷口、瘀血、黑眼圈（這個狀況非常少）。我的孩子也經常參加一種恐怖的活動，他們稱為「家庭童軍團」。基本上就是星期日花三個小時，看還沒上幼兒園的小朋友削木頭、揮斧頭、玩火柴，使用一些一般認為很危險的工具。今年八月的活動中，我第一次聽到自己對兩歲小孩說出這句話：「等你四歲，就可以用鋸子了！」不過，現在我們家的人已經很熟悉這句話了。

我念幼兒園的長子已經有自己的工具組了，包括榔頭、鋸子、螺絲起子（平口和十字都有）、水平尺、木尺。這孩子不會閱讀也不會寫字，但他**可以**用廢棄的夾板做出一艘船，也可以升起還算不錯的營火（對了，後來我對幼兒使用工具的態度軟化了：現在我會讓兩歲孩子用鋸子，條件是**要有大人在場**。目前他們的手指全都健在，而且也學會當心風險——這是非常有價值的人生技能）。北歐兒童奔跑、跳躍、攀爬，也會摔倒、失敗、再站起來，在新鮮空氣中、在自然環境裡，每天好幾個小時。在北歐人當中，挪威人將戶外生活奉為金科玉律：friluftsliv——也就是在自由的空氣中生活——這是挪威的世俗信仰。我之前為採訪去了一趟挪威，赫然發現，當地人竟然在超冷的天氣享受friluftsliv，我的睫毛都結冰合不起來了。這才叫投入啊。我們一般人不必冒著凍傷的危險，但我們確實應該多走出去，我們現在親近自然的時間，很可能遠遠不足。現在，我們已經知道綠色環境的好處無可否認——不過，藍色的環境甚至更好。

科學證實，置身於水邊或水中有助於改善情緒、降低壓力[27]，甚至能加強環保意識[28]。居住的地方離海岸越近，身體越健康[29]。待在水邊一段時間，也能讓我們睡得更好。西北大學的研究人員發現，聽著水聲入睡的人睡得比較沉，而且可以增進記憶力[30]。而英國國家古蹟信託組織（National Trust）的研究發現，受試者在海邊健行之後，平均可以多睡四十七分鐘[31]。

「基本上，原理和過程都和綠色環境相同——只是有更多益處。」馬修・懷特博士（Dr. Mathew White）表示，他是英國艾塞斯特大學（University of Exeter）的資深講師，也是「藍色健康」（Blue Health）的環境心理學家：這個計畫橫跨十八個國家，研究藍色環境對健康與生活品質的益處。「例如說，我們發現一週去海邊兩次的人，通常整體健康與精神健康都比較好。」同樣在艾塞斯特大學與藍色健康計畫服務的路易斯・艾略特博士（Dr. Lewis Elliott）表示同意。「我們的一些調查發現，一週大約花兩個小時便能得到益處，影響橫跨了許多社會層面。」

長久以來，當我們需要補充能量、振作精神時，都會很想去海邊。我讀過很多推理女王阿嘉莎・克莉絲蒂的小說，書裡的人經常被勸告要去呼吸「海邊的空氣」，慢慢恢復健康。光是看著水，就能得到心理上的復原效果，而泡在水裡更是能甩開地心引力、隔絕世間紛擾。水聲會蓋過其他聲音，因此在水中想要和別人講話（不是大吼大叫），必須靠得很近。而且往往穿很少。難怪成長小說和電影經常會有泳池或海邊的場景：因為水性感得要命。

我們的身體在水中運作的方式不一樣。無論我們在陸地上是什麼模樣，一旦進入水中像人魚一般旋轉、扭動、游泳，日常生活造成的許多大大小小疼痛都會消失。**在水中，工作、責任，甚**

至思想，都無法定義我們的身分——我們就只是……我們。這樣能帶來療癒。

水裡也很冷，至少在我住的地方是這樣。不過這也有好處。許多研究證實，包括二〇一八年刊登在《英國醫療期刊》（*British Medical Journal*）的一篇報告，全都發現在冷水中游泳對治療憂鬱症有效[32][33][34]。研究人員認為，那是因為當我們浸泡在冷水中，會啟動身體的壓力反應，心跳與血壓都會增加，釋放壓力荷爾蒙。重複暴露在這樣的狀況下，習慣之後會產生「適應性」。當我們狠心將自己扔進攝氏十五度的水中，並且順利「應對」之後，也就增強我們面對其他日常壓力的能力。

我有兩個朋友，最近飽受憂鬱症與健康問題所苦，他們發誓冷水游泳非常有效，他們宣稱回到相對溫暖的「空氣」中時，會先感覺到狂喜，接著隨之而來的皮質醇爆發超爽，嗑什麼都比不上。有天傍晚，我和他們一起去，慢慢進入黑漆漆的海中。我匆匆看了一眼碼頭上的溫度計，證實了我最大的恐懼：攝氏六度。我真的很想逃跑，在這種天氣脫掉衣服跳進水裡，簡直是瘋了。不過，多虧同儕壓力，我知道我一定會下水。我們只穿著比基尼（這算保守了——那個切除乳房之後還在康復階段的朋友全裸）往水中一跳。

一瞬間，我整個人慌了。冰涼的水刺痛皮膚。我驚慌地胡亂揮舞手臂幾秒，拚命想呼吸／站穩／確認方向，然後急忙抓住碼頭盡頭長滿水草的滑溜溜梯子往上爬，皮膚像火在燒。其實不算「游泳」，只是「泡一下水」。不過一上岸，我立刻察覺三件事：一、雖然氣溫只有攝氏六度，而我只穿著比基尼，但我不覺得冷。二、我的皮膚很紅，像剛切開的甜菜根。**真迷人**。三、我覺得很舒服。儘管皮膚變甜菜根，鼻子和喉嚨後方有揮之不去的海水鹹味。其他人游完之後浮出水面，身上閃耀水光。他們笑容燦爛，興奮不已，甚至喧譁吵鬧。他們的身體——與心靈——完成了神奇的事，他們激動無比。

他們說服我下星期再試一次，根據那位裸泳朋友的計時（你沒有看錯：她全裸，但是戴著忠誠的 Apple Watch），這次我在水裡待了**整整兩分鐘**！我不會說這次的經歷很愉快（一點也不），但後來我很慶幸自己嘗試了。大部分的運動都讓我有這種感覺。我還沒有發現真正喜愛的運動——這其實是個問題，因為所有研究與專家一致同意，找到喜愛的運動才可能持之以恆。

我包著毛巾、捧著咖啡，站在碼頭上對其他人揮手，他們還在游泳。這時，我發現海面上有各式各樣的活動。從小艇到小船、風浪板、帆船，甚至還有人站在板子上，根據可靠消息來源，那種運動叫做「立式單槳衝浪」或「立槳」（stand-up paddleboarding，SUP）。那些人看起來好像在水面上行走，耶穌風格，偶爾平靜地把一根桿子插進水裡。然後，我發現每個「耶穌」都站在一塊像衝浪板的東西上。整個畫面很祥和。

我不會衝浪。我不酷，也不愛運動。以前念書的時候，每次要分隊比賽，一定最後才會選到我。小時候我根本不運動（太多課外活動，沒時間運動）。二十多歲那段時期，我用運動懲罰自己，拚命縮減自己。變小、變瘦，不引人注目。我從來不會想帶球奔跑。不過這個？這個！

裸泳友人稍微懂一點立槳，於是她教我如何用槳作為輔助，在漂浮的板子上站起來。我學到，這種運動有許多類別，包括衝浪、激流立槳、立槳瑜伽，甚至立槳釣魚——全都可以促進身體健康、心靈平靜，並且深度接觸自然。附近有一家俱樂部，我可以去試試看，那裡的人非常和善、有耐心，樂於幫助我起步。

「妳在等什麼？」她問。

沒有。我沒有等什麼。經歷過臥床待產，我發誓要把握機會多動。醫生說我懷過雙胞胎之後，可能必須動手術修復腹部肌肉。不過，美國運動委員會（American Council on Exercise）的研究報告指出[35]，立槳有對腹肌有好處。於是我決定試試，拿起槳作為逃避挨刀的最後手段。一開始，我搖搖晃晃站不穩。經常落水（皮膚變成甜菜根的顏色）。後來，好不容易，我站起來了。而且可以靠自己移動，自己控制速度。我覺得很像澳洲肥皂劇裡的人物，也很像低成本的動作喜劇片《海灘遊俠》（*Baywatch*）。不過我很喜歡，我從來沒想過會這麼喜歡任何種類的運動（每次聽到別人說很愛運動，我都覺得他們在否認現實，不然就是誤以為「運動」是「蛋糕」的意思）。出門去玩立槳有如迷你冒險，只要風不太大，我就可以徜徉在美麗的自然景色中。我幾乎沒有流什麼汗，也依然沒什麼肌肉，但我覺得體力改善許多。

科學家發現，結合運動與戶外時間會帶來額外的好處。澳洲坎培拉大學（University of Canberra）的研究發現，走出戶外與運動同時進行，可以降低焦慮[36]，而艾塞斯特大學的研究人員發現，所謂的「綠色運動」可以降低緊張[37]。不過，**不只是因為運動讓我們感覺良好，科學也證實不運動會讓我們感覺不好。甚至可能導致憂鬱症。**

布蘭登．史塔布醫生在他的專業領域裡獨樹一格，他原本是物理治療師，後來成為情緒與心理學研究的頂尖專家。史塔布在一家精神病院擔任實習物理治療師，他發現許多病患的生活非常靜態，幾乎整天坐著不動。我想進一步瞭解，於是打電話訪問，他告訴我：「那時候是二〇〇〇年代初期，但已經出現很多證據，證明坐著不動的生活方式對健康有不良影響。於是我就想，如果讓這些靜態的病患戴上計步器，會有什麼發現？」他先是觀察他們的平均步數，然後請他們增加一成。「也就是說，如果他們每天走五百步，我就會說：『多走五十步。』非常小的改變。」

「不是說要每日一萬步嗎？」

「沒這回事，」史塔布說，「那只是一家公司想出來的花招。一九六四年，即將舉辦東京奧運的那一年，那家公司希望更多人買計步器，所以推廣這麼高的步數。」史塔布很樂意戳破這個迷思，因為雖然能走一萬步非常好，但是很多人做不到。「並不是說走不到一萬步就沒用，很多證據顯示，就算只是低度活動也有益處。」他說。

收到。

史塔布注意到，增加活動量之後，病患的情緒也產生變化：「我在實務中一次又一次看見，只要動起來，心情就會變好——要是都不動，心情就會更差。」

那個，呃，我尷尬地試探，知道自己已經很久沒運動了，**請問，多久沒運動會開始心情變差？**

「一星期。」他回答。

才一星期！

「隨機對照試驗——也就是以實證為基礎的最高級試驗——結果顯示，如果一個星期不動，或被強迫靜止，那麼，我們就會感覺心情不好。」史塔布說。也就是說，如果我們心理狀況正常，也沒有潛在健康問題，那麼只要一陣子不運動，我們就會開始心情不好。以現代社會的狀況，一不小心生活就會變得靜態。事實上，幾乎每個人都過著靜態生活。從古早的狩獵生活，經歷人力勞動的工業時代，到了現在，車輛、電腦、節省勞力的設備，我們的工作幾乎不需要身體勞動。現代人可以整天不離開舒適的沙發，以「虛擬方式」交流。史塔布認為，這樣會造成健康問題。因此，他的下一步就是把這篇論文整個翻轉過來，研究如果保持活動、進行輕度運動，是否可以**抵擋**憂鬱症，甚至克服低落的情緒。

二〇一六年，他進行了三十次隨機對照試驗，結果顯示，當運動維持十二到十六週，便能降低憂鬱症狀[38]。「我們發現，對於某些案例而言，運動的效果甚至比藥物好，不輸認知行為療法。」史塔布說。這是個好消息（非常好），**因為抗憂鬱藥物會有副作用，但運動沒有，而且比心理治療容易取得**。他補充說明：「我認同藥物很重要，也救了很多人的命，認知行為療法也一樣——但改變生活形態也很有用。」

即使沒有憂鬱症，運動也很有幫助，可以避免悲傷與低落心情惡化成更嚴重的問題。

二〇一八年，史塔布與研究團隊進行了一項統合分析，發現運動可以降低憂鬱症發病的風險，不分年齡，也不分地理區域[39]。「我們發現，活動程度較高的人，無論是兒童、成人或高齡成人，未來罹患憂鬱症的機率都比較低，」史塔布說，「橫跨每個大陸的情況皆如此，並且都參照了其他重要因素，例如身體質量指數、是否抽菸、身體健康狀況等。」二〇二〇年，史塔布與研究團隊公布了新的調查結果，確認青少年就算只是進行輕度活動，也有助於預防精神健康問題[40]。現在證據已經印成白紙黑字了，運動不但能預防憂鬱症，**並且**有助於治療。

那麼，為什麼沒幾個人知道？

「這樣說吧，改變生活方式欠缺強而有力的推廣。」史塔布說。「製藥公司團體的力量非常強，在英國，精神與心理醫學團體的力量也非常大。」

換句話說，就是因為改變生活方式，讓他們無利可圖？

「我認為是這樣。」

這個消息既令人沮喪——這個世界很現實，什麼都向錢看——也帶來希望。之所以有希望，是因為改變生活的治療方式之所以不為人知，並非因為欠缺證據，只是因為沒有人宣傳這些證據。而這個問題我們所有人都能幫忙克服。

我開始尋找其他願意接受運動有助於治療精神健康問題的人。歌手愛莉・高登（Ellie Goulding）曾經說過她以運動抵擋恐慌發作[41]。影集《女孩我最大》（*Girls*）的主角莉娜・丹恩（Lena Dunham）曾經在Instagram上發表這段文章：

> 我對自己承諾，無論《女孩我最大》第五季的拍攝工作有多忙，運動絕對不會是我第一個選擇放棄的事，因為運動幫助我減輕焦慮，達到我連作夢都不敢想的效果。所有因為焦慮症、強迫症、憂鬱症而苦的人：我知道別人叫你要運動有多討厭，我吃了整整十六年的藥，然後才終於聽勸。我很慶幸我聽了。運動不是為了你的臀部，而是為了你的大腦[42]。

現在就走出去、動起來，對我而言這是沒得商量的條件。**不能因為悲傷就什麼都不做——悲傷不是免死金牌。我們依然不能偷懶。要努力才能不讓悲傷「變壞」**。但是也不能努力過頭。

「千萬要記住一件很重要的事，我們所說的運動，絕不是什麼瘋狂誇張的程度。」史塔布說。「只要一週運動一百五十分鐘，每天二十分鐘，憂鬱症風險就能降低三成。」

降低三成，這非常驚人。我告訴他我信了。

他告訴我，如果有意願，做更多運動當然很好（史塔布本人就是這樣）：「但是，最多不能超過每週三百分鐘。」他說。雖然沒有研究直接比較有氧運動與無氧運動的效果差異，「不過，我認為兩者的效果應該一樣好。」史塔布說。換言之，做什麼運動都沒差：「重點是要找到自己喜歡的運動——因為這樣才能持之以恆。」

我鼓起勇氣，決心要持之以恆，並且發誓我要動起來。只要天氣允許，我就會去玩立槳，不能玩立槳的日子我就去散步——散步的好處是不需要裝備、也不需要準備。我每次都走上幾千步，出門辦事都會變換路線，享受新的風景、新的氣味。我聞到茉莉花香，於是停下腳步細細品味。回家的路上，我經過一棵香氣特別濃郁的木蘭花，一時忘我。我感覺陽光照在臉上，發現走路讓我覺得舒服許多。走路幫助我在夜裡睡得更香，甚至幫助我在白天的思路更清晰。長久以來，走路與創意就分不開。早在西元前三世紀，亞里斯多德便創立了「逍遙學派」，基本上就是「一邊走路、一邊談話」。丹麥哲學家齊克果（又是他）在十九世紀寫下：「我最好的想法都是在行走時得到的，無論多麼沉重的念頭，都能靠行走遠離。」[43]

蘋果公司的執行長賈伯斯很喜歡走路，他相信新鮮空氣與運動能幫他想出更好的點子。二〇一四年，史丹佛大學的一項研究證實，走路確實對創意發想有正面影響[44]。悲傷是解決問題的情緒，那或許可以說，走路是解決問題的活動——**當我們感到低落時，走路這種平易近人的運動很令人安心。**

經過整整六週的壞天氣：下雨、大雷雨、聖經等級的瘋狂氣候（噢，原來是你呀，全球暖化），我可靠的氣象應用程式告訴我今天不會颳風。更棒的還在後面：太陽！我穿上橡膠靴，開車去「衝浪俱樂部」（無論你腦中冒出怎樣的想像，都把光鮮亮麗的程度降低一百倍）。我取下掛鎖，打開共用小倉庫，拿出我的槳板，然後就可以出發了。我很自由。我是我。

我划進宛如玻璃的海面上，槳探入一望無際的海水鏡子。這裡非常完美：只有我、槳板，以及一隻跟屁蟲海豹（我為他取名「德瑞克」）。陽光在水面上映出一塊塊橘色圖案，我沿著有如荷葉邊的海岸前進，吸進海上鹹鹹的空氣，感覺非常……好。

20 讓心靈均衡

將擁有的物品視為「快樂藥」或評量「成功」的標準，最會增加寂寞的感覺。以「物品」作為顯示悲傷或壓抑悲傷的手段都沒用。無論是擁有東西或吃東西都一樣。

運動能帶來改變，新鮮空氣也有幫助。但還有另一個很重要的東西。如果想要容許正常「悲傷」，並且不要惡化成其他問題，那麼，我們必須**找到平衡**。

T曾經在我不知情的狀況下偷拍我在床上的照片。當時我們剛開始同居，已經過了午夜，我穿得很清涼，這麼說好像T很變態，但實際上不是那樣。在照片裡，我睡著了（「還是很變態。」T指出。我可以解釋……），身邊的床單上鋪滿一堆A4紙，上面印著大量文字，我張嘴流口水，距離打開的筆電只有一公分，身體蜷成胎兒姿勢。我的樣子活像命案現場用粉筆畫的屍體輪廓，只是一手拿著筆、另一手拿著黑莓機（嗯，我知道：暴露年齡了）。

那時的我工作太拚命，經常加班到很晚，努力在下班時間展開新計畫。我很「失敗」，不孕治療無效，也沒時間和朋友或T相處。基本上，我沒空做任何事，整天盯著好幾個螢幕。現在你們也該看出來了，當時比起「平衡的人生」，我更傾向於選擇「工作」，因此這張照片起了很好的警惕作用，每當我又要陷入這種衝動，就會拿出來提醒自己。

我依賴咖啡、糖和血拚（賄賂）撐過白天。晚上則靠蘇維農白酒和助眠成藥入睡。我運動，在公司樓下的健身房上一些我不喜歡的課程，名稱中經常見到「高強度」之類的字眼。我也閱讀。有一次我遭到無情嘲笑，因為我去參加《慾望城市》（*Sex and the City*）首映會，而我竟然帶著契訶夫作品集（我要幫自己說句話，那是《慾望城市II》：我需要這本書）。我做了一些正確的事，不讓悲傷變成嚴重的問題。不過，我沒有好好照顧自己。差很多。因為要好好感受悲傷，還有其他關鍵。那張照片裡的我＋筆電＋凌晨一點的口水，提醒我要保持人生均衡。

我們必須取得平衡。

「均衡」從來都不「酷」。沒有人會用「平平穩穩」來形容人生中精彩的事。「均衡」的宣傳團隊很沒用。我們不會「均衡」地墜入愛河，也不會經歷「均衡」到誇張的分手。沒有一首流行歌曲以「均衡」為主題，很守規矩地只喝一杯酒，然後狠狠鑽進被窩裡。因為均衡**不刺激**——不過很重要。

還記得過勞嗎？還記得那些可怕的症狀嗎？精疲力竭、難以負荷、頭痛腹痛？這些症狀或許剛好讓你覺得很熟悉。英國人以歐洲最長工時而聞名，許多人甚至忙到沒時間吃午餐，越來越多人只能可憐兮兮地坐在辦公桌前隨便填飽肚子。美國與日本的工時甚至更長。然而，高工時不代表生產力、價值或個人滿足；事實上，高工時會危害健康。研究顯示，工作過量會導致過勞、判斷力降低、慢性疲勞，最嚴重甚至會縮短壽命[1]，方洙正這麼說。他是史丹佛大學訪問學者，在矽谷創立了諮商機構「策略與休息」（*Strategy and Rest*）（他曾經擔任《大英百科全書》的副編輯，所以啦，他**知道**很多事）。我聯絡方洙正，希望能進一步瞭解，他告訴我：「這方面的研究從不曾間斷，事實上已經持續超過一個世紀了。」過去幾年我們談過幾次，我一直很想多瞭解他的研究。他說：「現代人已經逼近人體能力所能允許的工作上限。」因此，越來越多公司想尋求更平衡的工作方式，而且老闆大多是曾經在華爾街或矽谷打拚的老兵。

就算生病也要硬撐著去上班，這是很大的問題。「我們評估生產力的方式，已經不是以收割多少畝地作為標準，因此，我們在工作上花費的時間就成為替代方式。」方洙正表示。**裝忙是融入環境的一種方法，而當大家都在裝忙的時候，過著平衡人生的人感覺就像在偷懶。**自從工業革命之後，**自願**過度工作（而不是為餬口而任人奴役）已經成為西方社會的一部分。曾經有人擔心自動化生產會導致大家有「過多」休閒時間。不用說也知道，這個問題從來沒有發生。我們工作的時間反而更長——然後來到一九八〇年代。

拜電腦與全球化所賜，管理階層可以用「你不做別人等著做」這種威脅來壓榨員工。因此壓力更加沉重。我們只能承受，雖然被壓到快要喘不過氣，但還是奮力扛起。「只是，這樣撐不久。」方洙正說。**二十多歲的時候，我們或許以為就算工作過量也沒問題，不過，基本上，那是因為我們才二十多歲。**

「剛進入職場的時候，因為要學的東西很多，所以這樣的工時有幫助。」方洙正接受這種狀況。「但是，這種工作模式只有年輕人才受得了。撐不下去的人非常多。」我想到幾個朋友，他們發現高中或大學畢業之後那十年，職場壓力大到受不了。主要是因為工作環境與公司預期的工時，幾乎不可能承受。

「我們全都太高估自己應付沉重工作的能力。」方洙正說。事實上，他觀察到：「社會嚴重低估育兒的難度與重要性。」他自己有兩個孩子。「養育孩子是我一生中做過最重要的事，但他們是吸血鬼。**可愛的**吸血鬼。不過依然是吸血鬼。」每次聽到有人說出育兒日常那種混合著感恩、絕望及/或疲倦的真實狀況，我心中都會充滿莫名強烈的感激。我告訴他，昨晚我被吐在身上兩次

（「其中一次還吐進**耳朵**。」），等一下還有五個小朋友要來我家吃飯。

「真的**非常**辛苦。」方洙正點頭。「一項研究顯示，現代女性帶孩子的時間比她們的祖母還長。這真是……」我等他說出高科技/矽谷專業名詞，但他說的卻是：「超瘋狂。」

沒錯，我點頭：**說得對**。

「必須『時刻緊盯』孩子才算是『好媽媽』，這種想法又是另一個坑害女性的陷阱。」他說。對極了。

我們父母的那個世代，對育兒有著截然不同的期待。「我爸爸小時候，正好是日本占領韓國的時期。」方洙正告訴我。「而我媽媽住在西維吉尼亞州，窮得要命。」方洙正小時候，他父親是大學教授，經常待在巴西，研究地方紀錄與地政資料。「所以我們也跟去。」方洙正說。「我小時候的育兒模式，是以工作為重心來調整生活——小孩也跟著動。把小孩放生，叫他們吃晚餐之前回家，這樣就夠了。」這些往事確實很棒，但是在現代社會對育兒的期望下，必須要有時間、力氣，加上如鋼鐵般的卵子，才能奢望在人生中取得平衡。最有趣的是，方洙正是那種「只要能活過這一天，怎樣都好」的父母。

「例如說，對於使用螢幕的時間，我的態度沒有那麼保守，我不認為在飛機上讓小孩玩平板電腦真有那麼**十惡不赦**。」他告訴我，接著說：「我小時候坐飛機，空服人員會問我媽要不要給我安眠藥。『吃藥讓小孩昏睡』是當時的標準作風。所以，說真的，再看一次《花木蘭續集》？這算是時代進步……」現在他對育兒的看法很簡單：「只要小孩沒有變成恐怖組織的娃娃兵、殺人魔或因為傳染病死掉，父母就算成功了。」

雖然我不想用小孩當藉口，但我很清楚，當媽媽之後我工作的時間少了很多，這或許是好事。好吧，沒有在工作的時間，其實我也沒有休息。但育兒確實改變了我的優先順序。以前的我，在那個蒙昧的時期（哈！），總是用工作與生產力來定義自我，但這麼做有個問題，就是我會將工作上的所有失敗，都視為是*我個人*的失敗，甚至是*我這個人*很失敗。不過，人並不等於我們所做的事。**就算無法時時刻刻有所成就，我們的價值依然沒有減少。無論我們有沒有貢獻、有多少存款、在職場上有怎樣的頭銜與角色，我們依然有價值。**

我們全都需要相信除了自己之外的東西——使命，我們熱衷的東西。除了工作之外，能讓我們早上願意起床、能阻止我們過度工作的東西。因為方洙正所傳達的核心意義似乎是：**如果能少做，就該少做。好好休息。**

「我們需要休息，才能理解我們的世界。」方洙正說。他稱之為「慎重的休息」，並且認為這才是生產力真正的關鍵，可以給我們更多精力、創意、生活平衡。為了確認自己不是空口說白話，他也有身體力行。於是我問方洙正他的行程。他告訴我，他經常小睡，並且拒絕把行程排太滿：「真的很有用。」

我也很想多「休息」，我也很想「小睡」。但我的天主教罪惡感加上新教工作道德（這兩個加在一起真的很不得了），讓我覺得這麼做簡直是瘋狂放縱。就像喬治・歐威爾所寫的小說《動物農莊》裡那匹叫做拳擊手（Boxer）的馬一樣，我的人生座右銘向來都是「努力再努力」。我也很清楚所謂的「一萬小時理論」——想要真正做好一件事，必須練習一萬小時，這是麥爾坎・葛拉威爾在《異數》（*Outliers*）這本書中所推廣的理論[2]。一萬小時理論的根據，是心理學家安德斯・艾瑞克森（Anders Ericsson）所做的研究，他目前任教於美國佛羅里達州立大學（Florida State University），當時他研究了柏林音樂學院的小提琴家，發現最優秀的演奏家每個都累積了一萬小時的練習時間[3]。我知道，按照邏輯，這些人一定也有天賦的才能或資質。要我揮拍打球沒問題，但我永遠不會成為網球天后小威廉斯。不過重點還是一樣：努力＝成功。沒有辛苦，就沒有#收穫。

「那麼，難道我們不該努力？麥爾坎・葛拉威爾的理論不算數嗎？」我問方洙正。「艾瑞克森的研究又怎麼說？要是我不夠努力，怎麼可能贏得大滿貫、成為世界一流小提琴家，同時發球也超殺？」

方洙正似乎很同情我的煩惱，然後告訴我艾瑞克森的研究中比較不為人知的部分，說來奇怪（也可以說一點也不奇怪，端看個人觀點），這部分的發現反駁了「努力」理論。艾瑞克森研究小提琴學生時，發現雖然最上進的學生需要一萬個小時的練習，才能成為世界一流的演奏家，他們也確實比同學更專注練習，不過他們的睡眠時間也更長。

「相較於成就普通的學生，他們每天多睡一個小時。」方洙正說。「他們會睡午覺，也會注意晚上要睡飽。」

什……？我發出很像海鷗快死掉的聲音。

「是真的，」方洙正說，「他們的休息時間更長。」

我的頭真的要爆炸了。從震撼中恢復之後，我問方洙正，沒有人發現「休息」這部分，他覺得驚訝嗎？

「有，也沒有。」他回答。「在艾瑞克森原本的文獻中，這部分只有兩段。我們很容易就會略過睡眠與『休息』的部分。」他說，這是因為我們的文化讚揚「行動」，唾棄「不動」。或者該說，雖然看起來不動，但其實是神經元恢復原廠設定所需的時間，也是細胞重建、復原所需的時間，這樣我們才能再奮鬥一天。也是因為如此，世上那些愛睡覺的人，他們休息的時間被從歷史上抹去。他以英國政治人物、作家羅伊・詹金斯（Roy Jenkins）為前首相威廉・格萊斯頓（William Ewart Gladstone）所寫的傳記為例[4]。詹金斯寫了很多格萊斯頓不停工作的事，卻徹底忽略他曾經花一整個月在西西里健行，也沒提到他非常仔細閱讀《伊里亞德》，甚至發現書中人物從來不用『藍』這個字。太神了！要多仔細讀一本書，才會發現沒有藍這個字？然而，我們的文化總是把工作擺在第一位，得到最多的推崇，格萊斯頓的傳記也一樣。「就連富有同情心的傳記作家也會把焦點放在工作上。」方洙正觀察道。

但休息很重要。很多好事只會在休息時發生，例如修復身體與心靈。例如友誼、愛，以及偉大的思想。核融合反應爐的雛形是在滑雪時想出來的。披頭四的經典歌曲〈昨日〉（Yesterday）是保羅・麥卡尼（Paul McCartney）夢見的。俄國化學家德米特里・門德列夫（Dmitri Mendeleev）在熟睡時想出化學元素表。美國發明家埃利亞斯・豪威（Elias Howe）在熟睡時發明出縫紉機。

方洙正建議應該要重視睡眠，如果可能，也要固定小睡，並且規畫出可以徹底休息的時間。他希望我們所有人都能每季休息一個星期以養精蓄銳、補充體力。「科學家發現，我們度假的時間要超過一個星期，感受到的快樂與放鬆才會達到頂點，」方洙正說，「而心理上的益處則最多可以維持兩個月。因此，理想的假期安排應該是每三個月休假一週。」

我就知道，白馬王子醫生應該帶我遠走高飛，去住蒙古包……

方洙正認為，如果在理想的世界裡，他希望一週只要工作四天。「這種作法已經證實可以改善我們的私人生活，因為有更多空閒時間，」他說，「妳知道，可以實踐家庭義務，進行『生活行政』。」他說著笑了。

為什麼笑？

「在美國我們沒有這個詞。我覺得很酷。一聽就知道是什麼意思。」好吧。「那麼，妳知道了，一週工作四天，剩下的時間就來休息、玩樂。」北歐國家已經在考慮這種作法了，芬蘭總理桑娜·馬林（Sanna Marin）大力支持。「不過，不只是北歐，」方洙正說，「全世界各地都開始推行。這個不能不提，因為對美國人而言，北歐發生的事，等於發生在奇幻的中土世界。大家以為北歐人就像哈比人一樣，住在一個很神奇的地方，會發生很多超酷的事。」

「他們知道稅很重嗎？」我問。

「很少有人提起這件事。」他承認。不過，他告訴我，週休三日已經在全球一些地區實行了，「而且不限於那些大家都知道很重視生活與工作平衡的行業」。二〇一九年夏季，日本微軟試行了一個月，發現週休三日反而讓員工生產力大幅進步40%[5]。總部位於紐西蘭的金融公司Perpetual Guardian改為週休三日，引來全世界的關注。他們發現實施之後，生產力提高20%、收益增加，員工的精神健康也有改善[6]。他們並非變得更勤奮，而是以更聰明的方式工作。

「多年來，大家一直相信想要成功，就連睡覺的時候也要把智慧手機放在枕頭下——永遠隨時待命，永遠在工作，」方洙正說，「但並非如此。」事實上，我們最好盡量少碰手機。方洙正在二〇一三年的著作《分心不上癮》（*The Distraction Addiction*）[7]中引用了幾項研究的結論：拜智慧手機之賜，絕大部分的人一天只有三到十五分鐘不中斷的工作時間。我們每天至少會花一個小時——也就是一年五週——應付各種嗶嗶、咻咻或震動所帶來的分心，然後再重新回到工作軌道。根據最近一篇刊登在《哈佛商業評論》上的文章[8]，一則平均只花二點二秒就能讀完的簡訊，便可能讓工作出錯的機率增加兩倍，並且要花十一分鐘才能回到分心之前的「投入」狀態。不用說，生產力也會連帶受到影響。

沒問題啦！你說：**我可以一心多用**。

想得美。

史丹佛大學的研究顯示，相較於一次只做一件事的人，一心多用的人生產力顯著較低，而且在集中注意力、回想資料、切換工作這些方面通常都會有困難[9]。使用螢幕同時進多項工作的狀況更糟。在媒體上一心多用，與憂鬱症狀、社交焦慮有所關連[10]，短期與長期記憶都會因此降低[11]，甚至可能改變大腦結構。二〇一四年英國薩塞克斯大學（University of Sussex）所做的研究發現，使用媒體同時進行多項工作的人，他們的前扣帶迴皮質（Anterior Cingulate Cortex）灰質量比較少[12]——腦中的這個部分與調節精神及情緒活動有關[13]。另外，美國匹茲堡大學（University of Pittsburgh）的研究顯示，如果使用超過七個社群媒體平臺，我們罹患廣泛性焦慮症的可能性會增加高達**三倍**[14]。

感謝老天，我想都想不出來七個社群媒體平臺（**七個**?!）。儘管如此，我對「讚」的愛好也不算太健康。智慧手機問世之前，我們每天只花幾分鐘在手機上。現在平均會花上三個半小時[15]。有時候，我會為了看手機上別人小孩的照片，而不理我自己的小孩。真是腦子壞了。

我們已經發現，花越多時間在網路上，越會感到孤單、壓力、憂鬱。二〇一九年，數位消費情報公司Brandwatch公布了一項報告，研究英國人在網路上表達情緒的時間，他們發現「悲傷」的高峰發生在大約晚上八點。很有道理。一天的工作結束了，工作及/或家庭責任已經達成，晚上八點，我終於可以坐下滑手機，上社群媒體看看別人都在做什麼。

晚上八點，我會發現，看啊，「每個人的生活都無比精彩」。晚上八點，我會有那種沉重的心情，覺得「自己不夠好」。

齊克果在一八四六年發表的散文〈當今時代〉（The Present Age）中，分析受到大眾媒體宰制的社會（很耳熟吧？）在哲學上的意義，他批評當代人對於瑣事過度好奇。他認為關注這些事會讓人變得「渺小」。看來早在我們開始互「戳」（還記得臉書這個功能嗎？**有夠詭異**）之前一百五十年，齊克果已經摸透了臉書。

我請教亨利克．休格—奧爾森（Henrik Høgh-Olesen，皮膚黝黑、穿白長褲的齊克果專家），齊克果會如何看待智慧手機時代，他表示，這位十九世紀的哲學家看到社群媒體占據我們的生活，一定會感到絕望。

「以我個人身為演化心理學家的看法，我認為，比起以往任何時候，現代有更強烈的悲傷基礎。」

怎麼說？

「呃，一般的原始社會大約只有三十到六十個人，」他解釋，然後接著說，「所以我和妳都還算不錯——」

「多謝啦。」

「當然啦，還是有些人更漂亮、更聰明——」

夠了喔，亨利克……

「——不過我們還算不錯。然而，在現代，我們的同儕群體變成在媒體上看到的所有人。」

他接著說。「我們的同儕群體，是地球上那1%的頂尖菁英，美貌、成功、天才——和世界上的其他人非常不一樣。然而，大多數人奉行的標準，依然由那些少數菁英設立。」如果我們想達成這樣的標準，休格—奧爾森相信：「我們會很悲傷——毫無疑問。」

如果我們不放下手機，離開社群媒體，尋找生活的平衡——如果我們繼續失衡——一定會感到悲傷。毫無疑問。許多研究也顯示，我們對智慧型手機與社群媒體的依賴，讓悲傷更可能惡化成嚴重的問題，例如憂鬱或焦慮。因此，我們全都應該渴望改變。

方泆正建議小小步慢慢來：「喝咖啡的時候，把手機螢幕朝下放在桌上。這算是小小的抵抗，就像在說『我會理你，但要由我選擇什麼時候』。」專家也建議我們，只要有機會就把手機轉到飛航模式，關閉通知，晚上也不要把智慧型手機帶進臥房。

心理學家菲莉帕．派瑞更進一步，在她的著作《一本你希望父母讀過的書》當中，她表示父母應該盡量不要讓孩子看到智慧型手機：「大家都知道，對酒精、毒品上癮的人不是好父母，因為他們最關心的是酒精、毒品，因此孩子無法得到所需的大量關注。手機上癮的狀況也差不多。」[16]

方洙正在二〇一三年開始研究智慧型手機對文化與大腦的影響，那之後，更多人開始認真看待過度使用智慧型手機的問題。「在個人層面上，大家都知道該怎麼做才對，」他說，「但他們沒有**實踐**。」然而，他不認為責任完全在我們身上：「轉售我們的注意力有很大的經濟紅利，人們持續因此而致富。」大公司花錢買我們的關注。我們的專注力標價很高，是因為如此一來，各種機構都能夠進一步瞭解我們，賣更多「玩意」給我們。

我的Instagram、Twitter、臉書頁面全都是滿滿的#廣告#贈品，無論我多努力刪除，依然春風吹又生。社群媒體上，那些宣揚我們可以擁有多少「玩意」的貼文現在感覺很沒品，因為經濟蕭條、失業率提高，加上全球疫情造成的各種影響（你也可能擁有一些別人無法負擔的閃亮亮玩意）。我很清楚。我感覺到了。儘管如此，每當我打開Instagram就會掉進神秘的兔子洞，就算逃出來，也會有種不滿足的惱人感受，並且隱約相信只要我有@辣媽部落客（這是我瞎編的，不過搞不好真有人用這個名號）穿的那雙靴子，我的人生一定會一帆風順。只要我有那件名牌Burberry的風衣，我絕對能變成更好的人。

我在學生時代讀過約翰・伯格（John Berber）所寫的《觀看的方式》（*Ways of Seeing*）[17]，深感過去五十年來（五十年！）我們什麼都沒有學到。伯格在書中談論宣傳與廣告時說：「廣告誘惑每個人，告訴我們只要買更多東西，我們就能改頭換面。廣告甚至誘惑我們，買更多東西可以讓我們更富有——即使事實上花錢只會讓人變窮。」

宣傳與廣告的重點，就在於鼓勵人們藉由買東西改變人生——告訴我們只有買下**那個東西**，我們的人生才會圓滿。我的意思並不是說我們不能享受物品。物品很棒。我們愛各種物品（尤其是T，我在寫這個章節的同時，逮到T訂了一張完全不實用的新椅子要放在家裡，他沒有先和我商量，而且價格我們負擔不起）。而是我們**不需要**這些東西。

根據我的親身經驗，事情完全不是這樣：T看到不實用新椅子的廣告，決定他喜歡這張不實用新椅子。原本他好好的，但現在，即使只是知道不實用新椅子的存在，也讓T覺得，相較於未來那個擁有椅子的他，現在這個沒有椅子的他有如卑微的爬蟲。沒有不實用新椅子的T，覺得自己遠不如擁有不實用新椅子的T。現在T覺得自己很失敗。於是T買了椅子。我怨嘆，現在我們少了一大筆錢，等到購買慾帶來的那一波多巴胺過去了，T並沒有覺得比以前好。事實上，他覺得更糟了——他的屁股很不舒服。

「不准說『我早就告訴你了』！」他告誡。

「**小聲說**也不行嗎？」我問。

他用像悲傷小狗的眼神看我。

雖然有人稱之為「血拚治療」，但「治療」那個部分的作用只有一下子，而且是虛假的。正如約翰・伯格所說：「宣傳的形象偷走了她對自己本身的愛，換成產品的價格重新送到她面前。」**如果我們任由廣告偷走我們的自我價值，那麼，我們的悲傷可能會變成更嚴重的東西。我們必須照顧自己——而且，反正沒有人需要那麼多「玩意」。**

根據Havas全球行銷傳播公司所做的「產銷合一」報告，世界上大部分的人都說，我們所擁有的那些東西，就算少了大部分，我們也能活得很滿足。二〇一六年，主張「堆越高越好」的家具巨頭IKEA公司永續部門主管表示：「我們很可能已經達到了物品數量的上限。」[18]如果連瑞典DIY大廠都告訴我們要放慢腳步、找回均衡，那麼，或許我們真的該尋找均衡。

瑞典人很善於在整體中取得均衡（雖然他們更擅長用肉丸讓人頭昏腦脹，衝動買下一堆浮水蠟燭）。瑞典語中有Lagom這個詞，意思是「要過平衡的生活」，用來形容一種功能性極簡主義——瑞典人從出生就學習的生活態度。一位瑞典朋友告訴我，他童年最初的記憶，是大人問他「你吃夠了沒有？」然後他回答「Lagom」。家長可能問孩子：「這些衣服合身嗎？」他們會回答，「嗯，大小lagom。」Lagom的意思是「充分」或「足夠」，體現瑞典人對生活的觀點，讓人理解到，拚命工作賺更多錢、買更多「玩意」，只是傻瓜的遊戲（尤其北歐的稅率那麼高）。

挪威人還有另一個詞，Passelig或Passé，意思是「合適」、「恰當」、「剛好」——他們可能會說天氣「passé varm（暖得剛好）」（雖然在挪威不太可能發生），或是房子「passé stor」也就是大小「剛好」：合適。我的朋友瑪麗安告訴我，芬蘭語中有Sopivasti這個詞，含意也很類似「恰到好處」。不過，不只北歐人懂「剛好足夠」的觀念。在泰國，他們會說por dee，也就是「正好合適」。一位泰國老師說她的薪水por dee，可以過得很舒服，需要的東西都不缺——很類似瑞典的Lagom。同樣地，一件洋裝可能por dee身體，一份工作可能por dee一種生活方式。就連古希臘人也有類似的概念，西元前六世紀，羅德島的詩人克萊奧布盧斯（Cleobulus）主張metron ariston，也就是「適量最佳」。**看來，我們杯子裡的水或許不是半滿或半空——而是剛好足夠。**

極簡主義生活方式最近十年越來越夯，不過美國作家約書亞・貝克（Joshua Becker）從二〇〇〇年代就開始擁抱這種生活方式。貝克與妻子、兩個孩子住在美國佛蒙特的大房子裡，自認實現了「美國夢」。

「每次加薪我都會換更大的房子，也會花更多錢。」他告訴我。「屋子裡塞滿雜物——不是什麼高級商品，我們也買了很多Target百貨的便宜貨，但依然是雜物。我們並不特別，」他指出，「我們有兩個孩子——所以這樣很『正常』。」有天他在整理車庫，發現過程竟然那麼耗時。事實上，他花了一整天的時間，因為他累積了太多「雜物」。「當時我兒子五歲，他叫我去後院陪他玩，五歲的小孩都這樣。」他說。「但我一直回答：『等我弄完。等我整理好就去陪你玩。』」然而幾個小時過去了，貝克依然在努力和他買來的東西奮鬥。他看著那堆花了整個上午加上整個下午整理的雜物，發現這些東西對他而言毫無意義。「我瞥見兒子在遠處，自己一個人在後院盪鞦韆，他已經在那裡等了一整個上午。」貝克說。「我終於領悟到，我所擁有的東西全都不能讓我快樂——不只如此，我甚至因為那些東西，而拋開了真正給我使命感與滿足感的家人。」

他下定決心要改變，於是開始出清屋子裡的雜物，把東西送給別人，並且建立一個部落格BecomingMinimalist.com——算是任務宣誓。他和家人搬去大小只有一半的房子，「一開始真的很不容易，」他承認，「但是空間變小之後，我們不得不學習如何相處。」擁有的東西變少了之後，他發現自己有更多時間。「我也更能專注，壓力與分心也減少了——變得更**自由**。」他說。

二〇一八年經濟衰退，世人開始關注極簡生活。「大家失去工作、房子，錢也變少了，經濟下滑導致許多人開始過簡單的生活，無論是情勢所迫或自己願意。」

現在，貝克的部落格有兩百萬人追蹤。而他寫了五本書探討極簡生活，逐漸有更多人加入陣營，宣揚極簡生活、在消費與人生中找回平衡，包括極簡生活大師約書亞・菲爾茲・密爾本（Joshua Fields Millburn）、萊恩・尼克迪穆（Ryan Nicodemus），還有李奧・巴伯塔（Leo Babauta），他有六個小孩（六個！），竟然還能維持極簡生活。柯林・萊特（Colin Wright）只擁有五十一件東西，並且遊遍全世界。《物慾窒息》的作者詹姆斯・沃曼曾經預言「體驗」遠比「物品」重要，後來獲得許多研究證實。這些人各自有不同的作法，但極簡生活讓他們能夠追求充滿使命感的人生，改善他們的精神健康，不但省錢也能救地球。

根據聯合國的報告，我們必須盡快設法解決氣候變遷的問題，已經到了生死存亡的關頭。如果要將暖化控制在攝氏1.5度的範圍內，就必須年減15%的碳排放——可想而知——買更多東西毫無幫助[19]。

物質主義與精神健康息息相關，因為憂鬱的人為了讓自己好過一點，而更常買東西（這就是：血拚賄賂）。當人陷入「孤獨閉環」（Loop of Loneliness）時，感到悲傷會讓我們想血拚——而血拚完後又讓我們更悲傷[20]。荷蘭蒂爾堡大學的研究人員進一步探討之後發現，**將擁有的物品**

視為「快樂藥」或評量「成功」的標準，最會增加寂寞的感覺[21]。以「物品」作為顯示悲傷或壓抑悲傷的手段都沒用。無論是擁有東西或吃東西都一樣。我知道，我是過來人（你很可能也這麼做過）。蛋糕很棒，甚至很美味，但蛋糕無法「修復」我們。無論網路迷因怎麼說，事實上，「蛋糕治療」的醫療效果非常可疑。

現在，終於到了我最不想寫的部分……

21 身體也要均衡

健康的飲食會成為我們的地基，
當面對其他所有風險因子，無論是基因、生命中的嚴重創傷事件，
或你無法控制的狀況——你都能有更好的耐受力。

我花了很多年的時間，才終於能和身體自在相處，培養正確的飲食態度，因此這個章節我拖了很久才下筆。直到今天，我依然無法完全擺脫飲食的困擾。就像憂鬱症一樣，進食障礙無法徹底「治癒」：我們只能學習控制。現在的我會吃甜點。我喜歡甜點，丹麥的酥皮點心非常美味。我想成為吃甜點的那種人。我**吃**甜點。

儘管如此，我依然不喜歡肥肉溢出褲腰的感覺。上個星期，一位記者同行來訪問T，我發現自己稱讚她好瘦。

T斜斜看我一眼：「她在政治犯集中營關了五年。」

「噢，對喔。也是。」

這次我表現不太好。不過一般而言，我控制得還不錯。我從來不在孩子面前提起任何身體或容貌相關的事。每次吃飯我都裝滿盤子，而且乖乖吃光。有時候我吃太少，有時候我吃太多。吃太多的一定是甜食。但現在我懂得比較多了，知道要謹慎看待流行的減肥法，避免盲從潮流，以及——最邪惡的——非好即壞的飲食觀念。健康食品癡迷症是真實的疾病，我任職於女性雜誌公司時，同事六成都有這種病。「身體自愛」運動*（body positivity movement）很努力對抗這種疾病。不過，如果可以吃得好又感覺更好呢？或者，至少只要感覺到「普通悲傷」？因為，儘管這種說法過時、蒙昧又很有問題，但卻沒有錯：**我們必須注意吃進身體的東西。尤其是當我們悲傷的時候，尤其是我們有憂鬱傾向的時候**（基本上我都有）。

「現在出現了非常大量而且一致的證據，表明我們飲食的品質顯然與常見的精神疾患有關。當你已經有精神疾患，也會改變飲食方式。」菲麗絲・傑卡表示，她是澳洲狄肯大學（Deakin University）營養心理學的教授，也是食物與情緒中心的主任，並曾寫過《改變大腦的食物》

*編註：提倡接納所有身體，不論尺寸、形狀、膚色，並挑戰當代單一審美觀的一項社會運動。

（*Brain Changer*）一書[1]。幾項流行病學研究[2]都顯示，飲食品質會直接影響到人們是否罹患臨床焦慮症或憂鬱症——跨越國籍、文化、年齡族群[3]——傑卡著名的SMILES[4]試驗顯示，飲食可以有效治療憂鬱症。我和傑卡通話的那天，是個晴朗清爽的星期三，我已經整整一個星期沒有好好吃東西，我的身體與大腦告訴我它們很不滿意。於是我仔細聆聽。

「我們已經進行了至少三次隨機對照試驗，結果都顯示出憂鬱症患者一旦改善飲食，病情便會出現實質好轉，」傑卡說，「而且，這一點似乎不受其他我們通常會納入考量的因素影響——例如社會經濟地位、教育水準、健康狀況、活動程度、體重之類的條件。」她也發現，就連**非憂鬱症患者**，改變飲食也能改善憂鬱症狀[5]。臨床憂鬱症必須符合《精神疾病診斷準則手冊》九項症狀中的至少五項，但憂鬱**症狀**可能只是其中幾項——低落情緒的展現，大部分的人都經歷過。無論是哪一種狀況，改變飲食都有幫助，對於女性更是如此。研究顯示，對於有憂鬱與焦慮症狀的女性，改變飲食能帶來更大的助益[6]。

對大部分的人而言，偏重全食物的飲食最好。一項研究證實，遵循傳統地中海飲食的受試者，他們攝取豐富蔬菜、海鮮、不飽和脂肪，而少攝取精緻糖分；在四年當中，這些人確診憂鬱症的機率少了一半[7]。各種類別的傳統飲食，都優於現代過度精製的西方飲食；現在，英國與美國人所攝取的熱量，有一半來自於這類食物[8]。

糖是很大的問題，大部分的人攝取的量都超過世衛每日建議量的三倍[9][10]。高糖飲食會導致幾項發炎指數升高，而在憂鬱症患者身上也發現這樣的情況。「反式脂肪也明顯與憂鬱症有關。」傑卡說。「因為會造成健康風險，現在很多國家都禁止使用反式脂肪，但還是會看到。」如果成分表中出現下列項目就要特別當心：氫化油、部分氫化油、植物油（橄欖油基本上是果實油，所以沒問題）[11]。

◊

我在自己的社交圈裡做了個簡單的調查，發現：一、大部分的人根本不知道這些事。二、許多受過高等教育、政治立場左傾的朋友堅持認為，企圖「控制」或改變飲食的行為，是另一種形式的身體羞辱。不過，傑卡本身非常支持身體自愛運動：「重點不在於體重，」她不止一次這麼說，「而是飲食品質。」

「如果以肥胖作為討論主題，」傑卡說，「那麼，大家就會把焦點放在**錯的地方**——他們會著重於那些其實很難改變的事。影響體重的遺傳因素不可能改變。而且，我們的飲食環境發生了大幅度的變化，以個人的力量很難抵抗。」她說。我們所能控制的，是**此時此刻**我們吃的東西。

食物有助於保持平衡？

「絕對有。」她回答。「對於一些人而言，食物極為重要，對他們而言，食物本身便足以預防——或引起——憂鬱。」她說。「但我的想法比較類似於，**健康的飲食會成為我們的地基——也就是最根本的基礎。也就是說，當面對其他所有風險因子，無論是基因、生命中的嚴重創傷事件，或你無法控制的狀況——你都能有更好的耐受力。**你會比較不容易得到憂鬱症，就算得了，也會比較容易克服。」

訪談最後，她告訴我一件事，絕對是我整個星期聽到最好的消息：鷹嘴豆泥也可以算進每日攝取的蔬菜中（「真的！鷹嘴豆最棒了！」）[12]。

我們可以悲傷，我們可以感受。只要好好照顧自己，或許就可以避免悲傷惡化成嚴重的問題。多吃鷹嘴豆泥，少吃糖（至少這是我做出的結論）。美國普林斯頓大學的科學家發現，攝取糖之後所釋放的化學物質，其所引起的腦部活動很類似吸食海洛因[13]。和傑卡談完之後，我開始相信一個可以改善飲食與情緒的簡單建議：遵從地中海飲食。於是我照做。吃了一段時間之後，我原本以為是前更年期徵兆的夜間多汗問題（真的）奇蹟消失。有一個週末，我攝取了很多糖和咖啡因，加上沒有睡飽又喝了太多紅酒，結果第二天，多年沒發作的恐慌症竟然又發作了。我忘記提款機密碼，被困在離家很遠的火車站，直到一位名叫肯恩的好心路人幫我冷靜下來（謝謝你，肯恩）。

我重新找回均衡。當我主要攝取地中海飲食的時候，一切都沒問題。但不吃又會有問題。去別人家的時候，我依然有什麼吃什麼。我還是會在外面用餐、喝酒，維持社交生活，因為我不想和大家不一樣。不過，如果之後不盡快多少找回平衡，重新得到均衡，我就會迅速落入深淵，正常悲傷會變成低落情緒，甚至是更嚴重的問題。

很長一段時間，我企圖反抗。我覺得很蠢又很假，為什麼我不能熬夜，一杯接一杯喝咖啡、馬丁尼，想吃什麼就吃什麼，然後第二天依然神清氣爽，就像我身邊的那些人一樣？但我不是那些人，我是我。事情就是這樣。我已經四十歲了，要承認依然很難。於是我找了一個人談這件事，她在青少年時期便學會和別人不一樣，並且接受了「平衡」的代價。

◊

艾拉．米爾斯是「美味艾拉」（Deliciously Ella）美食部落格的創辦人，我們第一次見面是在二〇一九年初，我立刻看出，要告訴大家為了好好悲傷，取得均衡有多重要，那麼絕不能少了她的看法。乍看之下，米爾斯超級成功、外表出色，還擁有超越年齡的智慧，大家肯定會以為她不知道悲傷的滋味。不過，悲傷並非成功的必要條件，而且米爾斯堅持「平衡」，甚至不惜成為同儕中的異類。小時候，她對健康生活毫無興趣。「我從來沒想過這件事，」她告訴我，「那時我對糖嚴重上癮——甚至吃軟糖當早餐。」她生長的環境十分忙碌，家裡有四名手足。後來她離家就讀聖安德魯（St Andrews University）大學藝術史系。「那時候真的好開心，」她告訴我，「我和很酷的男生交往，每天晚上出去玩——我只在乎今晚會發生什麼事、會在哪裡遇到哪些人。」大二那年的暑假，她去巴黎展開模特兒事業。這時，開始出狀況了。

「我突然莫名其妙覺得身體很不舒服。」她說。「我下不了床。我花了整整四個月的時間跑醫院、看醫生，能做的檢驗全做了，甚至有一次住院十天檢查我到底出了什麼問題。」米爾斯終於被診斷出端坐性心搏過速症（Postural Orthostatic Tachycardia Syndrome，POTS）——也就是開發「我不好」應用程式的漢娜．盧卡斯所罹患的相同慢性病。她覺得很難告訴別人她的狀況，她說：「這件事真的很難啟齒，所以我從來不跟別人說。」於是她開始封閉自己，她說自己「越來越陷入低潮」，果然不久之後便罹患「非常嚴重的憂鬱症」，導致她接下來很多年孤立無援。

作為孤注一擲的手段，她上網查資料，只要有幫助，什麼都好。她碰巧看到《紐約時報》暢銷書作家克莉絲．卡爾（Kris Carr）的作品，卡爾推廣純素飲食。米爾斯嘗試過之後覺得開始好轉。她寫部落格記錄自己的飲食實驗，以及學習烹飪的經過，也就是現在知名的「美味艾拉」網站。「我說明我想學著『喜歡』健康食物，『因為我生病了，我想試試看有沒有幫助』。」其他人也開始分享他們的故事，「我這才體會到，每個人的生命中都有過重大考驗。」米爾斯說。因為想法改變了，她更能安然面對。「早點接受人生『並不公平』，就能變得更快樂。」米爾斯說。「我認為當時的我還沒接受。不過，我確實認為需要顧到所有方面，」她補充，「因為就算你吃了一大堆甘藍，如果你的精神健康狀態真的很不好，那也沒用。必須將自己視作完整的人，好好照顧。你必須接觸自己真正的感受，並且接納、面對。」

她的部落格吸引了一億八千萬名訪客，二〇一五年，米爾斯出版了《美味艾拉：超讚的食材、不可思議的美食，你和你的身體一定會愛上》（*Deliciously Ella: Awesome Ingredients, Incredible Food that You and Your Body will Love*），這本書登上英國烹飪書處女作暢銷榜。但越來越多的媒體關注，讓米爾斯感到無法招架。

「我好不容易覺得堅強起來，」她說，「但大家開始批評……**每件事**。如果對我所做的事提出有建設性的批評，那麼我不介意，」她說，「但大家也說了很多惡意的話，例如，『我討厭妳的聲音』、『妳醜斃了』、『妳就是太好命』。」當時她才二十三歲，剛開始和現在的丈夫兼事業伙伴麥特・米爾斯（Matt Mills）交往，他是工黨國會議員泰莎・卓威爾女爵（Dame Tessa Jowell）的兒子。他們訂婚之後，計畫展開連鎖熟食店事業。人生本應該充滿喜悅才對，但她卻經歷了令她感到無力的焦慮。「那種感覺就像是一直被監視、突然被推到大眾眼前，而每個人都對妳有意見。當時的我還沒有準備好面對隨之而來的強烈脆弱感，也還不夠成熟。」她說，接著又說：「那是我人生中最慘的感覺。」

接著，她的父母也說要離婚。「我們發現原來我爸爸（政治家肖恩．伍德沃〔Shaun Woodward〕），不但長年外遇，而且是同性戀。」她說。「這真的很難接受。」然後她的事業也遇到瓶頸。「所有新創公司都會在不同的階段遇到不同的挑戰。白手起家真的很不容易，我們遇到一些很艱難的挑戰。」她說。事業好不容易上了軌道，兩家熟食店、幾本食譜書、一系列蔬食產品、社群媒體也越來越多人關注，這時發生了大悲劇。「麥特的媽媽因為幾次嚴重癲癇發作而被送往醫院，後來發現她罹患腦癌，已經是末期了。從確診到她離開我們，幾乎恰好十二個月。」這次的打擊讓她徹底改變想法。米爾斯寫給已故婆婆的信中說道：「我從來沒有體會過這樣的愛，直到成為這個家的一分子。」

「她給我很多啟發。」米爾斯說，卓威爾直到生命盡頭依然享受人生。「我記得，一個天氣很好的夏季午後，我們一起燒烤，泰莎說：『妳知道，多麼完美的一天。』她是真心的，所以才這麼特別。」她快死了，但依然真心覺得這一天很完美。「那是最棒的一天。我永遠不會忘記。這是很好的生命課程：只要所有人都在一起——這就是非常、非常棒的一天。尤其是當你知道這樣的日子已經不多了。那麼，為什麼不快點把握？」

這個故事也教我們平衡的重要。**不必否認自己的感受與生命的悲傷，但同時也要享受美好。**

「有時候我會覺得，『繼續過日子』或許也沒那麼糟。」米爾斯說。「我認為兩者之間必須平衡，我也認為我們得要勇敢說出來——因為說出來很重要，說出來之後就能讓事情變得正常。感到焦慮是正常的。感到悲傷是正常的。覺得自己不夠好也很正常。這些都是人類真實的正常感受。我認為我們應該要盡早體認到，**每個人**都會有這些感受，無論是什麼人、什麼身分。」

「我認為，人有時候會太急於用障礙定義自己——我曾經也是這樣。」米爾斯說。「這不見得是好事。例如說，『我定義自己是生病的人』，或者是不一樣的人、有憂鬱症的人。我確實有慢性疾病。但我**只是**慢性疾病患者嗎？我真的不能做這個、那個嗎？」米爾斯現在強烈感受到「你不是你的病」。

「不能只是把感受掃到地毯下面藏起來，假裝不存在，你必須面對自己的感受。這麼做也是在面對挑戰。同時，不可以讓這些事限制你。」現在她出版了五本書、推出三十種蔬食產品、一個手機應用程式、一個播客節目——而且在二〇一九年還生了一個寶寶，絲凱（Skye）。「永遠會有悲傷，但生活還是要過下去。」

心理學家將這種心態稱為**「主動接受」——一種自在的妥協**，完全違背我們在西方世界所學的觀念。這種想法就是認知到**人生會投來變化球，但我們要繼續往前走，以所能控制的資源，盡可能照顧自己、照顧彼此**（下一章會接著談）。我們可能掙扎多年，想要「修復自己」、「擁有一切」，然後又因為想完成的事太多，而感到挫敗。無論我們工作多努力、花多少時間陪伴家人朋友，依然還是會覺得自己做得「不夠」。我們必須找到其他方式，接受**現在**的自己和**現在**擁有的東西。

為了讓自己感覺到「已經夠好了」，哈佛大學塔爾・班夏哈博士找出他認為人生中必須努力的五大要項：育兒、婚姻、工作、交友、健康。然後，他尋找這五個領域中值得效法的人——就他所知在這方面非常成功的人。「我發現，就算在部分領域表現出色的人，也無法在五個領域全部十全十美——甚至可以說絕大部分都做不到。」他在《追求完美》這本書中寫道[14]。

這麼做會帶來很大的改變。試試看就知道。想想別人生命中你羨慕——甚至嫉妒——的部分。接著，選出你認為人生中最重要的幾個領域，然後，看看這些人是否在所有方面都那麼出色。很可能他們也不完美，甚至差得很遠。我最重視的五個領域和班夏哈幾乎一模一樣——我認識的人當中，沒有誰能在育兒、工作、感情、健康與友誼這五項全部「獲勝」。這樣的練習也有助於重新構築框架、保持視野開闊，控制期望、尋求平衡，並且珍惜我們已經擁有的一切。**找到自己的「舒適妥協」，對所有人都有好處。**

班夏哈根據他的發現，規畫出專屬的人生計畫。他問自己，在這五個領域中，最低要做到什麼程度才能讓他感到滿足。他想出，可以將工作限制在朝九晚五的時間範圍；一週設法跑步三次、做兩次瑜伽；一週選一個晚上和妻子約會、再選一個晚上和朋友出去玩。如此一來，一週還有五天的晚上可以陪家人。**解決了**！工作與人生平衡。他承認，這樣沒有達到他的完美主義標準，差得很遠。但已經夠好了。達成Lagom。

我試著在有空的時間模仿（別忘了，我家中超過一半的人口還需要別人幫忙擦屁股）。我無法像班夏哈一樣擠進那麼多事，但那些不做我會發瘋的基本要項都完成了，我認為這個原則是可行的。

我們必須得到平衡才能好好悲傷。感到情緒低落時，更要取得均衡。對，這麼做或許不精彩刺激，但可以阻止我們墜入絕望的深淵。這就是個相當值得的目標，無論是今天、明天，還是後天（**舉起水杯，乾啦！**）。

22 為別人盡一份力

悲傷幫助我們以更正確的方式評估情勢與身邊的人，
並且讓我們以更體貼的方式思考。
為別人盡一份力——展現仁愛與同理心，不為別的，只是為了彰顯人性。

如果你感到悲傷，卻只是「依然故我」，很可能你會繼續悲傷。而且不是「好」的那種悲傷，而是糾纏不去、恐慌騷亂的那種——充滿迷惑、徬徨，以及「人生應該不只是這樣吧？」的感覺。如果你已經在問自己這些問題了，那麼答案是：「沒錯」、「別擔心」。接著還有：「牽著我的手，我們一起解決。」為了要好好悲傷，我們必須將鏡頭往後拉：我們必須為別人盡一份力。

如果二〇二〇年教了我們什麼，那一定是袖手旁觀行不通。當我們休息充足、恢復精神，做好回歸文明生活的準備，我們必須勇於站出來。無論是縫製口罩、幫鄰居採購生活用品、捐款、抗議，當然也可以全都做，甚至做更多。現在，我們全都是行動派——至少應該是。

「黑人的命也是命」運動當中有一個很重要的訊息：身為白人支持者，我／我們必須「做更多」。從黑人受新冠病毒衝擊特別嚴重，到經濟、社會、居住不平等，以及喬治・佛洛伊德遭到殘忍殺害，這些都告訴我們，光是反對種族歧視絕對不夠。我不能選擇自己的膚色，但我可以選擇現在要怎麼做。一直以來，我感到不得不檢討自己身為白人的成長經驗；在我們的文化裡，只因為我是白人，所以許多門都為我開啟。我看清了讓我得到許多好處的體制與架構。我睜開眼睛看見一個事實：並非只有遭受種族歧視的人，才需要「解決」這個問題。我也有責任。

我努力自學，並且想出以後該怎麼做。我的第一個直覺想法，是請身邊的黑人給我更多幫助，但很快我就發現，一直問他們該怎麼做，對他們也是一種情緒勞動。儂布美列蘿・穆基・紐曼內為Medium網站寫了一篇慷慨激昂的文章，篇名是〈親愛的白人：現在你們知道了，以後不能假裝不知道〉[1]，她在裡面寫道：「我們累了。我們的白人朋友來問我們能幫忙什麼，我們依然願意告訴他們。」她說，不過「這麼做讓我們感到心情沉重、精疲力盡」。我懂——我必須問自己才對。不過，紐曼內還是給了我一些建議，並且樂意讓我分享、傳播出去。例如，固定捐款給相關組織，像是「黑人的命也是命」（blacklivesmatter.com）、啟動平等司法（Equal Justice Initiative）、往前走（MoveOn）、改變的顏色（Color of Change）、黑人未來實驗室（Black Futures Lab）、保釋計畫（Bail Project）、美國民權自由聯盟（American Civil Liberties Union，

ACLU）。

她也倡議：「和有色人種一起走上街頭遊行，當你能做到的時候，請用身體幫他們擋警察。一些美妝與時尚品牌號稱支持（黑人的命也是命），但卻只是說說而已，請杯葛他們，直到他們為了挽回顧客而做出實際行動。如果可以投票，就去投票。」並且「當你的黑人朋友願意分享他們的經驗，或是糾正你的想法時，請認真聽」。我盡可能做到。持續努力。我們必需秉持屋班圖的原則生活。**我們必須為其他人「挺身而出」。我們本來就會「挺身而出」——這是人類的內建設定。**

「如果你希望其他人快樂，就要運用愛心。如果你希望自己快樂，同樣要運用愛心。」達賴喇嘛如是說，而歷史上也一次次證明，利他行為對我們有好處[2]。研究顯示，從事志工服務能讓我們感覺更好[3]，幫助其他人也能擴大我們的支援網路，讓我們更有機會活動[4]。不同於我們直覺的想法，**付出時間為別人盡一份力，反而會讓我們覺得自己有更多時間**。賓州大學（University of Pennsylvania）、耶魯大學與哈佛大學聯合進行了一項研究，他們比較了四種時間：為別人而用的時間、為自己而用的時間、出乎意料的空閒時間，甚至是浪費時間。他們發現，**當我們把時間用在別人身上，可以大幅提升時間充裕感**[5]。

為別人花錢也有類似的效果——我們不會因為把錢分給別人而覺得變窮，反而會覺得更富有。哈佛大學的研究人員發現，「利社會花費」讓我們感覺更好、更富裕，世界任何地方都一樣，不分收入多寡或社經地位高低[6]。捐款給慈善組織，也會讓我們覺得心情很好。二〇一〇年哈佛商學院所做的研究顯示，捐款給慈善機構所帶來的幸福感，與家戶所得加倍相等[7]。而且，捐款也會造成正向回饋循環，意思就是，我們以後會更願意為別人花錢[8]。也就是說，**利社會花費能提高幸福感，鼓勵我們進行更多利社會花費，因此，又更進一步增加幸福感，就這樣持續下去。**

美國經濟學家詹姆斯・安德列奧尼（James Andreoni）開發出一套經濟學理論，稱之為「溫情效應」（Warm-Glow Giving），用來描述為別人奉獻所帶來的情緒報償[9]。磁共振造影顯示我們的大腦會真正整個亮起來——因為給予所帶來愉悅而點亮——「做好事」所帶來的內在歡愉也稱為「助人快感」（Helper's High）。不過，很奇怪，竟然沒有多少人這麼做。根據國家統計局的資料，在英國，過去十年義工人數降低了15％[10]；在美國，相較於過去二十年中的任何一個時間點，現在從事義工服務與捐獻的人都更少了[11]。

小時候，我所受的天主教教育充滿了「做好事」的故事，從大家都知道的好撒瑪利亞人，到「愛你的鄰人」，以及抹大拉的馬利亞用頭髮幫耶穌洗腳（這個有點勉強）。當然，聖經裡也有很多為了得到好處才做好事的例子：行善幫助別人，只為了能在天國得到「回報」[12]，或是因為「如果我不做，上帝會生氣」[13]。不過也有一種觀念，就是人應該**為了行善**而行善。我年輕的時候曾經在「幫助長者」（Help the Aged）機構做志工，去安養院協助聖誕節大餐（有一次特別難忘，後來成為首相的德蕾莎．梅伊〔Theresa May〕也去了，當時她還是梅登黑德與溫莎選區的議員）。我只要有機會，就盡可能「做好事」。

過去二十年，大眾文化中「做好事」的概念，被所謂的「好人」所取代，而且這個詞帶著輕蔑的意味。「好人」被塑造成可笑的形象（例如卡通《辛普森家庭》中的魯肉王〔Ned Flanders〕）。當社會風氣變得更個人主義，誰都不想當「好人」——甚至是別人眼中「好管閒事」的人，隨便插手別人的事，或是過度關心。以前的人認為，為別人做好事是廣泛的社會責任，現在，這種想法已經過時了。但這樣非常可惜，因為我們應該要更**關心**別人的事，甚至「插手」。

還俗修女兼宗教歷史學家凱倫．阿姆斯壯（Karen Armstrong）主張，應該回歸所謂的「恕道」：主動參與社會事務、推己及人。二〇〇九年的TED演說中[14]，她提出世界上所有主要宗教的核心都是憐憫，每個宗教各自有不同版本的恕道。孔子率先提出這個觀念，五百年後，耶穌也提出類似的想法。恕道是「所有道德的根源」，阿姆斯壯說。她敦促大家走出去，**為別人盡一份力——展現仁愛與同理心，不為別的，只是為了彰顯人性**。我寫這本書時訪問了很多人，他們雖然也有悲傷，卻以此為出發點幫助其他人（而不是**藉此逃避**），也是出於同樣的動機。

理查・克羅希爾，男性不孕的發言人，現在致力於鼓勵男性說出心事，並且協助經營一個臉書社團，凝聚正在經歷不孕的人。「過去我經歷不孕的時候，根本沒有資源——我求助無門，」他告訴我，「所以，我希望能幫助同病相憐的人，讓他們在經歷這樣的痛苦時，不會那麼孤單。」

播客主瑪麗娜・佛格的兒子威廉夭折之後，她大力支持「獻給湯米」（Tommy's），這個慈善機構專門研究流產、死產、早產。「與『獻給湯米』合作的經驗非常棒。」她告訴我。「我見到許多研究人員，他們致力於探討為什麼會有寶寶死產，並研究媽媽的胎盤，分析為什麼有的嬰兒可以健康出生，有些卻不行。」她也成為英國兒逝協會（Child Bereavement）的贊助人，這個慈善機構給予家屬支援，並教育專業人員，當孩子過世或面對家屬哀痛時該如何處理。「我希望威廉活著嗎？當然。」她說。「不過，我願意放棄我所學到的一切嗎？這件事帶給我和丈夫很大的力量、很多的經驗，讓我們學會以更好的方式彼此溝通，和孩子、同事溝通，還有那些非常傑出的組織。我們得到很大的幫助，現在我們也給予幫助。我不希望回到過去，失去這一切。」她告訴我，然後說：「能夠有所貢獻，讓我感覺自己有用。」

當我們感到悲傷時，比較樂意幫助他人，因為相較於快樂的時候，我們的同理心比較活躍，看得也比較清楚。「基本歸因謬誤」（The Fundamental Attribution Error）是指當別人做錯事、說錯話的時候，許多人會傾向認為對方是故意的[15]。當我們悲傷的時候，比較不會把人看得那麼壞。我們也比較不會被光環效應（Hola Effect）影響。所謂光環效應是指一種認知偏見，讓我們以為特定人士——通常是有魅力[16]或有成就的人——永遠是對的。悲傷減少我們的偏見，讓我們似乎能夠直覺地明白並理解，每個人都會犯錯。因此，**悲傷幫助我們以更正確的方式評估情勢與身邊的人，並且讓我們以更體貼的方式思考。**當我們悲傷時，更傾向於幫助別人。

「喪父俱樂部」的兩位非自願創始人傑克・貝克斯特與班・梅伊就是很好的例子。梅伊與貝克斯特連同另一位朋友創立了「新常態」（New Normal）[17]，這個慈善機構致力於打破哀痛的禁忌，讓大家知道「感受沒有錯」。「新常態」被形容為「除了心理治療之外的獨特療癒方式」，主要幫助的對象，是需要支持或正在經歷艱困時刻的青年。他們的作法類似伙伴制度，任何經歷哀痛的人，都有機會加入固定舉行的談話，並且參與聚會。

「無論你是什麼人，只要正在經歷悲傷，就需要幫助。」梅伊說。「例如，雖然同樣失去了家人，但每個人的感受都不一樣，因此有時候，對家人傾吐失落心情不見得有幫助。不過，或許聚會中有其他人——值得信賴的陌生人——剛好『懂你的點』，所以能夠幫助你。這就是同儕支援的力量。」貝克斯特的目標，是讓討論哀痛成為正常。「這個任務非常艱難，」他說，「但是很值得。」梅伊想要指出：「我們不知道所有答案。但我們之所以這麼做，是因為應該要做。因為這樣或許可以幫助別人。」貝克斯特認同：「非常明顯。我爸爸四十八歲就過世，沒有留給世界任何東西，不用想也知道——」不過梅伊糾正他，「這個組織就是你爸爸的遺緒——因為他，你才會是現在的**你**。」這下我們全都感動到不行。

我們應該幫助其他人，因為那是**對的事**，而且我們有——「老派用詞」警報——**道德**。我們都有信念，能夠分辨好壞，更重要的是，我們知道什麼是「仁慈」。

約書亞・貝克開始經營BecomingMinimalist.com部落格不久，便遇上了左右為難的狀況。他將自己的經驗寫成書，引爆了九家出版社之間的大戰。「因此，我們知道能賺進出乎意料的財富。」他告訴我。貝克太有教養，不肯說出確切數字，不過，既然《擁有越少越幸福》（*The More of Less*）[18]這本書後來成為《今日美國》暢銷書，就表示金額應該相當驚人。「我覺得把這本書的預付金拿去花，簡直是虛偽到極點的行為——而且要花在哪裡？買更多**雜物**？這本書不是說，擁有越少才會越幸福嗎？感覺很不對。」於是，他用預付金和權利金設立了「希望效應」（Hope Effect）——真正的老派慈善機構，目標是「改善世界照顧孤兒的方式」。

貝克的妻子剛出生就被生母遺棄在醫院。她幾乎立刻被領養，在充滿愛的家庭長大，但貝克知道，並非所有孤兒都這麼好運。「事實上，只有不到1%的孤兒被領養。」他說。「數十年來，我們早就知道大部分孤兒院的營運方式會造成傷害——忽視會危害大腦發展。因此，『希望效應』想要提供孤兒『以家庭為基礎』的不同模式。」有別於傳統的大型收容機構，「希望效應」打造小型家庭，每戶都有兩位「家長」以及六到八個兒童。以現代的標準，這樣依然算是「大家庭」，不過至少是家庭。「這樣兒童能得到比較個人的關注，以及穩定感與安全感。」貝克說。目前「希望效應」資助洪都拉斯與墨西哥建造了一百個孤兒家庭，距離貝克現在居住的地方大約兩個小時車程。他搜尋全世界照顧孤兒的狀況時，和我分享了一個故事：在墨西哥，他們鼓勵孤兒本身也要為其他人盡一份力。我原本擔心該不會是《孤雛淚》裡的童工慘劇，但貝克澄清道：「他們之所以這麼做，是因為這些孩子在最惡劣的環境中長大——他們習慣將自己視為受害者。不過，當他們開始為別人付出，就會發現原來自己也有能力給予。為別人服務時，他們發現自己終於能脫離受害者心態，對自己的觀感也變好了。」現在，他將這樣的觀念奉為圭臬：「目前我做的所有事，都符合這樣的世界觀。如果想要感覺更好，我們就必須為別人盡一份力。我們將仁慈與服務的行為傳遞下去——這種作法真的很有感染力。」

加州大學、聖地牙哥大學（University of San Diego）、哈佛大學的研究團隊發現，合作行為會從一個人轉給另一個人。當有人為我們做了好事，我們就會更願意幫助其他人，製造出「合作的串連」[19]。因此，**我們的善行會延續到我們不認識的人身上，甚至是從來沒見過的人**[20]。正如伊索——很會說寓言故事的那個古人，不是香氛品牌Aesop——所說：「即使再微小的善行也不是浪費。」

我們善良的程度並沒有定額，研究顯示，同情心——就像耐性一樣——是可以訓練培養的[21]。我們全都可以學習變得更善良——只要踏出第一步。從哪裡開始都好。

我和來自各地的朋友、親人與同事聊過，發現那些感覺最「健全」——情緒與生活都處在健康狀態的人，都是固定為他人奉獻的人。一個在當地的收容中心當志工；另一個發揮手工藝技能鉤織章魚，也就是曾經在嬰兒加護病房裡安撫我的寶寶、保護他們安全的那些章魚（雙胞胎孩子也進了加護病房）。自從章章計畫（Octo Project）開始之後，陸續有來自世界各地的志工加入，包括：瑞典、挪威、冰島、法羅群島、德國、比利時、荷蘭、盧森堡、法國、義大利、土耳其、克羅埃西亞、以色列、巴勒斯坦領土、澳洲、美國、英國。我不會鉤織，不過有興趣加入的人，可以使用書末附註提供的編織圖，並且將成品捐給新生兒病房[22]。

從醫生改行成為喜劇演員的亞當・凱，為搖籃曲信託基金會（Lullaby Trust）募款，這個慈善機構「非常特別」，他們致力於減少嬰兒猝死的人數，並且為失去孩子的家庭提供支援。凱在英國巡迴打書的時候，全程帶著募款箱，《棄業醫生的秘密日記》募得超過十萬英鎊。「這個機構在人們最低潮的時候，為他們做了很多美好無比的事。能夠幫助他們募款，讓我感到非常自豪。」說完之後，他接著說：「我知道這個機構貢獻很大，提供家屬諮詢熱線與支援，並且做了很多研究。」他說得沒錯。嬰兒猝死症比例大幅降低，搖籃曲信託基金會現在每年支援大約五百三十個失去孩子的家庭[23]。

歷史學家湯瑪斯・狄克遜正在努力幫助兒童認識他們的情緒。他正在設計一套「感覺好活」（Living with Feelings）計畫，主要將在英國的中小學執行。他準備打造一系列的課程，希望會「健康又有幫助」地鼓勵下一代及早掌握他們的「悲傷」。我們全都可以幫忙讓討論情緒成為正常的事——無論是好的情緒或壞的。我們可以鼓勵別人表達情緒，並且誠實面對自己的情緒。**我們全都可以為別人盡一份力，不是因為我們能得到什麼好處，甚至不是因為感覺很棒（雖然確實很棒）——而是因為這麼做才對。**

「我認為善行的本質才重要，無論行善的人會因此感到怎樣的情緒影響。」心理學家兼哲學家斯文德・布林克曼解釋，他相信：「人都應該做好事，不是因為會讓你感覺良好，而是因為善行**本身**就是好的。現代人往往會先想，對我有什麼好處？不然就是先分析性價比——我們全都是理性的利己主義者，只有對我們有好處的時候，才會做非利己的事。」他說。「不過，我們可以選擇不要這樣。我們**依然**知道什麼才是好的。」

我想相信他（真的很想），不過……真的嗎？一直都知道？

「對。」他回答。「我傾向於引導大家思考一些他們熟悉的日常小情境，讓他們可以看出行善的本質。例如陪伴子女。」

我指出，很多人之所以這麼做，是因為能帶給**他們自己**喜悅。「這也是一個原因，但他們會擔心要是不花時間陪伴子女，他們長大之後會有心理創傷。」

他承認，人們和子女相處時，或許動機比較複雜。

「那好吧，」他說，「幫助有需要的人，做個匿名的熱心人士，不在乎是否能有所收穫。如果認為人之所以會出手拯救快溺死的人，是因為他們想要『被當成好人』，這樣就太憤世嫉俗了。大部分的人會說：『嗯，應該是這樣沒錯』，就好像二加二等於四一樣。你在救人的時候不會想：『我只是希望大家覺得我是好人。』不，人就是要救人。這是道德的基準。」

解釋完之後，他說，大部分的人都能理解，並且轉向他的思考方式。「道德上良善的行為會讓我們感到快樂，這件事依然不會改變——這部分必須說清楚。行善**確實**能讓我們快樂，」布林克曼表示，「但這不該成為行善的動機。」

我思考了一下。想想我認識的人當中，那些為別人服務並且「做好事」的人，即使可能對他們沒有好處。以我的婆婆為例，她原本是殘障兒童的心理治療師，現在退休了。有時候，孩子的疾病太嚴重，還沒成年就過世了，我婆婆一定會去參加葬禮，並且去父母家中探望。她其實不必這麼做，這不是她的工作，更絕對不「好玩」。但她還是這麼做，因為這是善良有同情心的事。是對的事。

「斯多葛派的思想根植於責任。」布林克曼沉思著說。「斯多葛派認為，人應該成為世界公民。」不過斯多葛派的思想中，有個部分他不認同。「斯多葛派給個人太多控制權。」他認為。「他們說：『既然不能控制外在世界，就控制內在世界吧。』」我告訴他，我相當認同這樣的哲學。「不過，這種思想沒有考慮到，我們的生活受到社會與人際關係很大的影響。」布林克曼說。「與其在碉堡裡建立控制力，不如建立強大的社群。我們需要將斯多葛主義變得社會化。」果然是丹麥人會說的話呀，我忍不住想。不過他認為，就連丹麥人也應該進一步將仁慈與行善變成集體行為。

「在丹麥，我們常說個人必須要『強壯』，並且『培養韌性』，」布林克曼說，「但是，建立強壯、有韌性的社會才是更好的作法。團結一致。」這個目標值得景仰，而且，儘管布林克曼對自己的祖國多所批評，但我認為丹麥已經做得比大部分國家好了。高得嚇人的稅率讓他們能建立福利國家，照顧所有人（至少理論上啦）。我們付稅金照顧那些比我們弱勢的人——不是因為我們認識他們，也不是因為這樣會很暖心，而是因為這樣做才對。這是好事。因為我們有責任要照顧別人。正如同丹麥快樂研究中心執行長麥克・威肯所說的：「我相信我們有道德上的義務，必須關注那些生活品質最差的地方，並且彌補差距。」因為「相較於經濟不平等，生活品質上的不平等，更會對人的自我評價產生負面影響」。

此外，需要做的事也真的很多，袖手旁觀絕對行不通。我們必須關心別人，並且樂意幫助他們。就這麼簡單。要為世人奉獻，我們不必跑去搬麵粉賑災，也不需要加入和平工作團（要加入當然很好）。每個人都可以做出小小的善行、小小的服務。新冠病毒造成世界大部分地區停擺，讓弱勢的人陷入更大的風險。於是，我們開始幫他們採購生活必需品、關心他們的狀況。當他們無法出門時，幫忙買麵包、牛奶。**所謂行善，不必是超人拯救世界——只要做個好人就可以了。**我們集體得到了全新的觀點與理解，知道什麼才是真正重要的。我們必須保持下去。疫情造成的創傷將持續很長一段時間。

如果有人說：「我很害怕。」我們就會幫忙。這是身為人類會做的事。當有人挨餓，我們會設法瞭解為什麼他們會挨餓，並且幫助他們。我們幫傷口搽消毒藥水——而不是檸檬汁。**如果有人感到哀痛，就讓他們哀痛。我們說，「很遺憾」，並且理解。但我們不必「解決」他們的哀痛。**

我們經歷了全球暫停，現在世界感覺比以前更沉重。不過，雖然有悲傷，但也有情感連結的時刻——我們全體見證了大事。現在是展現憐憫的時候。

十年來，我贊助別人的偉大志業，捐款給慈善機構，並且將搖籃曲信託基金會列為遺囑的主要受益人（目前我的財產只有一堆翻爛的書、幾雙時髦高筒運動鞋，不過，總是要懷抱希望嘛……）。我想做更多。為了寫這本書而訪問過搖籃曲基金會的執行長珍妮．沃德（Jenny Ward）與亞當．凱之後，我領悟到我有能力做更多，也應該做更多。雖然我沒有能力留下大筆遺產給他們，但我知道有個領域我能夠幫忙。於是，我登記成為手足支持伙伴，當家中發生了嬰兒猝死症，其他孩子往往會不知所措、悲傷哀悽，並且不確定該有什麼感受，這時我可以幫助他們。沃德告訴我：「這些孩子往往會有罪惡感，甚至遭到汙名化，大家似乎認為，身為手足沒資格感到哀痛。但我們知道，他們所受到的影響會持續一生。像妳和家人都永遠無法忘懷。」沒錯。「妳會忍不住想，他們在某個年紀會是什麼樣子？他們會不會結婚？會不會有小孩？有個成年的手足陪伴，會是什麼感受？」

這些我都想過，還有其他更多念頭。不過至少現在，我希望我已經允許這些想法生根、成長。現在，我經歷過所有感受——也已經處理好了。「我們不希望有人因為聽見別人的故事而觸發創傷。」沃德說。「所以要等到他準備好。這真的很重要。」

我想要為別人盡一份力。我想要幫忙。而且我準備好了。

後記

我步行往車站走去，這裡是倫敦的「潮」區，基本上和倫敦其他街區沒什麼不同，只是所有店鋪前面都有個「髒」字，連鎖餐廳全部漆成黑色。不知道為什麼，還有一幅壁畫，主題是兩隻海鷗將一個娃娃分屍。我大概猜得到是為了營造「前衛」感，但這幅壁畫只讓我想到家裡孩子「活潑玩耍」的樣子，我很想他們。

有時候我好想逃離家人，去永遠收不到手機訊號的地方躲在小帳棚裡。但現在真的離開他們，我只想回到他們身邊。為了安撫我的罪惡感，我打FaceTime。難得一次，有人從一堆雜物底下挖出平板電腦，及時接通了。

T把平板放在廚房餐桌上，我看到雙胞胎中的男生打扮成獅子，把牛奶從嘴裡慢慢吐出來，女生則是滿身泥巴（我希望只是泥巴），直接用手拿水煮蛋吃。我出門的時候天還沒亮，孩子都還沒起床。我才離家五個小時而已，但家裡已經亂得像是被搶劫過，整體氣氛像小說《蒼蠅王》在達利的畫作中上演。

「現在還會想我們嗎？」T問，他臉上畫著技術非常生澀的「小丑妝」。

我點頭。

五歲的長子只穿著長褲，堅持要和我說「悄悄話」。他告訴我：「我帶妳去看我房間的秘密。」

好……喔……

太陽照在他的紅髮上，他一把抓起平板，蹦蹦跳跳上樓，一頭輝煌的秋季色調閃耀光彩，讓他看起來像個巨形太妃糖。

他看看四周，然後偷偷摸摸地小聲說：「有沒有看到我的床和牆壁中間的縫？猜猜我在那裡藏什麼？」

我猜不到。

「**鼻屎！**」

噢！

「我已經用不到的舊鼻屎！因為妳叫我不要抹在床旁邊的牆上——」沒錯：我確實說過——「所以我就藏在下面了！」

幹得好！**晚一點爸爸有事做了**……

一隻鴿子大便在我身上（這算幸運嗎？），我兒子笑瘋了，我急忙找東西擦掉，道別之後掛斷。身上有鳥屎，心中充滿愛，陽光太刺眼，我眨眼忍住淚水。

生命的每個階段都有獨特的考驗。新生兒很難搞。「巨嬰」也很難搞。別人告訴我，孩子長大之後更難搞，會有新的問題、更大的問題。當大人很難。在生命的洪流中努力尋找方向，育兒、婚姻，就連人際關係也可能是考驗。這些全都**很難**：但我們還是接受考驗，即使我們會因此而悲傷。痛苦與悲傷都有意義。當我們感到悲傷、害怕，就表示我們在乎：我們有感情。我們需要體會所有情緒，與苦痛共存——忍受，而不是否認或加以麻醉。我們必須甩掉枷鎖，不再因為感到悲傷而羞恥，並允許自己單純去感受，與我們的不安為伍，訓練悲傷的肌肉、培養承受悲傷的韌性。因為舉重能讓肌肉變得強壯。不舒服？**沒關係**。彆扭？**習慣就好**。彆扭也可以。真的。

在低風險的狀態下，練習教導我們自己忍受不安，為了遲早會向我們撲來的巨大不安預做準備，為了幫助我們承受那種會讓我們跪地求饒的悲傷。所有人都會突然遇上傷心透頂的事，日常生活中各種不如意所帶來的痛苦，也會留下疤痕。人生是一連串的失落，愛可能是最大的風險。誰都無法對痛苦免疫，要是認為成就、金錢或Instagram追蹤人數可以解決我們的問題，那就太傻了。我們全都有原始創傷，而且——劇透警告——任何人都無法全身而退。有一次，T的「陰鬱約克夏男子」性格發作，他告訴我：「我們全都沒辦法活著逃出人生。」這樣也沒關係。

悲傷有意義。悲傷很正常。只要我們願意聽，狀況不對的時候，悲傷會通知我們。如果我們執著於追求快樂，到了對悲傷有恐懼症的程度，只會覺得更糟。當我們全心全意感受失落，反而能重新讓我們覺得自己活著，並且與外在世界重新結合。當我們處在憂鬱的狀態，通常會感到麻木或沒有情緒。憂鬱症是一種慢性精神疾病，需要幫助。但悲傷不一樣，悲傷可以喚醒我們。悲傷之中有種自由，但如果我們一心急著「不要」悲傷，那就不可能感受到了。悲傷是一種暫時的情緒，當我們受傷，或人生發生了不好的事，難免會感到悲傷。悲傷是一種訊息。不過，假使我們不肯聽，那麼，悲傷惡化成其他問題的機率會提高。因此，每個人都需要**好好**悲傷。我們必須一起攜手向前，才能過有意義的人生。

我坐火車去和我媽見面，我到的時候，她已經在等了——紅色貝雷帽非常吸睛，自從她退休之後，去哪裡都會戴（我為她喝采，詩人珍妮・約塞夫〔Jenny Joseph〕的詩〈警告〉〔Warning〕裡說，老了以後要穿紫色，我媽的帽子有異曲同工之妙）。我們走去開車，她的車也是紅色的。我媽哼著歌，我一時聽不出來是什麼曲子。她似乎很緊張，整個人散發出很勉強的輕快。

「搭火車過來還順利吧？」

「很順利，謝了。去度假好玩嗎？」

「很開心，謝謝！我們去了飢荒紀念館，然後在一家真的超大的維特羅斯（Waitrose）超市吃下午茶。」這裡的「我們」是我媽和她的新婚丈夫。雖然這個世界非常瘋狂，但她克服了所有不可能，遇到一個男人，再次戀愛，決定要和他共度餘生。我為她開心。

「好像很不錯。」我說。

她開始觀察我。

「妳是不是自己剪頭髮？」

「沒有啊，怎麼了？」我摸摸頭髮，有點不高興。老實說，今天早上我沒梳頭……

「真的沒有嗎？」她觀察一束頭髮。「又自己剪？」

上次我自己剪頭髮的時候才六歲。那句「又自己剪」好像有點過分。

「沒有啦！」我揮開她的手，坐上車。

我們默默開車前往墓園，以前我們經過很多次，但從來沒有進去。墓園旁邊就是橄欖球場，青少女時期的一個冬天，我幾乎**每個週末**都泡在那裡，因為我暗戀高我一個年級的學長，他加入了地方球隊（那年冬天非常冷，而且很可惜，到最後依然只是單戀）。我們把車停好，下車，人生近乎無止盡的錯綜複雜，令我們難以承受。往三個方向看過去，到處都只有墳墓，但我們知道，在那之中有我們要找的墳墓。那種憂傷的程度感覺既獨特又普遍，我感受到深深的惆悵。但現在的我沒有把這種感覺推開，而是試著忍受。很痛苦。但我做到了。過去了。

樹木佇立等候，但沒有其他人。我們沒有要緊的事，因此可以慢慢來。

「妳多久沒來了？」我問。

她推測最後一次來，應該是外婆下葬。我記得外婆過世，但我不記得墓園的部分，不過，已經過了很長一段時間。事實上，將近三十年。

「真不知道為什麼我一直沒有來。」她說完這句又沉默。我們都知道為什麼：因為來這裡太痛苦。不過，現在我們來了。母女倆一起。我們隨著指標走向兒童區。沒有比這裡更悲傷的地方了。

「妳還記得……」我不確定該怎麼問。「在哪裡嗎……？」

我媽捏捏鼻梁，搖頭。

「印象中，」她緩緩說，「旁邊好像有一棵小樹？」

但已經時隔幾十年了，當時的小樹現在應該變大樹了。我們走過一排排亮白墓碑，還沒有被苔蘚覆蓋，四周擺滿鮮花。新墳，家人很仔細照顧。我們大約走了一個小時，墓碑漸漸被植物遮住。接下來半個小時，我們默默察看灰黑墓碑上的名字。平放在草地上的小墓碑被各種灌木和野花吞沒。然而，這些墓變成荒野，不但沒有讓人難過，反而有種安心感——回歸自然。我看到一個單親媽媽失去了兒子，他的名字叫湯瑪斯。一個名叫愛麗絲的女孩和我妹妹同年過世。然後在一片特別茂盛的苔蘚底下，我看到一個S，名字的其他部分被蓋住了，大地多年前早已宣告占領。我跪下，拔掉苔蘚。一拔就掉下來一大塊，露出O和P。

「我好像找到蘇菲了。」我告訴媽媽。

蓋住其他字母的那塊糾結雜草比較難處理，我發現大概只能挖掉了。我得挖我妹妹的墳。

「應該要帶工具來才對。」我媽茫然低語。「我知道應該要帶工具。」

是嗎？妳怎麼會知道？

我們看看四周。沒有東西，沒有人。我盡可能挖土，清理雜草和苔蘚，指甲都快斷了。我媽盡力幫忙，但她有風濕，所以做不了什麼事。**用棍子？可以用棍子挖嗎？**可是找不到棍子。**用鞋子？**我不忍心踢妹妹的墳墓，於是我最後拿出皮夾：器官捐贈卡、提款卡、英航里程卡。這一刻原本就夠超現實了，我拿出藍色的英航會員卡，緩慢、規律地挖掉苔蘚、雜草、泥土，露出下面的字。

S、O、P、H、I

「E怎麼不見了？」

「呃，這個嘛……」

「什麼？」

「她的名字。」

我挖出字母「A」。

「是A？」

我妹妹的名字是蘇菲亞（Sophia）。

「蘇菲（Sophie）字母比較少啦。」我媽告訴我（我家的人數學不太好）。到了四十歲，我終於知道妹妹的名字。我也發現她的名字裡有羅素（Russell）。十八歲那年，為了慶祝自己甩脫對父親的依戀，於是我改用這個姓。這個姓也放在我三個孩子的名字裡，這條線串連我們所有人。我完全不知情。凝結的憂傷梗在我的胸口，我媽一動也不動，然後舉起雙手，用掌根壓住眼睛。我對她伸出手，她把我拉過去，一把熊抱住我，壓到我的肺。不久之後，我們分開，穩穩站著，望向上方的太陽。

「我很高興我們來了。」她說。

「我也是。」

我們兩個都不急著離開，於是我們坐下。我挖包包找面紙（我們很需要），找出兩顆柳橙、吃了一半的花生醬三明治，還有一隻「森林家族」（Sylvanian Family）的兔兔——家庭生活留下的痕跡，讓我好想回家。我現在的家。我心中充滿感激，珍惜我現在擁有的一切，下定決心要輕鬆過好未來。我知道生命的每一刻都是在拋硬幣，但現在，我們很好。

我和媽媽坐在妹妹的墓旁，感受「好的」悲傷。我們允許悲傷進入心中，接受悲傷可能不會那麼快離開，甚至可能永遠不會離開。但這不代表我們再也不會快樂——我們可以同時擁有兩者。我們本來就應該有喜有悲。人生這回事就是這樣。

我好想脫掉鞋子，用腳趾感受一下青草，於是我脫了。我媽也一樣。

然後我們在陽光下吃柳橙。

附註

前言

1. Forgas, J.P., 'Don't Worry, Be Sad! On the Cognitive, Motivational, and Interpersonal Benefits of Negative Mood', *Current Directions in Psychological Science*, 2013, 22(3), 225–32. DOI: 10.1177/0963721412474458.
2. Leary, M.R., 'Emotional Responses to Interpersonal Rejection', *Dialogues in Clinical Neuroscience*, 2015, 17(4), 435–41.
3. Wegner, D.M., Schneider, D.J., et al., 'Paradoxical Effects of Thought Suppression', *Journal of Personality and Social Psychology*, 1987, 53, 5–13.
4. 引自《Winter Notes on Summer Impressions》，杜斯妥也夫司基在本書中記錄一八六三年的歐洲之旅。
5. Wegner, Daniel M., *White Bears and Other Unwanted Thoughts: Suppression, Obsession, and the Psychology of Mental Control*, Guilford Press, 1994; and Wenzlaff, R.M. and Wegner, D.M., 'Thought Suppression', *Annual Review of Psychology*, 2000, 51, 59–91. https://doi.org/10.1146/annurev.psych.51.1.59
6. https://www.covidsocialstudy.org/results 此研究由納菲爾基金會（Nuffield Foundation）贊助，Wellcome與英國研究創新部（UK Research and Innovation，UKRI）也給予支援，這英國境內針對成年人如何看待疫情封城、政府防疫指引以及整體身心健康狀態所做的最大規模的研究，超過七萬人參與。
7. 二〇一九年蓋洛普全球情緒報告：https://www.gallup.com/analytics/248906/gallup-global-emotions-report-2019.aspx
8. 寫作本書當時（二〇二〇年一月）取得的世衛統計資料。另外參考：https://www.who.int/news-room/fact-sheets/detail/depression以及 GBD 2017 Disease and Injury Incidence and Prevalence Collaborators, 'Global, regional, and national incidence, prevalence, and years lived with disability for 354 diseases and injuries for 195 countries and territories, 1990–2017: a systematic analysis for the Global Burden of Disease Study 2017', *Lancet*, 2018. https://doi.org/10.1016/S0140-6736(18)32279-7 之前的估算是三億五千萬人，與現在的數字不同，但比較高的那個數字依然經常被引用。
9. 還有其他類型，但這六種最常見。https://www.health.harvard.edu/mind-and-mood/six-common-depression-types
10. 真的：去看醫生。
11. Blanchflower, David G., and Oswald, Andrew J., 'Do Humans Suffer a Psychological Low in Midlife? Two Approaches (With and Without Controls) in Seven Data Sets', IZA Discussion Paper No. 10958. Available at SSRN: https://ssrn.com/abstract=3029829

12. 引用自二〇一四年十二月布蘭福勞接受《大西洋月刊》（*The Atlantic*）採訪的報導。https://www.theatlantic.com/magazine/archive/2014/12/ the-real-roots-of-midlife-crisis/382235/

13. Weiss, Alexander, King, James E., et al., 'Evidence for a Midlife Crisis in Great Apes', *Proceedings of the National Academy of Sciences*, December 2012, 109(49), 19949–52. DOI:10.1073/pnas.1212592109

14. Carstensen, Laura, Turan, Bulent, et al., 'Emotional Experience Improves with Age: Evidence Based on Over 10 Years of Experience Sampling', *Psychology and Aging*, 2011.

15. Blanchflower and Oswald, 'Do Humans Suffer a Psychological Low in Midlife?'

1 不要抗拒悲傷

1. 孩子死亡時已經結婚的伴侶當中，有七成二的夫妻會繼續和對方在一起。剩下的兩成八當中，有一成六的人另一半去世，最後只有一成二的夫妻以離婚收場。Institute of Medicine, *When Children Die: Improving Palliative and End-of-Life Care for Children and Their Families*, National Academies Press, Washington, DC, 2003. https://doi.org/10.17226/10390

2. 這是我們從國家統計局得到的最新估計，夫妻在一生當中離婚的機率：https://webarchive.nationalarchives.gov.uk/20160106011951/http://www.ons.gov.uk/ons/rel/vsob1/divorces-inengland-and-wales/2011/sty-what-percentage-of-marriages-end-in-divorce.html

3. Ginott, Haim G., *Between Parent And Child*, Crown Publications, 2nd rev. edn, 2003.（《父母怎樣跟孩子說話》，海穆・基・吉諾特，大地出版社）

4. https://www.theguardian.com/lifeandstyle/2019/jun/04/why-parents-areaddicted-to-calpol

5. http://www.mhra.gov.uk/safety-public-assessment-reports/CON221602下載PDF檔案「Liquid Paracetamol for Children: Revised UK Dosing Instructions have been Introduced.」

6. 'Are We Using Too Much Calpol?' in *The Doctor Who Gave Up Drugs*, BBC One, 23 May 2018. https://www.bbc.com/news/av/health-44140151/are-we-using-too-much-calpol

7. Michaud, Anne, 'The Terrible Downside of Helicopter Parenting', Pioneer Press, 28 January 2015. https://www.twincities.com/2015/01/28/annemichaud-anne-michaud-the-terrible-downside-of-helicopter-parenting/
8. Zisook, Sidney, and Shear, Katherine, 'Grief and Bereavement: What Psychiatrists Need to Know', *World Psychiatry*, 2009, 8, 67–74. DOI:10.1002/j.2051-5545.2009.tb00217.x
9. Erlangsen, A., Runeson, B., et al., 'Association Between Spousal Suicide and Mental, Physical, and Social Health Outcomes: A Longitudinal and Nationwide Register-Based Study', *JAMA Psychiatry*, 2017, 74(5), 456–64. DOI:10.1001/jamapsychiatry.2017.0226
10. https://www.mariecurie.org.uk/help/support/bereaved-family-friends/dealing-grief/physical-symptoms-grief
11. Vitlic, A., Khanfer, R., et al., 'Bereavement Reduces Neutrophil Oxidative Burst Only in Older Adults: Role of the HPA Axis and Immunosenescence', *Immunity & Ageing*, 2014, 11(1). DOI:10.1186/1742-4933-11-13
12. Samuel, Julia, *Grief Works, Penguin*, 2017.（《悲傷練習》，茱莉雅・山謬，商周）
13. Chentsova-Dutton, Y.E., and Tsai, J.L., 'Self-focused Attention and Emotional Reactivity: The Role of Culture', *Journal of Personality and Social Psychology*, 2010, 98(3), 507–19. https://doi.org/10.1037/a0018534; Tsai, Jeanne, and Chentsova-Dutton, Yulia, 'Understanding Depression Across Cultures', in Gotlib, I.H., and Hammen, C.L. (eds.), *Handbook of Depression*, Guilford Press, 2002; Chentsova-Dutton, Y.E., Tsai, J.L., and Gotlib, I.H., 'Further Evidence for the Cultural Norm Hypothesis: Positive Emotion in Depressed and Control European American and Asian American Women', *Cultural Diversity and Ethnic Minority Psychology*, 2010, 16(2), 284–95. https://doi.org/10.1037/a0017562; Kitayama, S., Mesquita, B., and Karasawa, M., 'Cultural Affordances and Emotional Experience: Socially Engaging and Disengaging Emotions in Japan and the United States', *Journal of Personality and Social Psychology*, 2006, 91(5), 890–903. https://doi.org/10.1037/0022-3514.91.5.890; Uchida, Yukiko, Townsend, Sarah, et al., 'Emotions as Within or Between People? Cultural Variation in Lay Theories of Emotion Expression and Inference', *Personality & Social Psychology Bulletin*, 2009, 35, 1427–39. DOI:10.1177/0146167209347322
14. 同上。
15. Curhan, K.B., Sims, T., et al., 'Just How Bad Negative Affect is for your Health Depends on Culture', *Psychological Science*, 2014, 25(12), 2277–80. https://doi.org/10.1177/0956797614543802
16. https://news.berkeley.edu/2017/08/10/emotionalacceptance/

17. Horwitz, Allan V., and Wakefield, Jerome C., *The Loss of Sadness: How Psychiatry Transformed Normal Sorrow into Depressive Disorder*, Oxford University Press, 2007.

18. Shorter, Edward, *How Everyone Became Depressed: The Rise and Fall of the Nervous Breakdown*, Oxford University Press, 2015.

19. 完整清單：

1. 情緒低落 2. 顯著對事物失去興趣與樂趣，幾乎整天大部分的時間都對所有活動毫無興趣 3. 體重顯著下降（無刻意減肥）或上升，或幾乎每天都食慾增加或降低 4. 思考變慢，體能活動減少（由他人觀察到，而非只是主觀感受到坐立不安或遲緩） 5. 幾乎每天感覺到疲倦或失去活力 6. 幾乎每天都有無價值感或強烈、不成比例的罪惡感 7. 幾乎每天都會注意力不集中或猶豫不決 8. 經常想到死亡；經常有自殺的念頭但沒有確切計畫；試圖自殺或有詳盡的自殺計畫。任何人若有第八項，請儘速聯絡醫生。

20. 英國國民保健署表示：「新版的美國精神疾病手冊可能會對健康與文化，政治造成長遠的影響。」https://www.nhs.uk/news/mental-health/aspergers-not-in-dsm-5-mental-healthmanual/

21. 現代的認知行為療法是由幾位美國人創立的：John B. Watson，Rosalie Rayner，Aaron T. Beck，Albert Ellis與David H. Barlow。

22. 一九八〇年代化學家William Frey所推廣的理論。 https://www.nytimes.com/1982/08/31/science/biological-role-of-emotional-tearsemerges- through-recent-studies.html——儘管科學證據顯示其實恰恰相反，但這個理論依然延續至今。

23. Gračanin, Asmir, Bylsma, Lauren M., and Vingerhoets, Ad J.J.M., 'Is Crying a Self-soothing Behavior?', *Frontiers in Psychology*, 2014, 5, 502. https://www.ncbi.nlm.nih.gov/pmc/articles/PMC4035568/

24. Gračanin, Asmir, Hendriks, Michelle C.P., and Vingerhoets, Ad J.J.M.,'Are There Any Beneficial Effects of Crying? The Case of Pain Perception and Mood', presented at a meeting of the International Society for the Research on Emotion (ISRE), Amsterdam, July 2019

25. Bayart, F., Hayashi, K.T., et al., 'Influence of Maternal Proximity on Behavioral and Physiological Responses to Separation in Infant Rhesus Monkeys (Macaca Mulatta), *Behavioral Neuroscience*, 1990, 104, 98–107. DOI:10.1037/0735-7044.104.1.98

26. https://time.com/4254089/science-crying/

27. https://www.apa.org/pubs/journals/releases/men-12-4-297.pdf

2 降低期望

1. Rutledge, Robb B., Skandali, Nikolina, et al., 'A Computational and Neural Model of Happiness', *Proceedings of the National Academy of Sciences*, August 2014, 111(33), 12252–7. DOI:10.1073/pnas.1407535111
2. Russell, Helen, 'A Week off from Facebook? Participants in Danish Experiment Like This', *Guardian*, 10 November 2015.
3. Iranzo-Tatay, Carmen, Gimeno-Clemente, Natalia, et al., 'Genetic and Environmental Contributions to Perfectionism and its Common Factors', *Psychiatry Research*, 2015, 230. DOI:10.1016/j.psychres.2015.11.020
4. Rasmussen, Katie E., and Troilo, Jessica, '"It Has to be Perfect!" The Development of Perfectionism and the Family System', *Journal of Family Theory & Review*, June 2016, 8(2).
5. Curran, Thomas, and Hill, Andrew P., 'Perfectionism Is Increasing Over Time: A Meta-Analysis of Birth Cohort Differences From 1989 to 2016', *Psychological Bulletin*, 2017. DOI:10.1037/bul0000138
6. 「沒有證據顯示完美主義類型對績效期待的影響會因為性別而有所調節」 Hassan, Hala, Abd-El-Fattah, Sabry, et al., 'Perfectionism and Performance Expectations at University: Does Gender Still Matter?', *European Journal of Education and Psychology*, 2012, 5. DOI:10.1989/ejep.v5i2.97
7. Ben-Shahar, Dr Tal, *The Pursuit of Perfect: How to Stop Chasing Perfection and Start Living a Richer, Happier Life*, McGraw-Hill Education, 2009.
8. Wang, Y., and Zhang, B., 'The Dual Model of Perfectionism and Depression among Chinese University Students', *South African Journal of Psychiatry*, 2017, 23(0); also Flett, G.L., Hewitt, P.L., et al.,'Perfectionism, Life Events and Depressive Symptoms: A Test of a Diathesis-stress Model', *Current Psychology*, 1995, 14, 112–37. In fact, there are dozens.
9. Handley, A.K., Egan, S.J., et al., 'The Relationships between Perfectionism, Pathological Worry and Generalised Anxiety Disorder', *BMC Psychiatry*, 2014, 14, 98. DOI:10.1186/1471-244X-14-98
10. Hewitt, Paul, Flett, Gordon, and Ediger, Evelyn, 'Perfectionism Traits and Perfectionistic Self-presentation in Eating Disorder Attitudes, Characteristics, and Symptoms', *International Journal of Eating Disorders*, 1996, 18, 317–26. DOI:10.1002/1098-108X(199512)18:43.0.CO;2-2
11. 同上

12. Hill, A.P., and Curran, T., 'Multidimensional Perfectionism and Burnout: A Meta-Analysis', *Personality and Social Psychology Review*, 2016, 20(3), 269–88. https://doi.org/10.1177/1088868315596286
13. Martinelli, Mary, Chasson, Gregory S., et al., 'Perfectionism Dimensions as Predictors of Symptom Dimensions of Obsessive-compulsive Disorder', *Bulletin of the Menninger Clinic*, 2014, 78(2), 140–59.
14. Egan, S., Hattaway, M., and Kane, R., 'The Relationship between Perfectionism and Rumination in Post Traumatic Stress Disorder', *Behavioural and Cognitive Psychotherapy*, 2014, 42(2), 211–23. DOI:10.1017/S1352465812001129
15. Kempkea, Stefan, et al., 'Unraveling the Role of Perfectionism in Chronic Fatigue Syndrome: Is There a Distinction between Adaptive and Maladaptive Perfectionism?', *Psychiatry Research*, 30 April 2011, 186(2–3), 373–7. https://doi.org/10.1016/j.psychres.2010.09.016
16. Jansson-Fröjmark, Markus, and Linton, Steven J., 'Is Perfectionism Related to Pre-existing and Future Insomnia? A Prospective Study', *British Journal of Clinical Psychology,* 24 December 2010.
17. Dragos, D., Ionescu, O., et al., 'Psychoemotional Features of a Doubtful Disorder: Functional Dyspepsia', *Journal of Medicine and Life*, 15 September 2012, 5(3), 260–76.
18. Fry, P.S., and Debats, D.L., 'Perfectionism and the Five-factor Personality Traits as Predictors of Mortality in Older Adults', *Journal of Health Psychology*, May 2009, 14(4), 513–24. DOI:10.1177/1359105309103571 PubMed PMID: 19383652
19. Marcus Aurelius, *The Meditations*, Book Two, trans. George Long.（《沉思錄》第二卷，馬可．奧里略）
20. Epictetus, *The Enchiridion*, trans. Elizabeth Carter.（《為你的心定錨：古羅馬哲學家的50個靜心生活哲思》，愛比克泰德，開朗文化）

3 慢慢來、給善意

1. Mary Wollstonecraft to Archibald Hamilton Rowan, April 1795, in Wollstonecraft, Mary, *Collected Letters of Mary Wollstonecraft*, Columbia University Press, 2004, p.287.

2. Kessler, R.C., Berglund, P., et al., 'Lifetime Prevalence and Age-of-Onset Distributions of DSM-IV Disorders in the National Comorbidity Survey Replication', *Archives of General Psychiatry*, 2005, 62(6), 593–602. DOI:10.1001/archpsyc.62.6.593
3. Sawyer, Susan M., Azzopardi, Peter S., et al., 'The Age of Adolescence', *Lancet*, 17 January 2018, 2(3), 223–8.
4. Du Bois, W.E.B., *The Souls of Black Folk*, A.C. McClurg, 1903.
5. Eddo-Lodge, Reni, *Why I'm No Longer Talking to White People About Race*, Bloomsbury, 2017.
6. Hirsch, Afua, *Brit(ish): On Race, Identity and Belonging*, Vintage, 2018.
7. Akala, *Natives: Race and Class in the Ruins of Empire*, Two Roads, 2019.
8. Adegoke, Yomi, and Uviebinené, Elizabeth, *Slay in Your Lane: The Black Girl Bible*, 4th Estate, 2018.
9. Sullivan, Jade, 'The Silence was Deafening', 2 June 2020, Mother Pukka, https://www.motherpukka.co.uk/the-silence-was-deafening/
10. Garcia, Sandra E., *New York Times*, 17 June 2020.
11. Prinstein, Mitch, *Popular: The Power of Likability in a Status Obsessed World*, Viking, 2017.（《如何擁有好人緣》，米契・普林斯汀，遠流）
12. Wolke, Dieter, and Lereya, Suzet Tanya, 'Long-term Effects of Bullying', *Archives of Disease in Childhood*, 2015, 100(9), 879–85. DOI:10.1136/archdischild-2014-306667
13. Takizawa, Ryu, Maughan, Barbara, and Arseneault, Louise, 'Adult Health Outcomes of Childhood Bullying Victimization: Evidence From a Five-Decade Longitudinal British Birth Cohort', *American Journal of Psychiatry*, 2014, 171. DOI:10.1176/appi.ajp.2014.13101401
14. Glew, Gwen, and Fan, Ming-Yu, et al., 'Bullying, Psychosocial Adjustment, and Academic Performance in Elementary School', *Archives of Pediatrics & Adolescent Medicine*, 2005, 159, 1026–31. DOI:10.1001/archpedi.159.11.1026
15. *The Impact of Racism on Mental Health*, Synergi Collaborative Centre, March 2018.
16. Kwate, Naa Oyo, and Goodman, Melody, 'Cross-Sectional and Longitudinal Effects of Racism on Mental Health Among Residents of Black Neighborhoods in New York City', *American Journal of Public Health*, 2014, 105, e1–e8. DOI:10.2105/AJPH.2014.302243
17. 'In Your Face', a report investigating young people's experiences of appearance-based bullying, February 2018.下載網址：https://www.ymca.org.uk/latest-news/more-than-half-of-young-people-bullied-about-their-looks

18. *BBC News*, 'Bullying: Fifth of Young People in UK have been Victims in Past Year', 11 November 2019.

19. Bremner, J.D., 'Traumatic Stress: Effects on the Brain', *Dialogues in Clinical Neuroscience*, 2006, 8(4), 445–61.

20. Kübler-Ross, Elisabeth, *On Death and Dying: What the Dying Have to Teach Doctors, Nurses, Clergy and Their Own Families*, Macmillan, 1969.

21. Jurecic, A., 'Correspondence and Comments – Cautioning Health-Care Professionals: Bereaved Persons Are Misguided Through the Stages of Grief', *(Omega: Journal of Death and Dying*, 74.4), *Omega*, 2017, 75, 92–3. DOI:10.1177/0030222817701499. Bonanno, George A., *The Other Side of Sadness: What the New Science of Bereavement Tells Us About Life After Loss*, Basic Books, 2010.

22. Kessler, David, and Kübler-Ross, Elisabeth, *On Grief and Grieving: Finding the Meaning of Grief Through the Five Stages of Loss*, Scribner, 2005.

23. 聖奧古斯丁說：「耐心是智慧的同伴。」不過呢，他也說：「如果可以，除了生兒育女之外，最好不要碰你的伴侶。」所以啦，不要太認真聽他的話（呃，最好完全不要聽……）

24. Schnitker, Sarah A., 'An Examination of Patience and Well-being', *Journal of Positive Psychology*, 2012, 7(4), 263–80. DOI: 10.1080/17439760.2012.697185.

25. Schnitker, Sarah A., and Emmons, Robert A., 'Patience as a Virtue: Religious and Psychological Perspectives', *Research in the Social Scientific Study of Religion*, 2007, 18, 177–207.

26. Hershfield, H.E., Mogilner, C., and Barnea, U., 'People Who Choose Time Over Money Are Happier', *Social Psychological and Personality Science*, 2016, 7(7), 697–706. DOI:10.1177/1948550616649239

27. Schnitker and Emmons, 'Patience as a Virtue'.

28. 印第安納大學布魯明頓分校在二〇〇七年做了一項研究，他們找來九十六名志願者捐贈一筆錢，金額不公開，總額最後將會平分給所有人。他們發現相較於性急的人，有耐心的人比較願意為了眾人的好處而付出。Curry, Oliver, Price, Michael, and Price, Jade G., 'Patience is a Virtue: Cooperative People have Lower Discount Rates', *Personality and Individual Differences*, 2008, 44(3), 780–85. DOI:10.1016/j.paid.2007.09.023

29. 有耐心的人也比較能夠承受日常生活中的不順，例如塞車、排隊、電腦故障（自行視狀況刪減）。德州貝勒大學（Baylor University）的心理學家莎拉・許尼克（Sarah A. Schnitker）在二〇一二年做了一項研究，她找來三百八十九位大學生，然後，基本上，想盡辦法激怒他們。她評估一開始受試者的耐心程度，以及受試者認為耐心是德性的程度，然後進行一連串整整四十項的假設情境，挫敗的程度逐步提升。接著許尼克使用自我價值量表、人生滿意度量表、憂鬱量表，評估受試者身心健康的程度。研究的結論是：有耐心的人比較能夠安然度過困難考驗，而容易發火的人，呃，會發火。

30. Schnitker and Emmons, 'Patience as a Virtue'. 根據二〇〇六年的研究，有耐心的人比較可能實行自我控制、參與政治並投票。事實上，在民主選舉中投票是最高等的延後享樂：推動政策，但可能要等好幾年才能享受到成果。新的圓環／圖書館／醫院可能不會在我們有生之年完工，但我們必需相信政治家會遵守承諾（哈！）並且耐心等待實現。
31. Stevens, Jeffrey R., and Hauser, Marc D., 'Why be Nice? Psychological Constraints on the Evolution of Cooperation', *Trends in Cognitive Sciences*, 2004, 8(2), 60–5.
32. 南威爾斯新聞臺與Wale Online網站報導，作為® Gel-ocity與® Quick Dry兩種黏膠研究的一部分，共有兩千名成年人參與問卷調查。
33. Schnitker, Sarah A., 'An Examination of Patience and Well-being', *Journal of Positive Psychology*, 2012, 7(4), 263–80. DOI:10.1080/17439760.2012.697185.
34. Roberts, Jennifer L., 'The Power of Patience: Teaching Students the Value of Deceleration and Immersive Attention', *Harvard Magazine*, November–December 2013. https://harvardmagazine.com/2013/11/the-power-of-patience

4 避免自我剝削

1. Bardone-Cone, Anna M., et al., 'Perfectionism and Eating Disorders: Current Status and Future Directions', *Clinical Psychology Review*, 2007, 27(3), 384–405.
2. Watt Smith, Tiffany, *The Book of Human Emotions*, Wellcome Collection, 2016.（《情緒之書》，蒂芬妮・史密斯，木馬文化）
3. 如果你熱衷於「健康飲食」，並且下列問題有任何一個回答「是」，就代表可能有健康食品癡迷症：
   - ●我花很多時間思考、選擇、準備健康食物，以致於影響到人生的其他部分，例如愛情、創作、家人、友誼、工作、學業。
   - ●當吃到我認為不健康的食物，我會感覺焦慮、內疚、不潔、不淨及／或遭到玷汙；就連接近這樣的食物也令我不舒服，我會批評吃這些食物的人。
   - ●所吃的食物夠不夠純淨、夠不夠正確，會嚴重影響我對於平靜、快樂、歡喜、安全、自尊的個人感受。
   - ●有時候遇到特殊場合，例如婚禮或家人朋友聚會，我會很想放鬆我自己加諸的「好食物」規定，但卻發現做不到（註：倘若是因為健康因素而「絕對」不可以改變飲食習慣，那麼這一項便不適用）。
   - ●我會持續刪減食物，增加飲食規定，以維持或增進健康上的益處；有時候，我會在現存的食物理論上加入自己的信念。

●遵循自創的健康飲食導致我變得太瘦，大多數的人都說這樣不好，或者導致其他營養不良的症狀，例如掉髮、停經或皮膚問題。

4. Terry, Annabel, Szabo, Attila, and Griffiths, Mark, 'The Exercise Addiction Inventory: A New Brief Screening Tool', *Addiction Research and Theory*, 2004, 12, 489–99. DOI:10.1080/16066350310001637363

請以一（非常不同意）到五（非常同意）評估下列描述符合個人狀況的程度。若總分超過二十四，那麼就可能有運動上癮的危險。

●運動是我人生最重要的部分。

●我曾經因為運動量而與家人及／或伴侶發生爭執。

●我以運動作為改變情緒的方式（例如，振奮精神、逃避現實等等）。

●我會逐漸增加一天運動的量。

●只要一次該運動的時候沒運動，我就會感到情緒化、煩躁。

●當我減少運動量，然後重新開始運動，最後絕對會回到之前的量。

5 避免過度行為

1. 後來我得知那些問題來自於「病患健康問卷九（PHQ-9）」，這個問卷列出精神疾病診斷準則手冊第五版中的九項病徵，並加以評分：〇（完全沒有）、一（有些日子）、二（超過一半的日子）、三（幾乎每天）。以此方式回答下列問題：過去兩週，你多常因為下列任何問題而困擾？九個類別：對事情感到興趣缺缺或毫無樂趣／感覺低落、憂鬱、絕望／無法入睡、時睡時醒、睡太多／感覺疲勞或精神不濟／食慾不振或食慾過盛／對自己感覺不佳，覺得自己很失敗，或是覺得讓自己或家人失望了／難以進行需要專注的事，例如看報紙、看電視／其他人發現你動作或說話太慢，或者相反，太過焦躁或坐立不安，比平時更常動個不停／覺得自己死了比較好，或以某種方式傷害自己。憂鬱嚴重程度的評分方式為：〇到四分正常；五到九分輕度；十到十四分中度；十五到十九分重度；二十到二十七分極重度。

2. Sari, Y., 'Commentary: Targeting NMDA Receptor and Serotonin Transporter for the Treatment of Comorbid Alcohol Dependence and Depression', *Alcoholism, Clinical and Experimental Research*, 2017, 41(2), 275.

3. Boden, J.M., and Fergusson, D.M., 'Alcohol and Depression', *Addiction*, 2011, 106(5), 906–14.

4. Cordovil De Sousa Uva, M., Luminet, O., et al., 'Distinct Effects of Protracted Withdrawal on Affect, Craving, Selective Attention and Executive Functions among Alcohol-dependent Patients', *Alcohol and Alcoholism*, 2010, 45(3), 241–6. Craig, M., Pennacchia, A., et al.,Evaluation of Un-medicated, Self-paced Alcohol Withdrawal', *PloS One*, 2011, 6(7). Potamianos, G., Meade, T.W., et al., 'Randomised Trial of Community-based Centre versus Conventional Hospital Management in Treatment of Alcoholism', *Lancet*, 1986, 328(8510), 797–9. Shaw, G.K., Waller, S., et al., 'The Detoxication Experience of Alcoholic In-patients and Predictors of Outcome', *Alcohol and Alcoholism*, 1998, 33(3), 291–303. Driessen, M., Meier, S., et al., 'The Course of Anxiety, Depression and Drinking Behaviours after Completed Detoxification in Alcoholics with and without Comorbid Anxiety and Depressive Disorders', *Alcohol and Alcoholism*, 2001, 36(3),249–55.

5. 匿名戒酒協會所製作用來判斷是否酒精上癮的問卷如下：

●你是否曾經決定停止喝酒一個星期左右，結果卻只維持兩天？

●你是否希望別人不要管你喝酒的事——不要再叫你少喝一點？

●你是否曾經因為希望不要酒醉，而改喝另一種酒？

●過去一年，你是否曾經在早上喝酒？

●你是否羨慕喝酒之後不會惹事的人？

●過去一年，是否發生過與喝酒有關的麻煩？

●你是否會因為喝酒而導致家中發生問題？

●參加派對時，你是否會叫人多拿酒來，因為你喝不夠？

●你是否會告訴自己，只要決定不喝了就可以做到，即使你持續在不想喝醉的時候喝醉？

●你是否曾經因為喝酒而沒有去工作？

●你是否曾經斷片？

●你是否曾經覺得，如果不喝酒，人生會更好？

6. Costa, R.M., 'Dissociation (Defense Mechanism)', in Zeigler-Hill, V., and Shackelford. T. (eds.), *Encyclopedia of Personality and Individual Differences*, Springer, 2016.

7. Marich, Jamie, and O'Brien, Adam, 'Demystifying Dissociation: A Clinician's Guide', Psychiatry and Behavioral Health Learning Network, 4 December 2018.

8. Bernstein, Eve M., and Putnam, Frank W., 'Development, Reliability, and Validity of a Dissociation Scale', *Journal of Nervous and Mental Disease*, 1986, 727. https://doi.org/10.1097/00005053-198612000-00004

9. Halim, M.H., and Sabri, Farhana, 'Relationship Between Defense Mechanisms and Coping Styles Among Relapsing Addicts', *Procedia – Social and Behavioral Sciences*, 2013, 84, 1829–37. DOI:10.1016/j. sbspro.2013.07.043. Benishek, Debra, and Wichowski, Harriet, Dissociation in Adults with a Diagnosis of Substance Abuse', *Nursing Times*, 2003, 99, 34–6. 另外還有一些探討網路成癮與解離的有趣研究：Biolcati, Roberta, Mancini, Giacomo, and Trombini, Elena, 'Brief Report: The Influence of Dissociative Experiences and Alcohol/Drugs Dependence on Internet Addiction', *Mediterranean Journal of Clinical Psychology*, 2017. Canan, Fatih, Ataoglu, Ahmet, et al., 'The Association between Internet Addiction and Dissociation among Turkish College Students', *Comprehensive Psychiatry*, 2011, 53, 422–6. DOI:10.1016/j.comppsych.2011.08.006

10. O'Connor, Peg, *Life on the Rocks: Finding Meaning in Addiction and Recovery*, Central Recovery Press, 2016.

11. Kashdan, Todd, Barrett, Lisa, and Mcknight, Patrick, 'Unpacking Emotion Differentiation', *Current Directions in Psychological Science*, 2015, 24, 10–16. DOI:10.1177/0963721414550708

12. 匿名戒賭協會的「家人是否賭博上癮？」小測驗。（大家都愛小測驗吧？）如果六題以上回答「是」，那麼你家中很可能有人賭博上癮（也可能是你自己）。

●是否經常有人上門討債造成困擾？

●你所擔心的那個人是否經常毫無理由長時間不在家？

●他是否曾經因為賭博而沒有去工作？

●你是否覺得不能放心把錢交給他？

●他是否曾經誠心誠意說以後不賭了，哀求、懇求你再給一次機會，結果卻一再賭博？

●他是否說好只賭一段時間，但時間卻越拖越長，直到輸光身上所有的錢？

●他是否賭完又立刻回去賭，輸了就說要翻盤，贏了就說要趁勝追擊？

●他是否曾經試圖以賭博解決家中的財務問題？或者懷抱不切實際的期望，以為能靠賭博發財，讓家人過好日子？

●他是否曾借錢賭博或還賭債？
●他是否曾經因為賭博而名聲掃地？
●有時甚至為了要賺錢賭博而做出非法行為？
●你是否到了特地把生活費藏起來的程度，擔心要是不藏好，你和其他家人會挨餓受凍？
●你是否會一抓到機會就搜他的衣物、翻皮夾/皮包，或是以其他方式確認他的行蹤？
●你是否曾經把他的錢藏起來？當他越賭越凶，你是否察覺他的人格也發生變化？
●他是否經常撒謊以掩飾或否認賭博行為？
●他是否曾經故意引起你的罪惡感作為轉移責任的手段，說都是因為你，他才會去賭博？
●你是否會猜測他們的情緒，或嘗試控制他的生活？
●他是否曾經因為賭博而受懊悔或憂鬱所苦，甚至有時會自殘？
●他的賭博問題是否到了讓你無法忍受的程度，甚至威脅要拆散家庭？
●你是否覺得和他在一起的生活是夢魘？

13. The Gambling Commission, 'Young People and Gambling 2018: A Research Study among 11–16-year-olds in Great Britain', November 2018.

14. Sachs, Jeffrey D., *2019 World Happiness Report: Addiction and Unhappiness in America*, Chapter 7, Center for Sustainable Development, Columbia University.（下載請至：https://worldhappiness.report/ed/2019/addiction-and-unhappiness-in-america/）

15. Wilkinson, Richard, and Pickett, Kate, *The Inner Level*, Penguin, 2019.（《收入不平等：為何他人過得越好，我們越焦慮？》理查・威金森、凱特・皮凱特，時報出版）

16. Nook, E.C., et al., 'The Nonlinear Development of Emotion Differentiation: Granular Emotional Experience is Low in Adolescence', *Psychological Science*, 2018, 29(8), 1346–57. DOI:10.1177/0956797618773357.

6 記得要生氣

1. Loyola University Health System, 'When a Broken Heart Becomes a Real Medical Condition', *Science Daily*, 10 February 2015. www. sciencedaily.com/releases/2015/02/150210130502.htm.
   「心碎症候群」還有其他幾個比較沒那麼琅琅上口的名稱：「壓力性心肌病變」、「章魚壺心肌症」、「心尖球囊症候群」。
2. 若想進一步瞭解，請參考：Lettmaier, Saskia, *Broken Engagements: The Action for Breach of Promise of Marriage and the Feminine Ideal*, 1800–1940, Oxford University Press, 2010. Oxford Scholarship Online: May 2010
   DOI:10.1093/acprof:oso/9780199569977.001.0001
3. 路加福音第十章。不用謝！
4. Wilson, Kimberley, *How to Build a Healthy Brain*, Yellow Kite, 2020.
5. Kazén, Miguel, Künne, Thomas, et al., 'Inverse Relation between Cortisol and Anger and their Relation to Performance and Explicit Memory', *Biological Psychology*, 2012, 91, 28–35. DOI:10.1016/j.biopsycho.2012.05.006
6. Aarts, H., et al., 'The Art of Anger: Reward Context Turns Avoidance Responses to Anger-Related Objects Into Approach', *Psychological Science*, 2010, 21(10), 1406–10. DOI:10.1177/0956797610384152
7. Adam, Hajo, and Brett, Jeanne M., 'Everything in Moderation: The Social Effects of Anger Depend on its Perceived Intensity', *Journal of Experimental Social Psychology*, May 2018, 76, 12–18.
8. Cogley, Zac, 'A Study of Virtuous and Vicious Anger', in Timpe, Kevin, and Boyd, Craig (eds.), *In Virtues and Their Vices*, Oxford University Press, New York, 2014, pp.199–224.
9. Farley, M., Golding, J.M., et al., 'Comparing Sex Buyers with Men Who Do Not Buy Sex: New Data on Prostitution and Trafficking', *Journal of Interpersonal Violence*, 2017, 32(23), 3601–25. https://doi.org/10.1177/0886260515600874
   研究人員調查了一百零一個買春男性的態度與行為，並且與一百零一個年齡、教育程度、種族相同，但不買春的男性做比較。買春男性在無感情性行為與敵意陽剛特質方面的分數比較高。

10. 大名鼎鼎的性學專家金賽大師（Alfred Kinsey）所做的研究。
11. Lorde, Audre, 'The Uses of Anger', CUNY Academic Works, 1981. https://academicworks.cuny.edu/wsq/509
12. Adegoke, Yomi, *Slay in Your Lane, The Black Girl Bible*, 4th Estate, 2018.
13. Leach, Anna, Voce, Antonio, and Kirk, Ashley, 'Black British History: The Row over the School Curriculum in England', *Guardian*, 13 July 2020.
14. Olusoga, David, *Black and British: A Forgotten History*, Macmillan, 2016.
15. Rodrigues, Ana Paula, et al., 'Depression and Unemployment Incidence Rate Evolution in Portugal, 1995–2013: General Practitioner Sentinel Network Data', *Revista de saude publica*, 17 November 2017, 51(98).
DOI:10.11606/S1518-8787.2017051006675
16. McGee, R.E., and Thompson, N.J., 'Unemployment and Depression Among Emerging Adults in 12 States, Behavioral Risk Factor Surveillance System, 2010', *Preventing Chronic Disease*, 2015, 12(140451). http://dx.doi.org/10.5888/pcd12.140451
17. https://news.gallup.com/poll/171044/depression-rates-higher-amonglong-term-unemployed.aspx
18. Norström, F., Waenerlund, A., et al., 'Does Unemployment Contributeto Poorer Health-related Quality of Life among Swedish Adults?', *BMC Public Health*, 2019, 19, 457. https://doi.org/10.1186/s12889-019-6825-y
19. 在Tinder出現之前的單純年代，這是最受歡迎的交友網站。徵友資料由親友填寫，而不是本人。稍微沒那麼噁爛。

7 甩掉羞恥

1. 不要在背後閒言閒語：雖然聽起來很可怕，但其實沒那麼粗俗也沒那麼刺激。HCG（人類絨毛膜促性腺激素）是一種荷爾蒙，幫助卵子在女性卵巢中發育，並且在排卵時促進釋放卵子。
2. Payne, Nicky, and Akker, Olga van den, 'Fertility Network UK Survey on the Impact of Fertility Problems', October 2016.
3. Levine, Hagai, Jørgensen, Niels, et al., 'Temporal Trends in Sperm Count: A Systematic Review and Meta-regression Analysis', *Human Reproduction Update*,

November–December 2017, 23(6), 646–59. https://doi.org/10.1093/humupd/dmx022

4. Hanna, Esmée, and Gough, Brendan, 'The Social Construction of Male Infertility: A Qualitative Questionnaire Study of Men with a Male Factor Infertility Diagnosis', *Sociology of Health & Illness*, 2019, 42. DOI:10.1111/1467-9566.13038
5. Gruenewald, Tara, Kemeny, Margaret, et al., 'Acute Threat to the Social Self: Shame, Social Self-esteem, and Cortisol Activity', *Psychosomatic Medicine*, 2004, 66, 915–24. DOI:10.1097/01. psy.0000143639.61693.ef
6. Sznycer, Daniel, Tooby, John, et al., 'Shame and Social Devaluation', *Proceedings of the National Academy of Sciences*, February 2016, 201514699. DOI:10.1073/pnas.1514699113
7. Ashby, Jeffrey, Rice, Kenneth, and Martin, James, 'Perfectionism, Shame, and Depressive Symptoms', *Journal of Counseling & Development*, 2006, 84. DOI:10.1002/j.1556-6678.2006.tb00390.x
8. https://www.nhs.uk/conditions/miscarriage/
9. 原名為《臨床精神治療基礎照護期刊》，這是個以網路為主、經過同行審閱的摘要期刊，用意在促進精神治療基礎照顧人員，與其他治療精神與神經疾病患者的醫療照護專業人員的臨床專業。Nynas, J., Narang, P., et al.'Depression and Anxiety Following Early Pregnancy Loss: Recommendations for Primary Care Providers', *Primary Care Companion for CNS Disorders*, 2015, 17(1). DOI:10.4088/PCC.14r01721
10. Freeman, Hadley, 'Women aren't Meant to Talk about Miscarriage. But I've Never been Able to Keep a Secret', *Guardian*, 13 May 2017. https://www.theguardian.com/lifeandstyle/2017/may/13/hadleyfreemanmiscarriage-silence-around-it
11. Kadkhodai, Christen Decker, "There Was No Child, I Told Myself<th>": Life and Marriage after Miscarriage', *Guardian*, 16 July 2016.https://www.theguardian.com/lifeandstyle/2016/jul/16/miscarriagepregnancy-motherhood-loneliness
12. https://www.theatlantic.com/sexes/archive/2013/04/messages-of-shameare-organized-around-gender/275322/
13. Mahalik, James, Morray, Elisabeth, et al., 'Development of the Conformity to Feminine Norms Inventory', *Sex Roles*, 2005, 52, 417–35. DOI:10.1007/s11199-005-3709-7
14. https://unric.org/en/who-warns-of-surge-of-domestic-violence-as-covid-19-cases-decrease-in-europe/
15. Merriam Webster, 2019.

16. 若想進一步瞭解，請見：Guvensel, O., 'The Relationship Among Normative Male Alexithymia, Gender Role Conflict, Men's Non-romantic Relationships With Other Men, and Psychological Well-being', Dissertation, Georgia State University, 2016. Karakis, E., and Levant, R., 'Is Normative Male Alexithymia Associated with Relationship Satisfaction, Fear of Intimacy and Communication Quality among Men in Relationships?', *Journal of Men's Studies*, 2012, 20(3), 179–86. Mattila, A., 'Alexithymia in Finnish General Population', Doctoral dissertation, 2009. Miles, J., 'Why Do Men Struggle to Express their Feelings?' Welldoing.org, 2017. Rodman, S., 'Alexithymia: Does my Partner Feel Anything?', *Huffington Post*, 2017. Schexnayder, C., 'The Man who Couldn't Feel', *Brain World*, 2019. Thompson, J., 'Normative Male Alexithymia', *In Search of Fatherhood*, 2010.

17. Karakis, Emily, and Levant, Ronald, 'Is Normative Male Alexithymia Associated with Relationship Satisfaction, Fear of Intimacy and Communication Quality Among Men in Relationships?', *Journal of Men's Studies*, 2012, 20, 179–86. DOI:10.3149/jms.2003.179

8 不要再為感受而道歉

1. 'Oh, Sorry: Do British People Really Apologise Too Much?', YouGov Lifestyle, 1 July 2015. https://yougov.co.uk/topics/lifestyle/articlesreports/2015/07/01/oh-sorry-do-british-people-apologise-too-much

2. Hitchings, Henry, *Sorry! The English and Their Manners*, John Murray, 2013.

3. Barnes, Julian, *Levels of Life*, Jonathan Cape, 2013.（《生命的測量》，朱利安・拔恩斯，麥田）

4. Peskin, Harvey, 'Who Has the Right to Mourn?: Relational Deference and the Ranking of Grief', *Psychoanalytic Dialogues*, 2019, 29(4), 477–92.DOI:10.1080/10481885.2019.1632655

9 終點謬誤

1. King's College London, 'Prenatal Stress Could Affect Baby's Brain', *Science Daily*, 8 October 2019. www.sciencedaily.com/releases/2019/10/191008094309.htm
2. European College of Neuropsychopharmacology, 'Children of Anxious Mothers Twice as Likely to Have Hyperactivity in Adolescence', *ScienceDaily*, 9 September 2019. www.sciencedaily.com/releases/2019/09/190909095021.htm
3. 愛瑪・傑若德（Emma Jerold）拍攝，山姆・史旺伯利（Sam Swinbury）導演，對了，他在ＢＢＣ影集《老媽》（*Mum*）裡的表現非常出色。感謝。
4. University of Liverpool, 'Mothers are Made to Feel Guilty Whether they Breastfeed or Formula Feed their Baby', *ScienceDaily*, 16 November 2016. www.sciencedaily.com/releases/2016/11/161116101900.htm
5. 《每日郵報》（Daily Mail），二〇一〇年七月二十三日，根據「平安夜名床」公司所做的調查。https://www.dailymail.co.uk/news/article-1296824/Parentsnewborns-miss-SIX-MONTHS-worth-sleep-childs-years.html. 換言之，不是什麼太專精的研究，不過，當妳在凌晨三點醒來，一邊努力哄氣呼呼的非本地血統迷你丹麥維京人睡覺，一邊頭腦空空地滑Google，突然看到這篇文章還是會嚇一大跳。
6. Richter, David, Krämer, Michael D., et al., 'Long-term Effects of Pregnancy and Childbirth on Sleep Satisfaction and Duration of Firsttime and Experienced Mothers and Fathers', *Sleep*, April 2019, 42(4), zsz015. https://doi.org/10.1093/sleep/zsz015
7. Gordon, A.M., and Chen, S., 'The Role of Sleep in Interpersonal Conflict: Do Sleepless Nights Mean Worse Fights?', *Social Psychological and Personality Science*, 2014, 5(2), 168–75. DOI:10.1177/1948550613488952
8. 寫這段的時候是週五。從上週六開始，我每天都睡不到五個小時。我和Ｔ今天早上大吵一架，因為他叫我不要把廚房抽屜塞太滿，剛好我正忙著清理便便（不是我的）。很有趣的幕後花絮吧？
9. Gaynes, B.N., Gavin, N., et al., 'Perinatal Depression: Prevalence, Screening Accuracy, and Screening Outcomes', Rockville: Agency for Healthcare Research and Quality (AHRQ), Evidence Report/Technology Assessment No. 119, 2005.
10. Hagen, Edward H., 'The Functions of Postpartum Depression', *Evolution and Human Behavior*, September 1999, 20(5), 325–59.
11. Perry, Bruce, *Born to Love*, Harper Paperbacks, 2011.
12. Stern, Daniel, *The Motherhood Constellation*, Routledge, 1995.

13. Dolan, Paul, *Happy Ever After: Escaping the Myth of the Perfect Life*, Allen Lane, 2019.

14. 《衛報》二〇一九年五月二十五日報導：https://www.theguardian. com/lifeandstyle/2019/may/25/women-happier-without-children-or-aspouse-happiness-expert

15. https://www.npr.org/2018/08/13/638202813/you-2-0-when-did-marriagebecome-so-hard via Finkel, Eli J., *The All-or-Nothing Marriage: How the Best Marriages Work*, Dutton, 2018.

16. 根據保柏（Bupa）保險暨醫療保健集團所做的調查：https://www.bupa.com/newsroom/news/lifes-milestones-can-impact-mental-health

17. 這是國家統計局最新的估算資料，預測已婚民眾一生中可能離婚的機率，請見國家檔案館資料：https://webarchive.nationalarchives.gov.uk/20160106011951/與http://www.ons.gov.uk/ons/rel/vsob1/divorces-in-england-and-wales/2011/sty-what-percentageof-marriages-end-in-divorce.html

18. 根據美國疾病管制與預防中心報告的數據，請見：https://www.theglobeandmail.com/life/relationships/valentines-day/when-it-comes-to-marriage-the-third-timesnot-often-the-charm/article32125001/

19. 我在寫《HYGGE! 丹麥一年》的時候發現似乎有一種獨特的「快樂基因」，名稱是5-HTT，也稱為「血清素運送基因」，這個基因能做到許多情緒調節藥物想要達成的效果。哥本哈根大學細胞與分子醫學中心的基因學家尼爾斯．湯莫若普（Niels Tommerup）告訴我，如果觀察長版5-HTT在全世界出現的頻率，會發現丹麥人整體表現出較高程度的這種基因。算我們其他人倒楣。

20. Parsons, George D., and Pascale, Richard T., 'Crisis at the Summit', *Harvard Business Review*, March 2007.

10 顛峰症候群

1. Gladwell, Malcolm, *David and Goliath*, Penguin, 2014（《以小勝大：弱者如何找到優勢，反敗為勝？》，麥爾坎．葛拉威爾，時報出版）

2. Eisenstadt, J.M., 'Parental Loss and Genius', *American Psychologist*, 1978, 33(3), 211–23. DOI:10.1037//0003-066x.33.3.211

3. Iremonger, Lucille, *The Fiery Chariot: A Study of British Prime Ministers and the Search for Love*, Secker & Warburg, 1970. 想進一步瞭解，請至下列網址：www.jstor.org/stable/193407 察看Hugh Berrington在 *British Journal of Political Science*所寫的評論 1974, 4(3), 345–69. JSTOR

4. Gottman, John M., *The Marriage Clinic*, Norton Professional Books 1999; 也可以在這個網址看大綱：https://www.gottman.com/blog/themagicrelationship-ratio-according-science/

5. Ponzetti, Jr., James J., 'Family Beginnings: A Comparison of Spouses' Recollections of Courtship', *Family Journal*, 1 April 2005, 13(2), 132–8. https://doi.org/10.1177/1066480704271249

6. Glass, J., Simon, R.W., and Andersson, M.A., 'Parenthood and Happiness: Effects of Work-Family Reconciliation Policies in 22 OECD Countries', *AJS*, November 2016, 122(3), 886–929. DOI:10.1086/688892. PubMed PMID: 28082749; PubMed Central PMCID: PMC5222535.

7. Simon, Robin W., and Caputo, Jennifer, 'The Costs and Benefits of Parenthood for Mental and Physical Health in the United States: The Importance of Parenting Stage', *Society and Mental Health*, 2018, 215686931878676. DOI:10.1177/2156869318786760

8. Kahneman, Daniel, Krueger, Alan B., et al., 'A Survey Method for Characterizing Daily Life Experience: The Day Reconstruction Method', *Science*, 3 December 2004, 1776–80.

9. Becker, C., Kirchmaier, I., and Trautmann, S.T., 'Marriage, Parenthood and Social Network: Subjective Well-being and Mental Health in Old Age', *PLoS ONE*, 2019, 14(7), e0218704. https://doi.org/10.1371/journal. pone.0218704

11 擴展視野

1. 非常厲害的短篇故事，作者是夏洛特・柏金斯・吉爾曼（Charlotte Perkins Gilman），一八九二年初版，故事描述一個剛生產完的婦女被勸告要臥床鎮定神經，儘管讀者都看得出來她的精神完全沒問題。她困在一個貼著黃壁紙的房間裡，日復一日，她的世界變得太小，最後真的發瘋了。Gilman, Charlotte Perkins, *The Yellow Wallpaper*, Simon & Brown, 2011.

2. 《衛報》的網站上有一個做得很棒的時間表，說明在兩千年中定義黑人歷史的重要人物與重大事件：https://www.theguardian.com/world/ng-interactive/2020/jul/11/black-history-timeline

3. Sutherland, D., *Raise Your Glasses*, Macdonald, 1969, p.16.

4. Dixon, Thomas, *Weeping Britannia: Portrait of a Nation in Tears*, Oxford University Press, 2015.

5. Hewitt, Rachael, *A Revolution of Feeling*, Granta, 2017.

6. Darwin, Charles, *The Expression of the Emotions in Man and Animals*, John Murray, 1872.

7. Norton, M.I., and Gino, F., 'Rituals Alleviate Grieving for Loved Ones, Lovers, and Lotteries', *Journal of Experimental Psychology: General*, 2014, 143(1), 266–72. DOI:10.1037/a0031772

8. 如果想進一步瞭解這個瘋狂又迷人的年代，請參考：Mehaffey, Karen Rae, *The After-Life, Mourning Rituals and the Mid-Victorians*, Laser Writers Publishing, 1993. Winkelmann, Judith, 'Mourning, Majesty, and Mary Lincoln', Historical Society of Quincy and Adams County, August 1997.

9. Popkirov, Stoyan, Wessely, Simon, et al., 'Different Shell, Same Shock', *BMJ*, 2017, 359. DOI:10.1136/bmj.j5621

10. 要是能買到收錄這篇文章的書，我一定會開心死，我懷疑母校的圖書館故意刪掉這一篇，不過劍橋大學出版社出了一本探討佛司特的書，由已故牛津大學教授大衛・布雷蕭（David Bradshaw）編輯，想要進一步瞭解（你一定會想吧？）請見：Bradshaw, D. (ed.), *The Cambridge Companion to E.M. Forster*, Cambridge University Press, 2007. DOI:10.1017/CCOL0521834759

11. 引用自FactCheck問答：國會議員有多上流？（How Posh is Parliament?）https://www.channel4.com/news/factcheck/factcheck-qa-how-posh-is-parliament

12. 蘇頓信託基金會（The Sutton Trust）是一個政策研究機構，致力於找出導致社會動能過低的根本原因，並且透過教育與就業推廣有效的解決方式。請見：https://www. suttontrust.com/our-research/parliamentary-privilege-2019/ 與https://www.suttontrust.com/our-research/sutton-trust-cabinet-analysis-2020/

13. 寫作本書時，英國歷任首相共有五十五人，其中三十二人曾就讀寄宿學校，伊頓公學一校便有二十人。https://en.wikipedia.org/wiki/List_of_prime_ministers_of_the_United_Kingdom_by_education

14. 波里斯・強森十一歲開始就讀寄宿學校，英國前首相大衛・卡麥隆（David Cameron）則七歲便開始寄宿。

15. https://www.theguardian.com/commentisfree/2019/nov/07/boardingschools-boris-johnson-bullies

16. Schaverien, Joy, 'Boarding School Syndrome: Broken Attachments a Hidden Trauma', *British Journal of Psychotherapy*, 2011, 27, 138–55. DOI:10.1111/j.1752-0118.2011.01229.x

17. 我念大學時交的第一個男朋友就是這樣，我永遠不會忘記他那個非常「貴氣」的祖母，她一本正經地問他：「你這個學期硬的多嗎？」我的臉紅得像甜菜一樣。男友回答，「六次」，祖母皺起鼻子。我非常、非常希望拼花地板把我吞下去。男友後來解釋說，所謂「硬的」意思是紙質非常厚的正式慶生會邀請卡。不是勃起的意思。那天我們都增加了一點新知識……

18. Churchill, Winston, *My Early Life: A Roving Commission*, Thornton Butterworth, 1930 – or Pocket Books, 1996.
19. Toye, Richard, *Churchill's Empire: The World That Made Him and the World He Made*, Henry Holt, 2010. See also Heyden, Tom, 'The 10 Greatest Controversies of Winston Churchill's Career', *BBC News Magazine*, 26 January 2015, for a neat overview.
20. Dixon, Thomas, *Weeping Britannia: Portrait of a Nation in Tears*, Oxford University Press, 2015, fig. 38.
21. Larkin, Philip, 'The Mower', *Collected Poems*, Faber and Faber, 2003.
22. 儘管如此，也並非所有人都認同。狄克遜指出，一九九八年，報紙專欄作家理查・里托強（Richard Littlejohn）反對在戴妃一週年忌日當天默哀兩分鐘，而前一年的大規模哀悼更被他形容為「集體歇斯底里歪風」、「情感上的放蕩群交，令人作噁」。他就是這麼親切呢！
23. Dixon, *Weeping Britannia*, p.310.

12 更加拓展視野

1. Russell, Helen, *The Atlas of Happiness: The Global Secrets of How to be Happy*, Two Roads, 2018.（《尋找全球幸福關鍵字：學會世界30國的快樂祕方》，海倫・羅素，PCuSER電腦人文化）
2. Durkheim, Émile, *The Elementary Forms of Religious Life*, 1912.
3. Evans, Stephen, 'The Employees Shut Inside Coffins', *BBC News*, Seoul, 14 December 2015.
4. Brown, A., Scales, U., et al., 'Exploring the Expression of Depression and Distress in Aboriginal Men in Central Australia: A Qualitative Study', *BMC Psychiatry*, 1 August 2012, 12, 97. DOI:10.1186/1471- 244X-12-97
5. *The Health and Welfare of Australia's Aboriginal and Torres Strait Islander Peoples*, Australian Institute of Health and Welfare, 2015.
6. 這支新的哈卡是由肯・甘迺迪博士（Dr. Ken Kennedy）、寇羅・蒂尼（Koro Tini）與賈木斯・偉伯斯特（Jamus Webster）共同譜寫：Haka Koiora（生命哈卡）Paiahahā, Paiahahā（聽啊，聽啊）He aha rā ka tāpaea ngā mahi kikino（為什麼要等到發生慽事）Ki te kūkūtia tātou katoa e?（我們才終於團結一

心？）Ia ha ha! E oho, kia tika rā（醒來吧，拿出真心）Unuhia ngā here o te kino（剝除不好的事物）Whakatakē, whakaparahako e（拋開負面思想、停止欺凌他人）Ko te pūtake o te whakaaro, he kaikir（因為這些行為背後暗藏的因素是種族歧視）Takatakahia Hi（踏破吧）Wherawherahia Hi（拋開吧）Kia tū te tangata koia anake（只留下你真正的這個人）Ko au, Ko koe, ko koe, ko au, ko tāua e（我是你、你是我，我們是一體）Ko te mea nui o te ao（世上最偉大的）He Tangata, He Tangata, He Tangata e（就是人、就是人、就是人。）

7. Ngomane, Nompumelelo Mungi, *Everyday Ubuntu*, Bantam Press, 2019.

8. 一九七〇年代末期，盧茲在島上度過的一年當中，當地所發生最嚴重的侵擾事件是「一個人碰了另一個人的肩膀，犯人立刻被處以高額罰金。引自 Lutz, Catherine, 'The Domain of Emotion Words on Ifaluk', *American Ethnologist*, 1982, 9(1), 113–28. JSTOR, www.jstor.org/stable/644315

9. Kundera, Milan, *The Book of Laughter and Forgetting*, Faber and Faber, 2001.（《笑忘書》，米蘭・昆德拉，皇冠）

10. 'Participants Ease Stress Levels at Crying Events', *Japan Times*, 22 June 2013.

11. Webb, Emily, 'The "Handsome Weeping Boys" Paid to Wipe away your Tears', *Outlook*, BBC World Service, 25 August 2016.

12. 俄文中的Toska這個詞，作家納博科夫的解釋最貼切：一種心靈不安痛苦的感覺，往往沒有特別的原因。即使最不病態的程度，也是一種靈魂的鈍痛，一種沒有目標的渴望，思念成疾，隱隱約約坐立不安，精神痛苦掙扎，求而不得。在特定狀況下，也可能是對人或東西的慾望、懷念、相思。最輕的程度則是倦怠無趣。「Dusha naraspashku」或「坦露的靈魂」：https://www.goodreads.com/quotes/309633-toska---noun-t--sk---russian-wordroughly-translated-as

13. 安妮雅・巴託（Agniya Barto），「兔子詩」：「有個愚笨的孩子，把可憐小兔子留在外面淋雨。小兔子能怎麼辦？他徹底濕透了。」

14. 劇透警告，這本書是：Golyavkin, Viktor, *My Kind Father*, 1963。

13 臨界點

1. Chandola, T., Booker, C.L., et al., 'Are Flexible Work Arrangements Associated with Lower Levels of Chronic Stress-Related Biomarkers? A Study of 6025 Employees in the UK Household Longitudinal Study', *Sociology*, 2019, 53(4), 779–99. https://doi.org/10.1177/0038038519826014

2. https://www.who.int/mental_health/evidence/burn-out/en/
3. Waters, F., Chiu, V., et al., 'Severe Sleep Deprivation Causes Hallucinations and a Gradual Progression Toward Psychosis With Increasing Time Awake', *Frontiers in Psychiatry*, 2018, 9, 303. DOI:10.3389/fpsyt.2018.00303
4. 同上。
5. Carlat, Daniel J., 'Dr Robert Spitzer: A Personal Tribute', *Clinical Psychiatry News*, 11 January 2016. https://www.mdedge.com/psychiatry/ article/105698/dr-robert-spitzer-personal-tribute Also worth reading: Carlat, Daniel, *Unhinged: The Trouble with Psychiatry – A Doctor's Revelations about a Profession in Crisis*, Free Press, 2010, pp.53–4.
6. Kessler, R.C., et al., 'Lifetime Prevalence and Age-of-Onset Distributions of DSM-IV Disorders in the National Comorbidity Survey Replication', *Archives of General Psychiatry*, June 2005, 62(6), 593–602. Kessler, R.C. et al., 'Prevalence, Severity, and Comorbidity of 12-month DSM-IV Disorders in the National Comorbidity Survey Replication', *Archives of General Psychiatry*, June 2005, 62(6), 617–27. For a good overview read The Prevalence and Treatment of Mental Illness Today', *Harvard Mental Health Letter*, March 2014. https://www.health.harvard.edu/mind-andmood/the-prevalence-and-treatment-of-mental-illness-today
7. World Health Organization, 'Mental Disorders Affect One in Four People: World Health Report', 2001. https://www.who.int/whr/2001/media_centre/press_release/en/
8. Brown, G.W., Bhrolchain, M.N., and Harris, T., 'Social Class and Psychiatric Disturbance among Women in an Urban Population', *Sociology*, 1975, 9(2), 225–54. DOI:10.1177/003803857500900203

14 信任專業

1. http://cphpost.dk/?p=73178
2. 根據奧爾堡大學（Aalborg University）安德斯・彼德森（Anders Petersen）教授的說法。
3. 'NHS Prescribed Record Number of Antidepressants Last Year', *BMJ*, 29 March, 2019, 364. https://doi.org/10.1136/bmj.l1508

4. Jeffries, Stuart, 'Happiness is Always a Delusion', *Guardian*, 19 July 2006.
5. Cowen, Philip, 'Serotonin and Depression: Pathophysiological Mechanism or Marketing Myth?', *Trends in Pharmacological Sciences*, 2008, 29, 433–6. DOI:10.1016/j.tips.2008.05.004
6. Eveleigh, R., et al., 'Patients' Attitudes to Discontinuing Not-indicated Long-term Antidepressant Use: Barriers and Facilitators', *Therapeutic Advances in Psychopharmacology*, 2019. DOI:10.1177/2045125319872344
7. 同上。
8. Wood, J.V., Perunovic, W.Q. Elaine, and Lee, J.W., 'Positive Self- Statements: Power for Some, Peril for Others', *Psychological Science*, 2009, 20(7), 860–66. DOI:10.1111/j.1467-9280.2009.02370.x
9. Hung, Ching-I, Liu, Chia-Yih, and Ching-Hui, Yang, 'Untreated Duration Predicted the Severity of Depression at the Two-year Follow-up Point', *PLoS ONE*, 2017, 12, e0185119. DOI:10.1371/journal.pone.0185119
10. Hollis, James, *Finding Meaning in the Second Half of Life: How to Finally, Really Grow Up*, Gotham Books, 2005.
11. Samuel, Julia, *Grief Works: Stories of Life, Death and Surviving, Penguin*, 2017, p.165.
12. Perry, Philippa, *The Book You Wish Your Parents Had Read*, Penguin Life, 2019.（《一本你希望父母讀過的書（孩子也會慶幸你讀過）》，菲莉帕・派瑞，木馬文化）

15 伙伴制度

1. 'Buddy system', *Merriam-Webster.com Dictionary*, Merriam-Webster. https://www.merriam-webster.com/dictionary/buddy%20system. Accessed 31 January 2020.
2. Perry, Bruce, *The Boy Who Was Raised as a Dog: And Other Stories from a Child Psychiatrist's Notebook*, Basic Books, 2007.（《遍體鱗傷長大的孩子，會自己恢復正常嗎？：兒童精神科醫師與那些絕望、受傷童年的真實面對面：關係為何不可或缺，又何以讓人奄奄一息！》，布魯斯・D・培理，瑪亞・薩拉維茲，柿子文化）

3. 社交焦慮症影響超過一千五百萬美國成年人，是除了特定對象恐懼症（specific phobia）之外，最常被診斷出的焦慮症。https://adaa.org/understandin-ganxiety/socialanxiety-disorder
4. Graves, Robert, *Good-Bye to All That: An Autobiography*, first published 1929.
5. Face for Business所做的研究，《人力資源評論》（*HR Review*）於二〇一九年五月七日報導。https://www.hrreview.co.uk/hr-news/phone-fear-affects-over-half-of-uk-office-workers/116192
6. Gilovich, T., Medvec, V.H., and Savitsky, K., 'The Spotlight Effect in Social Judgment: An Egocentric Bias in Estimates of the Salience of one's own Actions and Appearance', *Journal of Personality and Social Psychology*, 2000, 78(2), 211–22. https://doi.org/10.1037/0022-3514.78.2.211
7. Boothby, E.J., et al., 'The Liking Gap in Conversations: Do People Like Us More Than We Think?', *Psychological Science*, 2018, 29(11), 1742–56. DOI:10.1177/0956797618783714
8. National Academies of Sciences, 'Social Isolation and Loneliness in Older Adults: Opportunities for the Health Care System', 27 February 2020.
9. Lim, Michelle, Rodebaugh, Thomas, et al., 'Loneliness Over Time: The Crucial Role of Social Anxiety', *Journal of Abnormal Psychology,* 2016,125. DOI:10.1037/abn0000162
10. Conklin, Annalijn I., Forouhi, Nita G., et al., 'Social Relationships and Healthful Dietary Behaviour: Evidence from Over-50s in the EPIC Cohort, UK', *Social Science and Medicine*, January 2014, 167–75.
11. Holt-Lunstad, J., Smith, T.B., and Layton, J.B., 'Social Relationships and Mortality Risk: A Meta-analytic Review', *PLoS Med*, 2010, 7(7), e1000316. DOI:10.1371/journal.pmed.1000316
12. 如果你也有類似的想法，請立刻聯絡醫生，或撥打撒瑪利亞協會的免費專線電話：116 123。即使手機沒有儲值也能打，這個號碼不會出現在帳單上。或者也可以發郵件到jo@samaritans.org或是造訪www. samaritans.org網站查詢離你最近的分會資料，去到那裡會有受過訓練的志工和你當面對談。在美國，國家自殺防制生命線的號碼是13 11 14。其他國家的生命線電話號碼請上www.befrienders.org查詢。
13. https://www.mhanational.org/peer-support-research-and-reports
14. Wellman, Barry, and Wortley, Scot, 'Different Strokes From Different Folks: Community Ties and Social Support', *American Journal of Sociology*, 1990, 96. DOI:10.1086/229572

15. Co-Op and the Red Cross, 'Trapped in a Bubble: An Investigation into Triggers for Loneliness in the UK,' 2016. PDF of report available https://www.co-operative.coop/media/news-releases/lonely-life-stagesnew-study-reveals-triggers-for-loneliness-epidemic-in-the-UK

16. Anderson, G. Oscar, and Thayer, Colette E., *Loneliness and Social Connections: A National Survey of Adults 45 and Older*, AARP Research, September 2018. https://doi.org/10.26419/res.00246.001

17. Russell, D, 'UCLA Loneliness Scale (Version 3): Reliability, Validity, and Factor Structure', *Journal of Personality Assessment*, 1996, 66, 20–40. 評估方式描述：以二十個特別設計的項目評估一個人主觀的寂寞與社交孤立感受。受試者以一（從不）到四（經常）回答每個問題。

18. 澳洲肥皂劇《家有芳鄰》（*Neighbours*）的主題曲是由東尼．海契（Tony Hatch）作曲、潔琪．川特（Jackie Trent）填詞，這首歌曲是觀眾票選出全世界最家喻戶曉的電視劇主題曲。沒錯：我打算繼續在我寫的書裡提起《家有芳鄰》。這是個取之不盡、用之不竭的澳洲彩蛋……

19. 在英國，目前男性可以請全薪共享育嬰假最多三十七週。但實際上，許多男性還是只請兩週，一方面是因為文化上的角色分配，另一方面則是因為經濟壓力，因為——這真的很無聊——幾乎所有產業給男性的薪水都比女性高（都已經二〇二一年了耶！還來這套！）。事實上，聯合國兒童基金會評估育兒政策與育嬰假規範，在世界富裕國家對家庭友善的程度排名中，英國是倒數幾名（〈世界富國是否對家庭友善？〉〔Are the World's Richest Countries Family Friendly?〕，經濟合作發展組織〔OECD〕與歐盟〔EU〕國家二〇一九年政策分析，這份報告可以在網路上下載PDF檔：https://www.unicef-irc.org/family-friendly，在這兩個國際組織中，瑞典、挪威、冰島、愛沙尼亞、葡萄牙名列前茅）。最後一名？美國。美國根本沒有育嬰福利，四分之一的媽媽生產之後不到十天就回去上班（根據美國婦產科學院的「產後工具包：回歸職場與育嬰假」，可以在網路上下載PDF檔案：https://www.acog.org/）。寫作此書的當下，世界上只有兩個國家沒有強制雇主給育嬰假，其中一個就是美國。作為對比，愛沙尼亞婦女產後享有八十五週的全薪育嬰假。

20. https://www.huffingtonpost.co.uk/entry/samaritans-teams-up-withhairdressers-to-highlight-the-life-saving-power-of-listening_uk_5975b8b5e4b0e79ec19a6125?guccounter=1

21. https://publications.parliament.uk/pa/cm201617/cmselect/cmhealth/300/30005.htm自殺的代價估計為一百七十萬英鎊。直接費用如：自殺之前尋求醫療協助與自殺之後的救治。其中包括了沒有補助的家醫診療、處方藥物、諮詢、葬禮費用、法律費用、急救費用、保險理賠與醫療服務。間接費用如：每次自殺造成的社會代價。包括無法工作的時間、離職或請假造成的短缺。人類成本，例如，一個沒有障礙的人原本能工作的年數、家人親友經歷的悲痛。Knapp, M., McDaid, D., and Parsonage, M., *Mental Health Promotion and Mental Illness Prevention: The Economic Case*, Department of Health, PSSRU,

London School of Economics and Political Science, 2011.
22. https://www.who.int/news-room/detail/09-09-2019-suicide-one-persondies-every-40-seconds
23. https://www.thecalmzone.net/help/get-help/suicide/
24. US Centers for Disease Control and Prevention (CDC), *Data & Statistics Fatal Injury Report for 2018*. https://www.cdc.gov/ suicide datasheet PDF
25. https://www.theconfessproject.com/our-vision-1
26. https://www.ons.gov.uk/peoplepopulationandcommunity/birthsdeathsandmarriages/deaths/bulletins/suicidesintheunitedkingdom/2018registrations
27. https://www.menshealthforum.org.uk/key-data-mental-health

16 需要支持網

1. Kay, Adam, *This Is Going To Hurt*, Picador, 2017.（《棄業醫生的秘密日記》，亞當・凱，春天出版社）
2. 很有意思，醫生的離婚率比非醫療人員低。女性內科醫生離婚的普遍率比男性內科醫生高出許多，根據《英國醫學期刊》（*British Medical Journal*, BMJ2015; 350:h706），部分原因或許是花在離婚上的時間造成的差異效應。不過呢，說到高離婚率，警察才是真的要注意——所以才有那個句子「加入警隊，夫妻就ㄘㄟˊㄟˋ!」（別生氣嘛，我只是寫下來而已，又不是我說的……）
3. Sandstrom, G.M., and Dunn, E.W., 'Is Efficiency Overrated?: Minimal Social Interactions Lead to Belonging and Positive Affect', *Social Psychological and Personality Science*, 2014, 5(4), 437–42. https://doi. org/10.1177/1948550613502990
4. Small, Mario, 'Weak Ties and the Core Discussion Network: Why People Regularly Discuss Important Matters with Unimportant Alters', *Social Networks*, 2013, 35, 470–83. DOI:10.1016/j.socnet.2013.05.004

17 服用文化維他命

1. Rauscher, F., Shaw, G., and Ky, C., 'Music and Spatial Task Performance', *Nature*, 1993, 365, 611. https://doi.org/10.1038/365611a0
2. Chang, Mei-Yueh, Chen, Chung-Hey, and Huang, Kuo-Feng, 'Effects of Music Therapy on Psychological Health of Women during Pregnancy', *Journal of Clinical Nursing*, 2008, 17, 2580–87. DOI:10.1111/j.1365-2702.2007.02064.x
3. 進行過心臟移植手術的CBA品種老鼠，暴露在歌劇音樂與莫札特音樂下，同種異體移植存活時間延長（存活時間中位數分別是二十六點五天與二十天），而暴露在單頻率音波（100、500、1000、5000、10000或20000赫茲）或恩雅音樂的老鼠則沒有延長（存活中位數分別為：七點五天、八天、九天、八天、七點五天、八點五天與十一天）。
4. Uchiyama, M., Jin, X., et al., 'Auditory Stimulation of Opera Music Induced Prolongation of Murine Cardiac Allograft Survival and Maintained Generation of Regulatory CD4+CD25+ Cells', *Journal of Cardiothoracic Surgery*, 2012, 7, 26. https://doi.org/10.1186/1749-8090-7-26
5. Millgram, Y., Joormann, J., et al., 'Sad as a Matter of Choice? Emotion-Regulation Goals in Depression', *Psychological Science,* 2015, 26(8), 1216–28. https://doi.org/10.1177/0956797615583295 And Yoon, S., Verona, E., et al., 'Why do Depressed People Prefer Sad Music?', Emotion, 2019.網路先行發表：https://doi.org/10.1037/ emo0000573
6. Van den Tol, A.J.M., and Edwards, J., 'Exploring a Rationale for Choosing to Listen to Sad Music When Feeling Sad', *Psychology of Music,* 2013. DOI:10.1177/0305735611430433
7. 英國、德國、波蘭、荷蘭、法國、丹麥、瑞典民眾填寫了Sonos的網路問卷，評估聲音如何影響他們的生活。
8. Pearce, Eiluned, Launay, Jacques, and Dunbar, Robin I.M., 'The Ice-breaker Effect: Singing Mediates Fast Social Bonding', *Royal Society Open Science,* October 2015. http://doi.org/10.1098/rsos.150221 Weinstein, Daniel A., Launay, Jacques, et al., 'Singing and Social Bonding: Changes in Connectivity and Pain Threshold as a Function of Group Size', *Evolution and Human Behavior*, March 2016, 37(2), 152–8.
9. Bolwerk, A., Mack-Andrick, J., et al., 'How Art Changes Your Brain: Differential Effects of Visual Art Production and Cognitive Art Evaluation on Functional Brain Connectivity', *PLoS ONE*, 2014, 9(7), e101035. https://doi.org/10.1371/journal.pone.0101035
10. Fancourt, Daisy, and Williamon, Aaron, 'Attending a Concert Reduces Glucocorticoids, Progesterone and the Cortisol/DHEA Ratio', *Public Health*, 2016.

DOI:10.1016/j.puhe.2015.12.005

11. 英國藝術基金會（artfund.org）為因應新冠肺炎疫情，而推出了新的贊助計畫——找出離你最近的展演，並盡可能支持。

12. 十九世紀作家馬利—亨利・貝爾（Marie-Henri Beyle）的筆名。他決定不要用有名有姓的筆名，最後採用斯湯達爾，在這方面，他可以算是瑪丹娜（Madonna）與凱莉（Kylie）的老前輩。一八一七年，斯湯達爾前往義大利旅行，造訪了聖十字聖殿，花了很長的時間呆望著沃爾泰拉諾的「女先知」濕壁畫。「當時我已經處在一種狂喜的狀態中，」他寫道，「因為我有幸來到佛羅倫斯，並且近距離參觀了許多偉人的墓。我沉醉於欣賞崇高的美，我看到美越來越接近——甚至可以說我觸碰到了。我的情緒激動得到了一個程度，感覺到了藝術與熱情交會的神聖感受。走出聖十字聖殿時，我感覺到心悸（在柏林稱之為緊張症發作）：生命脫離我的身體，我走路的時候生怕會摔倒。」Bamforth, Iain, 'Stendhal's Syndrome', *British Journal of General Practice*, 2010, 60(581), 945–6. DOI:10.3399/bjgp10X544780

13. *No Health without Public Mental Health: The Case for Action,* Royal College of Psychiatrists Position Statement PS4/2010. 下載PDF檔案：https://www.networks.nhs.uk/news/no-health-without-public-mentalhealth-the-case-for-action

14. Stickley, Theodore, and Hui, Ada, 'Social Prescribing through Arts on Prescription in a UK City: Participants' Perspectives (Part 1)', *Public Health,* July 2012, 126, 574–9. DOI:10.1016/j.puhe.2012.04.002

15. 雖然社會處方往往一開始無法打平開銷，因為有前置花費，但是以中長期來看，卻能作為節省經費的策略。羅瑟勒姆醫療集團預測，五年後，每一英鎊的花費能夠回收三點三八英鎊，根據二〇一七年國會跨黨派藝術、衛生福利，創意健康團體的報告：《以藝術增進衛生福利》。另外請見：McDaid, D., and Park, A., *Investing in Arts on Prescription: An Economic Perspective*, London School of Economics, 2013.

16. Brandling, J., and House, W., *Investigation into the Feasibility of a Social Prescribing Service in Primary Care: A Pilot Project*, University of Bath and Bath and North East Somerset NHS Primary Care Trust, 2007.

17. https://www.arts.gov.au/national-arts-and-health-framework

18. All-Party Parliamentary Group on Arts, Health and Wellbeing, *Creative Health.*

19. Brinkmann, Svend, *Stå fast* in Danish, Gyldendal Business, 2014; UK edn, Polity, 2017.

18 閱讀悲傷

1. Berns, Gregory S., Blaine, Kristina, et al., 'Short- and Long-Term Effects of a Novel on Connectivity in the Brain', *Brain Connectivity*, December 2013, 590–600. http://doi.org/10.1089/brain.2013.0166
2. Kidd, D., and Castano, E., 'Reading Literary Fiction and Theory of Mind: Three Preregistered Replications and Extensions of Kidd and Castano (2013)', *Social Psychological and Personality Science*, 2019, 10(4), 522–31. DOI:10.1177/1948550618775410
3. de Botton, Alain, *A Velocity of Being: Letters to a Young Reader*, Enchanted Lion Books, 2019.
4. Tóibín, Colm, *Guardian*, 20 February 2010.
5. Ballard, J.G., *Miracles of Life: Shanghai to Shepperton: An Autobiography, 4th* Estate, 2014. 巴拉德少年時期曾經被關在日軍戰俘營，然後進入寄宿學校，接著研讀醫學。他人生的其他部分也絕非一帆風順。不過，如果大家都是自己旅程中的英雄，那麼他的旅程中最令我感同身受的，就是工作的同時還要育兒這件事。
6. Alcott, Louisa May, *Behind a Mask*, 1866. 這本書中的Jean這個角色。
7. 我推薦這兩本：Tomalin, Claire, *The Life and Death of Mary Wollstonecraft,* Penguin, 1992, 與 Todd, Janet, *Mary Wollstonecraft: A Revolutionary Life,* Bloomsbury, 2014.
8. Noah, Trevor, *Born a Crime*, John Murray, 2017.（《以母之名：她教我用幽默與微笑對抗世界》，崔佛・諾亞，遠流）
9. 洋特法則是北歐國家的行為準則，主要的重點是不可以太過炫耀，不要自以為特別，不要凸顯自我——個人抱負過大被認為是卑劣、無禮。十條洋特法則最初是由兼具丹麥與挪威血統的作家阿克塞爾・桑德摩斯（Aksel Sandemose）在一九三三年的小說《A Fugitive Crosses His Tracks》中寫出，但這種處事態度其實早已行之有年。十條洋特法則是：不要自以為特別、不要自以為自己比別人優秀、不要自以為比別人聰明、不要自以為高人一等、不要自以為懂得比人多、不要自以為比其他人重要、不要自以為很厲害、不要嘲笑別人、不要自以為別人都在關注你、不要自以為可以教導別人。
10. Wallman, James, *Stuffocation*, Penguin, 2015.
11. Campbell, Joseph, *The Hero with A Thousand Faces*, New World Library, 3rd edn, 2012,（《千面英雄》，喬瑟夫・坎伯，漫遊者文化）喬瑟夫・坎伯列出的英雄旅程十七個階段：

冒險的召喚／拒絕召喚／超自然奧援／跨越門檻／受困魚腹／試煉之途／遇見女神／美女誘惑／向父親贖罪／奉若神明／歡天喜地／拒絕回歸／魔法大戰／險中獲救／跨越回歸門檻／君臨兩個世界／自由自在的生活

Williams, C., 'The Hero's Journey: A Mudmap for Change', *Journal of Humanistic Psychology*, 2019, 59(4), 522–39. https://doi.org/10.1177/0022167817705499

12. Wallman, James, *Time and How To Spend It*, Penguin Life, 2019.（《你怎麼過今天，就怎麼過今生》，詹姆斯・沃曼，先覺）

13. Bauer, Jack, Mcadams, Dan, and Pals, Jennifer, 'Narrative Identity and Eudaimonic Well-being', *Journal of Happiness Studies,* 2008, 9, 81–104. DOI:10.1007/

14. s10902-006-9021-6

Harley, Trevor, *The Psychology of Weather,* Routledge, 2018.

19 走出去（動起來）

1. Wei, W., Lu, J.G., et al., 'Regional Ambient Temperature is Associated with Human Personality', *Nature Human Behaviour*, 2017, 1, 890–95. https://doi.

2. org/10.1038/s41562-017-0240-0

Kingma, B., and van Marken Lichtenbelt, W., 'Energy Consumption in Buildings and Female Thermal Demand', *Nature Climate Change*, 2015, 5, 1054–6. https://

3. doi.org/10.1038/nclimate2741

4. 二〇一三年三月十三日BBC廣播四臺「今日」（Today）節目報導。

5. https://www.nytimes.com/2009/01/29/us/politics/29whitehouse.html?_r=0

6. Cunningham, M.R., 'Weather, Mood, and Helping Behavior: Quasi Experiments with the Sunshine Samaritan', *Journal of Personality and Social Psychology*, 1979, 37(11), 1947–56. https://doi.org/10.1037/0022-3514.37.11.1947

7. Piff, P.K., Dietze, P., et al., 'Awe, the Small Self, and Prosocial Behavior', *Journal of Personality and Social Psychology*, 2015, 108(6), 883–99. https://doi.org/10.1037/pspi0000018

8. Li, Qing, 'Introduction to the Japanese Society of Forest Medicine'. http://forest-medicine.com/epage01.html

9. Farrow, M.R., and Washburn, K., 'A Review of Field Experiments on the Effect of Forest Bathing on Anxiety and Heart Rate Variability', *Global Advances in Health and Medicine,* 2019. DOI:10.1177/2164956119848654 and Morita, E., Fukuda, S., et al., 'Psychological Effects of Forest Environments on Healthy Adults: Shinrin-yoku (forest-air bathing, walking) as a Possible Method of Stress Reduction', *Public Health*, 2007, 121, 54–63. DOI:10.1016/j.puhe.2006.05.024

10. Li, Q., Morimoto, Kanehisa, et al., 'Forest Bathing Enhances Human Natural Killer Activity and Expression of Anti-Cancer Proteins', *International Journal of Immunopathology and Pharmacology*, 2007, 20, 3–8. DOI:10.1177/03946320070200S202

11. Li, Q., et al., 'Effect of Phytoncide from Trees on Human Natural Killer Cell Function', *International Journal of Immunopathology and Pharmacology*, 2009, 951–9. DOI:10.1177/039463200902200410

12. Twohig-Bennett, Caoimhe, and Jones, Andy, 'The Health Benefits of the Great Outdoors: A Systematic Review and Meta-analysis of Greenspace Exposure and Health Outcomes', *Environmental Research,* 2018, 166, 628–37. DOI:10.1016/j.envres.2018.06.030

13. 實在太多了，大家自己看吧：Capaldi, C., Dopko, R.L., and Zelenski, J., 'The Relationship between Nature Connectedness and Happiness: A Meta-analysis', *Frontiers in Psychology,* 2014. DOI: 10.3389/fpsyg.2014.00976. Pearson, D.G., and Craig, T., 'The Great Outdoors? Exploring the Mental Health Benefits of Natural Environments', *Frontiers in Psychology*, 2014, 5, 1178. DOI:10.3389/ fpsyg.2014.01178. Bratman, G.N., Hamilton, J.P., et al., 'Nature Experience Reduces Rumination and Subgenual Prefrontal Cortex Activation', *Proceedings of the National Academy of Sciences of the United States of America*, 2015(112), 28, 8567–72. DOI:10.1073/pnas.1510459112.

Atchley, R.A., Strayer, D.L., and Atchley, P., 'Creativity in the Wild: Improving Creative Reasoning through Immersion in Natural Settings', de Fockert, J., ed., PLoS ONE, 2012, 7(12), e51474. DOI:10.1371/journal. pone.0051474. Zhang, J.W., Piff, P.K., Iyer, R., et al., 'An Occasion for Unselfing: Beautiful Nature Leads to Prosociality', *Journal of Environmental Psychology*, 2014, 37, 61–72. DOI:10.1016/j. jenvp.2013.11.008. Mayer, F., Frantz, C., et al., 'Why Is Nature Beneficial? The Role of Connectedness to Nature', *Environment and*

Behavior, 2009, 41, 607–43. DOI:10.1177/0013916508319745. Joye, Y., and Bolderdijk, J.W., 'An Exploratory Study into the Effects of Extraordinary Nature on Emotions, Mood, and Prosociality', Frontiers in Psychology, 2014, 5, 1577. DOI:10.3389/fpsyg.2014.01577. Korpela, K.M., Pasanen, T., et al., 'Environmental Strategies of Affect Regulation and Their Associations With Subjective Well-Being', Frontiers in Psychology, 9, 562.DOI:10.3389/fpsyg.2018.00562

14. Engemann, Kristine, Pedersen, Carsten, et al., 'Residential Green Space in Childhood is Associated with Lower Risk of Psychiatric Disorders from Adolescence

into Adulthood', *Proceedings of the National Academy of Sciences*, 2019, 116. 201807504. DOI:10.1073/pnas.1807504116

15. Sandseter, E.B.H., and Kennair, L.E.O., 'Children's Risky Play from an Evolutionary Perspective: The Anti-Phobic Effects of Thrilling Experiences', *Evolutionary Psychology*, 2011. DOI: 10.1177/ 147470491100900212

16. Haidt, Jonathan, and Lukianoff, Greg, *The Coddling of the American Mind: How Good Intentions and Bad Ideas Are Setting Up a Generation for Failure*, Penguin, 2018.（《為什麼我們製造出玻璃心世代？：本世紀最大規模心理危機，看美國高等教育的「安全文化」如何讓下一代變得脆弱、反智、反民主》，強納森・海德特、葛瑞格・路加諾夫，麥田）

17. 想看完整的《美國壓力報告》，瞭解研究方法或下載圖表，請上：www.stressinamerica.org

18. https://www.mindsharepartners.org/mentalhealthatworkreport

19. https://digital.nhs.uk/data-and-information/publications/statistical/mental-health-services-monthly-statistics/mental-health-servicesmonthly-statistics-final-april-provisional-may-2018

20. Press Association, 'Children Spend Only Half as much Time Playing Outside as their Parents Did', *Guardian*, 27 July 2016, referring to a National Trust survey.

21. Wu, Gang, Feder, Adriana, et al., 'Understanding Resilience', *Frontiers in Behavioral Neuroscience*, 2013, 7, 10. DOI:10.3389/fnbeh.2013.00010

22. Natural England, 'Childhood and Nature: A Survey on Changing Relationships with Nature across Generations', 2009. http://publications. naturalengland.org.uk/publication/5853658314964992

23. Hillman, Mayer, Adams, John, and Whitelegg, John, *One False Move . . . A Study of Children's Independent Mobility*, Policy Studies Institute, 1990.

24. Gaster, S., 'Urban Children's Access to their Neighborhood: Changes Over Three Generations', *Environment and Behavior*, 1991, 23(1), 70–85. DOI:10.1177/0013916591231004

25. Children's Society, Good Childhood Inquiry, 2007. 網站可下載PDF檔案：Natural Childhood Report – National Trust, by Stephen Moss, 2012.

26. Bird, W., *Natural Fit: Can Green Space and Biodiversity Increase Levels of Physical Activity?*, RSPB, 2004.

27. White, M., Pahl, S., et al., 'The "Blue Gym": What can Blue Space do for You and What can You do for Blue Space?', *Journal of the Marine Biological Association of the United Kingdom*, 2016, 96(1), 5–12. DOI:10.1017/S0025315415002209

28. Kelly, Catherine, '"I Need the Sea and the Sea Needs Me": Symbiotic Coastal Policy Narratives for Human Wellbeing and Sustainability in the UK', *Marine Poli-*

cy, 2018, 97, 223–31. DOI:10.1016/j.marpol.2018.03.023

29. Wheeler, Benedict W., et al., 'Does Living by the Coast Improve Health and Wellbeing?', *Health and Place*, September 2012, 18(5), 1198– 201. https://doi.org/10.1016/j.healthplace.2012.06.015 Health & Place https://www.sciencedirect.com/science/article/abs/pii/S1353829212001220

30. 同上

31. Ratcliffe, Eleanor, *Sleep, Mood and Coastal Walking*, National Trust, 2015.下載PDF檔案：https://www.nationaltrust.org.uk/news/a-coastal-walk-helps-you-sleep-longer

32. Janský, L., Pospísilová, D., et al., 'Immune System of Cold-exposed and Cold-adapted Humans', *European Journal of Applied Physiology and Occupational Physiology*, 1996, 72, 445–50. DOI:10.1007/BF00242274

33. Tulleken, Christoffer, Tipton, Mike, et al., *Open Water Swimming as a Treatment for Major Depressive Disorder,* BMJ Case Reports, 2018. DOI:10.1136/bcr-2018-225007

34. Shevchuk, Nikolai, 'Adapted Cold Shower as a Potential Treatment forDepression', *Medical Hypotheses,* 2008, 70, 995–1001. DOI:10.1016/j.mehy.2007.04.052

35. 美國運動委員會的報告摘要：https://www.acefitness.org/education-andresources/professional/prosource/august-2016/5997/ace-sponsoredresearch-can-stand-up-paddleboarding-stand-up-to-scrutiny/Schram, Ben, 'The Long-Term Effects of Stand-up Paddle Boarding: A Case Study', *International Journal of Sports and Exercise Medicine*, 2017,3. DOI:10.23937/2469-5718/1510065 Willmott, Ash, Sayers, Benjamin, and Brickley, Gary, 'The Physiological and Perceptual Responses of Stand-up Paddle Board

Exercise in a Laboratory- and Field-setting', *European Journal of Sport Science*, 2019, 1–21. DOI:10.1080/17461391.2019.1695955 Ruessa, C., Kristen, K.H., et al., 'Activity of Trunk and Leg Muscles during Stand Up Paddle Surfing', APCST, 2013. Schram, B., Hing, W., Clinstein, M., 'The Physiological, Musculoskeletal and Psychological Effects of Stand-up Paddle Boarding', *BMC Sports Science, Medicine and Rehabilitation*, 2016.

36. Mackay, Graham, and Neill, James, 'The Effect of "Green Exercise" on State Anxiety and the Role of Exercise Duration, Intensity, and Greenness: A Quasi-experimental Study', *Psychology of Sport and Exercise*, 2010, 11, 238–45. DOI:10.1016/j.psychsport.2010.01.002

37. Thompson-Coon, Jo, Boddy, Kate, et al., 'Does Participating in Physical Activity in Outdoor Natural Environments Have a Greater Effect on Physical and Mental Wellbeing than Physical Activity Indoors? A Systematic Review', *Environmental Science and Technology*, 2011, 45, 1761–72. DOI:10.1021/es102947t

38. Schuch, Felipe, Vancampfort, Davy, et al., 'Exercise as a Treatment or Depression: A Meta-analysis Adjusting for Publication Bias', *Journal of Psychiatric Research,* 2016, 77, 42–51. DOI:10.1016/j. jpsychires.2016.02.023

39. Schuch, Felipe, Vancampfort, Davy, et al., 'Physical Activity and Incident Depression: A Meta-Analysis of Prospective Cohort Studies', *American Journal of Psychiatry,* 2018, 175, 631–48. DOI:10.1176/appi.ajp.2018.1711119440.

40. Kandola, Aaron, Lewis, Gemma, et al., 'Depressive Symptoms and Objectively Measured Physical Activity and Sedentary Behaviour Throughout Adolescence: A Prospective Cohort Study', *The Lancet Psychiatry*, 2020, 7. DOI:10.1016/S2215-0366(20)30034-1

41. https://www.wellandgood.com/good-advice/ellie-goulding-anxietypanic-attacks-fitness/slide/3/

42. 取自@lenadunham

43. 摘錄自一八四七年他寫給十二歲外甥女的信，也就是他姐姐佩特瑞雅・希薇琳（Petrea Severine）的女兒，她名叫亨莉葉（Henriette），但他總是稱呼她小吉（Jette）。雖然她才十二歲，但他將她視為平等的人，我很欣賞。Respect, SK. Kierkegaard, Søren, *The Essential Kierkegaard*, Princeton University Press, 2000.44.

44. Oppezzo, Marily, and Schwartz, Daniel, 'Give Your Ideas Some Legs: The Positive Effect of Walking on Creative Thinking', *Journal of Experimental Psychology: Learning, Memory, and Cognition*, 2014, 40(4),1142–52. DOI:10.1037/a0036577

20 讓心靈均衡

1. 《哈佛商業評論》有一篇很棒的文章：Carmichael, Sarah Green, 'The Research Is Clear: Long Hours Backfire for People and for Companies', *Harvard Business Review,* 19 August 2015，方洙正在他的書中也提出同樣的觀點。

2. Gladwell, Malcolm, *Outliers,* Penguin, 2009.（《異數：超凡與平凡的界線在哪裡？》，麥爾坎・葛拉威爾，時報出版）

3. 其他研究試圖重複艾瑞克森的結果，卻發現「好」音樂家與「最好」之間的差異太小，兩者平均都累積了一萬一千小時的練習（Macnamara, Brooke

N., and Maitra, Megha, 'The Role of Deliberate Practice in Expert Performance: Revisiting Ericsson, Krampe & Tesch-Römer (1993)', *Royal Society Open Science,* August 2019. http://doi.org/10.1098/rsos.190327）。後來艾瑞克森自己出面澄清，所謂的一萬小時里程碑，其實不是真的一達到一萬小時就會瞬間到達引爆點（再次借用葛拉威爾的話），而是要表達「練習越多就越強」這個概念。

4. Jenkins, Roy, *Gladstone*, Pan, 2018.
5. Nagata, Kazuaki, 'Four-day Work Week Boosted Productivity by 40%, Microsoft Japan Experiment Shows', *Japan Times*, 5 November 2019.
6. Roy, Eleanor Ainge, 'Work Less, Get More: New Zealand Firm's Four-day Week an "Unmitigated Success"', *Guardian*, 19 July 2018.
7. Pang, Alex Soojung-Kim, *The Distraction Addiction*, Little Brown, 2013.（《分心不上癮》，方洙正，大塊文化）
8. Blankson, Amy, '4 Ways to Help Your Team Avoid Digital Distractions', *Harvard Business Review*, 12 July 2019.
9. Ophir, Eyal, Nass, Clifford, and Wagner, Anthony D., 'Cognitive Control in Media Multitaskers', PNAS, 15 September 2009, 106(37), 15583–7. https://doi.org/10.1073/pnas.0903620106
10. Becker, Mark W., et al., 'Media Multitasking Is Associated with Symptoms of Depression and Social Anxiety', *Cyberpsychology, Behavior and Social Networking*, 2013, 16(2), 132–5.
11. Uncapher, Melina, Thieu, Monica, and Wagner, Anthony, 'Media Multitasking and Memory: Differences in Working Memory and Longterm Memory', *Psychonomic Bulletin & Review*, 2015, 23. DOI:10.3758/s13423-015-0907-3
12. Loh, Kep-Kee, and Kanai, Ryota, 'Higher Media Multi-Tasking Activity Is Associated with Smaller Gray-Matter Density in the Anterior Cingulate Cortex', *PLoS ONE*, 2014, 9, e106698. DOI:10.1371/journal.pone.0106698
13. Bush, George, Luu, Phan, and Posner, Michael I., 'Cognitive and Emotional Influences in Anterior Cingulate Cortex', *Trends in Cognitive Sciences*, 2000, 4(6), 215–22.
14. Primack, Brian, Shensa, Ariel, et al., 'Use of Multiple Social Media Platforms and Symptoms of Depression and Anxiety: A Nationally- representative Study among US Young Adults', *Computers in Human Behavior*, 2017, 69, 1–9. DOI:10.1016/j.chb.2016.11.013
15. 'Screen Time Stats 2019: Here's How Much you use your Phone during the Workday', *RescueTime*, 21 March 2019.
16. Perry, Philippa, *The Book You Wish Your Parents Had Read (and Your Children Will Be Glad That You Did)*, Penguin Life, 2019, p.140.（《一本你希望父母讀過

的書（孩子也會慶幸你讀過）》，菲莉帕・派瑞，木馬文化）
17. Berger, John, *Ways of Seeing*, Penguin, 1972.（《觀看的方式》，約翰・伯格，麥田）
18. Farrell, Sean, 'We've Hit Peak Home Furnishings, Says Ikea Boss', *Guardian*, 18 January 2016.
19. 成衣工業的溫室氣體排放量便占了總體７％，幾乎與歐盟總排放量相同，預測到了二〇三〇年，成衣工業造成的環境衝擊將上升四成九。二〇二〇年二月，反抗滅絕組織（Extinction Rebellion）明確表達反對倫敦時尚週活動，並策畫抗議行動呼籲取消，大聲疾呼本季「不可或缺」的是「地球生命存續」。非常有道理。
20. Lisjak, Monika, et al., 'Perils of Compensatory Consumption: Within-Domain Compensation Undermines Subsequent Self-Regulation', *Journal of Consumer Research*, 2015, 41(5), 1186–203. JSTOR, www.jstor. org/stable/10.1086/678902. Accessed 4 March 2020.
21. Pieters, Rik, 'Bidirectional Dynamics of Materialism and Loneliness: Not Just a Vicious Cycle', *Journal of Consumer Research*, 2013, 40, 615–31. DOI:10.1086/671564

21 身體也要均衡

1. Jacka, Felice, *Brain Changer: The Good Mental Health Diet*, Yellow Kite, 2019.
2. 包括她的博士研究論文，獲得Medscape Psychiatry提名為二〇一〇年最重要的心理學研究。
3. 第一次以青少年為主的研究，也是第一次有研究顯示，母親的飲食與兒童早年的飲食會影響兒童的情緒健康。Jacka, Felice, Ystrom, Eivind, et al., 'Maternal and Early Postnatal Nutrition and Mental Health of Offspring by Age 5 Years: A Prospective Cohort Study', *Journal of the American Academy of Child and Adolescent Psychiatry,* 2013, 52, 1038–47. DOI:10.1016/j.jaac.2013.07.002
4. Jacka, Felice, O'Neil, Adrienne, et al., 'A Randomized, Controlled Trial of Dietary Improvement for Adults with Major Depression (the "SMILES" Trial)', *BMC Medicine*, 2017, 15. DOI:10.1186/s12916-017-0791-y
5. Firth, Joseph, Marx, Wolfgang, et al., 'The Effects of Dietary Improvement on Symptoms of Depression and Anxiety: A Meta- Analysis of Randomized Controlled

Trials', *Psychosomatic Medicine*, 81, 1. DOI:10.1097/PSY.0000000000000673

6. Firth, Marx, et al., 'The Effects of Dietary Improvement on Symptoms of Depression and Anxiety'.
7. Sánchez-Villegas, A., Delgado-Rodríguez, M., et al., 'Association of the Mediterranean Dietary Pattern with the Incidence of Depression: The Seguimiento Universidad de Navarra/University of Navarra Follow-up (SUN) Cohort', *Archives of General Psychiatry*, 2009, 66(10), 1090–98. https://doi.org/10.1001/archgenpsychiatry.2009.129 The Mediterranean diet has also been shown to increase the diversity of gut bacteria: De Filippis, F., Pellegrini, N., et al., 'High-level Adherence to a Mediterranean Diet Beneficially Impacts the Gut Microbiota and Associated Metabolome', Gut, 2016, 65, 1812–21.
8. Wilson, Bee, 'How Ultra-processed Food Took Over your Shopping Basket', *Guardian*, 13 February 2020.
9. *How Much Is Too Much? The Growing Concern over Too Much Added Sugar in our Diets,* University of California San Francisco. https://sugarscience.ucsf.edu/the-growing-concern-of-overconsumption.html#.XlzcIEN7lp8
10. United States Department of Agriculture, Economic Research Service,'USDA Sugar Supply: Tables 51-53: US Consumption of Caloric Sweeteners', 2012.
11. 在美國，營養標示會顯示包裝內含「份數」計算，而不是每一百克的含量（如歐盟規範）。如此一來，儘管食品廠商依規定要在產品上列出反式脂肪含量，但是既然是以「每份」計算，那麼只要每一份的反式脂肪含量不超過百分之零點五，就可以宣稱「不含反式脂肪」。問題在於，「一份」的量見仁見智，廠商想要弄到多小都可以。換言之，我們吃加工食品時，很可能依然會吃到反式脂肪。
12. 這真的很幸運，因為傑卡居住在澳洲，那裡的飲食建議比英國更有野心，英國建議國民一日五蔬果，但澳洲卻是令人敬佩的一日七蔬果。或許大家做不到也不算太奇怪，根據政府數據，目前只有百分之五的成人達到這個目標。女性攝取足量蔬果的比例略高於男性（女性百分之八、男性百分之三）。「改變飲食是迅速又經濟的獲利方式。」傑卡說。「我們的一項研究顯示，加入健康飲食團體的人每多一個，就可以省下大約三千元美金，因為他們比較不會工作缺席，也比較不需要再看其他醫生。因此，除了節省人類成本之外，還能省下很多錢。」
13. Avena, Nicole, Rada, Pedro, and Hoebel, Bartley, 'Evidence for Sugar Addiction: Behavioral and Neurochemical Effects of Intermittent, Excessive Sugar Intake', *Neuroscience and Biobehavioral Reviews,* 2008, 32, 20–39. DOI:10.1016/j.neubiorev.2007.04.019
14. Ben-Shahar, Dr Tal, *The Pursuit of Perfect: How to Stop Chasing Perfection and Start Living a Richer, Happier Life,* McGraw-Hill Education 2009.

22 為別人盡一份力

1. 二〇二〇年九月十六日出版。https://medium.com/the-brand-is-female/dearwhite-people-now-you-know-and-you-cant-pretend-you-don-t-69c4005058ec
2. Post, S., 'It's Good To Be Good: 2014 Biennial Scientific Report on Health, Happiness, Longevity, and Helping Others', *International Journal of Person Centered Medicine*, 2014, 2, 1–53.
3. 研究顯示，從事志工活動讓我們感覺更好——不只有相關性，也有因果性。學者研究柏林圍牆倒下後東德民眾快樂的程度。在兩德統一之前，志工活動在東德相當盛行。不過，因為統一帶來的影響，志工活動相關的建設很多都倒閉了（例如，公司設置的體育俱樂部），人們失去了志工服務的機會。研究人員將這些人與依然能夠從事志工活動的人做比較，他們的假設得到證實，志工活動會提高生活滿意度，而這就是志工活動的報償。Meier, Stephan, and Stutzer, Alois, 'Is Volunteering Rewarding In Itself?', *Economica*, 2008, 75, 39–59. DOI:10.1111/j.1468-0335.2007.00597.x
4. Pilkington, Pamela, Windsor, Tim, and Crisp, Dimity, 'Volunteering and Subjective Well-Being in Midlife and Older Adults: The Role of Supportive Social Networks', *Journals of Gerontology. Series B, Psychological Sciences and Social Sciences*, 2012, 67, 249–60. DOI:10.1093/geronb/gbr154

   而這樣能提升我們的自尊，並給我們歸屬感，與社群產生連結：Brown, Kevin, Hoye, Russell, and Nicholson, Matthew, 'Self-Esteem, Self-Efficacy, and Social Connectedness as Mediators of the Relationship Between Volunteering and Well-Being', *Journal of Social Service Research*, 2012, 38, 468–83. DOI:10.1080/01488376.2012.687706

   為別人盡一份力也能讓我們更客觀。我們能夠體會別人的苦痛，並體認到善行能讓我們更樂觀看待自己的處境。Otake, K., Shimai, S., et al., 'Happy People Become Happier Through Kindness: A Counting Kindnesses Intervention', *Journal of Happiness Studies*, 2006, 7(3), 361–75. Kerr, S.L., O'Donovan, A., and Pepping, C.A., 'Can Gratitude and Kindness Interventions Enhance Well-Being in a Clinical Sample?', *Journal of Happiness Studies*, 2014, 16(1), 17–36.
5. 貢獻時間也能讓增加我們的「自我效能」，因而讓我們未來就算忙碌也願意繼續。Mogilner, Cassie, Chance, Zoë, and Norton, Michael, 'Giving Time Gives You Time', *Psychological Science*, 2012, 23, 1233–8. DOI:10.1177/0956797612442551
6. Dunn, Elizabeth, Aknin, Lara, and Norton, Michael, 'Prosocial Spending and Happiness: Using Money to Benefit Others Pays Off', *Current Directions in Psychological Science*, 2014, 23, 41–7. DOI:10.1177/0963721413512503
7. Aknin, L.B., Barrington-Leigh, C.P., et al., 'Prosocial Spending and Well-being: Cross-cultural Evidence for a Psychological Universal', *Journal of Personality*

and Social Psychology, 2013, 104(4), 635–52. https://doi.org/10.1037/a0031578

8. Aknin, Lara B., Dunn, Elizabeth W., and Norton, Michael I.'Happiness Runs in a Circular Motion: Evidence for a Positive Feedback Loop between Prosocial Spending and Happiness' *Journal of Happiness Studies*, April 2012, 13(2), 347–55.

9. Andreoni, James, 'Impure Altruism and Donations to Public Goods: A Theory of Warm-Glow Giving', *Economic Journal*, 1990, 100, 464–77. DOI:10.2307/2234133

10. Office for National Statistics, 'Billion Pound Loss in Volunteering Effort', 16 March 2017. https://www.ons.gov.uk/employmentandlabourmarket/peopleinwork/earningsandworkinghours/articles/billionpoundlossinvolunteeringeffort/2017-03-16#footnote_3

11. 根據美國普查局與勞工統計局的數據：Grimm, Robert T., Jr., and Dietz, Nathan, 'Where Are America's Volunteers? A Look at America's Widespread Decline in Volunteering in Cities and States', Research Brief: Do Good Institute, University of Maryland, 2018. 可下載PDF檔案：https://dogood.umd.edu/sites/default/files/2019-07/Where%20Are%20Americas%20Volunteers_Research%20Brief%20_Nov%202018.pdf

12. 路加福音第六章第三十八節：「你們要給人，就必有給你們的，並且用十足的升斗，連搖帶按，上尖下流的倒在你們懷裡；因為你們用什麼量器量給人，也必用什麼量器量給你們。」加拉太書第六章第九節：「我們行善，不可喪志。若不灰心，到了時候、就要收成。」路加福音第六章第三十五節：「你們倒要愛仇敵，也要善待他們，並要借給人不指望償還，你們的賞賜就必大了，你們也必作至高者的兒子；因為他恩待那忘恩的和作惡的。」

13. 馬太福音第七章第十二節：「所以，無論何事，你們願意人怎樣待你們，你們也要怎樣待人，因為這就是律法和先知的道理。」加拉太書第六章第二節：「你們各人的重擔要互相擔當，如此，就完全了基督的律法。」

14. Armstrong, Karen, 'Let's Revive the Golden Rule', TED Global, 2009. https://www.ted.com/talks/karen_armstrong_let_s_revive_the_golden_rule/transcript?language=en她也表示：「這件事不能等。如果我們必須在全球施行恕道，將所有人類視作和我們自己一樣重要，不分東南西北、地位高低，如果不這樣做，我們恐怕會無法給一下代一個能活下去的世界。」她說這些話到現在已經超過十年了，所以大家快點動起來吧……作為一個好的起頭，請簽署並分享「仁慈憲章」，這是由亞伯拉罕一神諸教：猶太教、基督教、伊斯蘭教的思想家根據恕道而制訂的。www.CharterForCompassion.org

15. 進一步瞭解：Healy, Patrick, *The Fundamental Attribution Error: What It Is and How to Avoid It*, Harvard Business School Online, June 2017. https://online.hbs.edu/blog/post/the-fundamentalattribution-error

16. Lucker, Gerald, Beane, William, and Helmreich, Robert, 'The Strength of the Halo Effect in Physical Attractiveness Research', *Journal of Psychology,* 1981, 107, 69–75. DOI:10.1080/00223980.1981.9915206
17. 要瞭解日期、地點等相關資訊，請前往：TheNewNormalCharity.com
18. Becker, Joshua, *The More of Less: Finding the Life You Want Under Everything You Own,* WaterBrook, 2016.（《擁有越少，越幸福：擺脫物質束縛，讓人生煥然一新的極簡之道》，約書亞・貝克，商周出版）
19. Fowler, James, and Christakis, Nicholas, 'Cooperative Behavior Cascades in Human Social Networks', *Proceedings of the National Academy of Sciences of the United States of America*, 2010, 107, 5334–8. DOI:10.1073/pnas.0913149107
20. 當我們目睹別人的利他行為，我們會感受到崇高，並且因此而更願意為別人付出。Schnall, Simone, Roper, Jean, and Fessler, Daniel, 'Elevation Leads to Altruistic Behavior', *Psychological Science*, 2010, 21, 315–20. DOI:10.1177/0956797609359882
21. Weng, Helen, Fox, Andrew, et al., 'Compassion Training Alters Altruism and Neural Responses to Suffering', *Psychological Science,* 2013, 24. DOI:10.1177/0956797612469537
22. 編織圖請見：https://www.spruttegruppen.dk/recipes/
23. 一九八〇年代，嬰兒猝死依然十分常見；不過，一九九一年，日間電視節目主持人安・戴蒙德（Anne Diamond）加入這個慈善組織，她的兒子也死於嬰兒猝死症。他們與衛生部合作，推出「躺睡安心」（Back to Sleep）活動，告訴家長嬰兒睡覺必須仰躺。接下來二十五年，嬰兒猝死率大幅降低七成九。研究持續進行，搖籃曲信託基金會也訓練照顧新手父母和寶寶的專業人員，確保父母得到正確一致的建議，並且知道如何讓寶寶安全睡覺。

就算悲傷，也還是能夠幸福：我們如何談論悲傷，以及更好地與自我和解

HOW TO BE SAD: Everything I've Learned About Getting Happier, by Being Sad, Better

作　　者　海倫・羅素 Helen Russell
譯　　者　康學慧 Lucia Kang
發 行 人　林隆奮 Frank Lin
社　　長　蘇國林 Green Su

出版團隊
總 編 輯　葉怡慧 Carol Yeh
主　　編　鄭世佳 Josephine Cheng
企劃編輯　黃莀肴 Bess Huang
行銷企劃　朱韻淑 Vina Ju
封面裝幀　沈佳德 Judd Shen
內頁排版　張語辰 Chang Chen

行銷統籌
業務處長　吳宗庭 Tim Wu
業務主任　蘇倍生 Benson Su
業務專員　鍾依娟 Irina Chung
業務秘書　陳曉琪 Angel Chen
　　　　　莊皓雯 Gia Chuang

發行公司　精誠資訊股份有限公司　悅知文化
　　　　　105台北市松山區復興北路99號12樓
訂購專線　(02) 2719-8811
訂購傳真　(02) 2719-7980
專屬網址　http：//www.delightpress.com.tw
悅知客服　cs@delightpress.com.tw
ISBN：978-986-510-218-0
建議售價　新台幣４８０元
首版一刷　２０２２年５月

國家圖書館出版品預行編目資料

就算悲傷，也還是能夠幸福 / 海倫・羅素(Helen Russell)著；康學慧 譯. -- 初版. -- 臺北市：精誠資訊, 2022.05
面；　公分
譯自：How To Be Sad
ISBN978-986-510-218-0
1.CST: 悲傷 2.CST: 快樂 3.CST: 自我實現
176.52　　111005798

建議分類｜心理勵志、人文社會